〈新装版〉

仏典の読み方

金岡秀友

大法輪閣

目次

第一部　仏典の正しい読み方

第一章　仏典とは……九
仏教はむずかしいか……九
仏典の定義……二三
仏典とは……一四
仏典の学び方……二六

第二章　仏典の種類と区分……四二
仏典の種類……四二
仏典の区分……五六
仏典の発見……四七

第二部　大乗仏教の基本経典

第一章　般若経……六五
大乗の歴史は般若の歴史……六五
二万五千頌般若……九〇
般若とは……六六
八千頌般若……九三
十本般若と四処・十六会……七二
二千五百頌般若……一〇一
九位……七八
七百頌般若……一〇七

本来の般若経……八〇
勝天王般若と濡首般若……一〇八
十万頌般若……八四
金剛般若経と般若心経……一〇九

第二章 法華経……一一七
法華部……一一七
法華経の翻訳……一二九
法華経の原典……一二一
法華経の研究……一三七

第三章 大集経……一三九
仏教の宝庫……一三九
大集経の成立地……一四五
大集経の構成……一四二
大集経の内容……一四六

第四章 宝積経……一四八
宝の積み重ね……一四八
大宝積経の構成……一五三
大宝積経という名……一四九
浄土教経典……一五六
大宝積経の中心……一四九

第五章 華厳経……一六四
蓮華の荘厳な世界……一六四
華厳経の構成……一六八
東大寺の大仏……一六六
華厳経のテキスト……一七四

第六章　金光明経……一七九
金光明経の位置……一七九
金光明経の密教性……一七九
護国の経典……一八一
金光明経の諸テキスト……一八二
第七章　楞伽経……一八九
楞伽経の原典……一八九
楞伽経の註釈……一九三
楞伽経の翻訳……一九三
楞伽経の内容……一九七
第八章　密教部の諸経典……二〇一
密教とは……二〇一
アーリヤ性と非アーリヤ性……二〇三
釈尊の密教……二〇五
密教的要素の増大……二〇七
呪蔵の成立……二〇九
初期密教の経典……二一〇
「雑密」から「純密」へ……二一二
大日経の成立……二一七
大日経の内容……二二一
金剛頂経の成立……二二三
金剛頂経の内容……二二七
後期の金剛頂経……二二八
理趣経の内容……二三三
理趣経の諸本……二三九

あとがき	二四八
インド仏教地図	二五四
主要文献目録	巻末
索引	巻末

第一部　仏典の正しい読み方

第一章　仏典とは

仏教はむずかしいか

　われわれ人間が長いあいだ営んで来た文化と歴史をふり返ってみるとき、いろいろな見方が可能である。経済の発展からとらえることも必要であるし、科学の歴史も大きな要素である。人間同士の支配と被支配の関係も無視することのできない一つの断面である。そのいずれを無視し、誤認しても完全な人間の理解からは遠ざかってしまうことになるが、人間が理想をどこにおき、何をもって真の価値としたかという、精神の営みの歴史は、さらに一層根本的な意味をもっているといわなくてはなるまい。

　西欧社会を代表させるのにキリスト教をもってし、東洋社会を仏教によって示すことが、ただ図式的に行なわれたならば、そこにいくつかの難点も生ずるであろうが、この二つの大きな宗教の、正確な歴史的認識なしに、西欧を語り東洋を論ずることの空しいことは、トインビーをまつまでもなく余りにも明らかであろう。

　急を要するさまざまな現実的関心の間をぬって、仏教に対する関心が近ごろ高まって来たように思えることの遠因としては、いま述べたような、「世界史的理解」が緩慢にではあるが、ひとびとの間にまきおこってきたからではなかろうか。

　しかし、この場合、仏教が、近代人の現実的関心にすぐに応えられるかといえば、そこにいくたの困難な問題をかかえており、せっかく仏教に近づこうとしたひとびとを、ふたたび絶望と嫌悪の彼方に追いやってしまうこともないではない。そのとき挙げられる嘆声のうち、もっとも一般的なものが、「仏教はむずかしい」ということばであろう。

　内容の上から仏教がむずかしいのは当然である。簡単に、容易に、一冊の読みやすい解説書などを、書斎でくつろいで読んだからといって、そこにすぐ、人格的変化を約束させるほど、仏教は「やさしい」ものではない。仏教を身をもってつかんだ仏陀釈尊さえ六年の苦行を積まれている。中国に禅を伝えたという菩提達磨*でさえ、壁に向って坐禅すること九年（面壁九年）、ついに足が萎えたという伝説をのこしているではないか。

　小さな智慧と僅かな努力で、はかばかしい結果をえられないといって、教えに怨みの声を挙げるのはあまりに人間に対し、真実に対し不遜であるといわねばなるまい。

菩提達磨　Bodhidharma の音訳で、ふつう達磨《だるま》で知られている。禅宗の初祖とされる人。その伝記は伝説化され、近年ではその実在を疑う学者（関口真大）さえいるが、通説に従えば六十余歳で梁の武帝に招かれて金陵に赴いたが、禅機の熟さないことを知り、嵩山の少林寺で壁に面して坐禅すること九年、臂を断って入門を求めた慧可に心印を授けて西に去り、禹門に寂したという。五二八年ごろのこととみられる。

しかし、内容が高く、深いことからくる理解の困難とは別に、教えの外的な形式――表現、用語、文献などが、近代のそれと余りにちがうために、われわれの理解を妨げているとすれば、これは力を尽くして排除に努めなくてはならない。そして、実は、仏教に対する、「むずかしい」という嘆きの多くは、ここから来ている場合が多いのである。

仏教はむずかしいという声のうらには、キリスト教にくらべてという気持ちが潜在している場合が少なくない。まず、キリスト教はバイブル一つが、簡潔に、明瞭に指しのべられている。バイブルに始ってバイブルに終るのがキリスト教の教えであり、そこにわずらわしい比較や選択の手続きは必要とされない。

これに対して、仏教の経典は気の遠くなるほど大量である。「八万四千《はちまんしせん》の法門《ほうもん》」*、とか「八万四千十二部の教え」とかいわれるように、仏教経典の第一の特色は、そのおどろくべき分量であり、われわれは些少な知識では読むべき経典一冊を抜き出すこともできないのである。

さらに用語の問題がある。古い文語訳の『聖書』でさえ、われわれは解釈学者の力を借りないでも、その云わんとするところをおし測ることができる。

> 八万四千の法門　八万、八万四千、八万四、八万四千十二などは、いずれも数の多いことを示す仏教の形容語で実数を示すことばではない。小乗仏教で聖者の第一段階（預流果）にはいるのに八万劫という時間がかかるといい、菩薩の威儀八万といい、八万四千の病、塔、光明と並んで教え、経典の多数あることを八万四千とたとえたのである。

「汝は施済《ほどこし》をなすとき、右の手のなすことを左の手に知らすな。是《これ》はその施済《ほどこし》の隠れん為《ため》なり。然《さ》らば隠れたるに見たまふ汝の父は報い給はん」

（マタイ伝六・三―四）

明治四三年（一九一〇）に開始され、大正六年（一九一七）に完成された、この古い「改訳」の『聖書』は、そのままで充分理解することができ、ことさら、昭和二六年（一九五一）以降、日本聖書協会改訳委員会によって企画・実行された「現代語訳」の援けを借りる必要はないようである。

これに対して、わが国に行なわれている、もっとも一般的な仏典でさえ、日常語の常識だけによって、それが同じ漢字をもって記されているからとして理解することは、ほとんど不可能に近い。

たとえば、西欧の家庭における『四福音書』と同じほどの普及度をもつ仏典といえば、『般若心経《はんにゃしんぎょう》』などがその一つとして挙げられてくるのであろうが、その冒頭の一節だけとっても、とても上に見たマタイ伝の箴言《しんげん》のようには理解されないであろう。

「観自在菩薩が深《じん》般若波羅蜜多を行ずるとき、五《ご》蘊《うん》は皆空なりと照見して、一切の苦厄を度し給ふ。舎利子よ、色《しき》は空《くう》に異ならず。空は色に異ならず。色則ち是れ空、空即ち是れ色。受《じゅ》・想《そう》・行《ぎょう》・識《しき》も亦た是の如し」

この行文を理解するためには、観自在菩薩が、すべてのものの本質を洞察する真の智慧の代表者とされていること、深般若波羅蜜がその智慧であること、五蘊が、自己と外界を構成する五つの要素――もの（色《しき》）・印象作用（受《じゅ》）・表象作用（想《そう》）・意志と行動

（行《ぎょう》）・意識（識《しき》）――であること、空が、それらのものは実体的に存在するのでないこと、などの意味をもっていることは最少限の知識として必要とされてくる。そうでなくては、この訓《よ》み下しにされた文章の、字義だけの把握さえ不可能であろう。

仏教の術語に対する知識をそなえた上でも、現代の学者はなお、良心的であればあるほど仏典の早急な現代語への置き換えには慎重であり、その作業はむしろ、漢字を通じての歴史的背景や語法から自由な、梵文（サンスクリット文）の翻訳のときに試みられる場合の方が多い。

いまの『般若心経』の解読に当っても、ある代表的な学者たちは、漢訳の解読には、歴史的な訓み下しをおこない、並行した梵文の解読に、現代語による翻訳を試みている。

「求道者にして聖なる観音は、深遠な智慧の完成を実践していたときに、存在するものには五つの構成要素があると見きわめた。しかも、かれは、これらの構成要素が、その本性からいうと、実体のないものであると見抜いたのであった。

シャーリプトラよ、この世においては、物質的現象には実体がないのであり、実体がないからこそ、物質的現象で（ありえるので）ある」

（中村元・紀野一義訳『般若心経・金剛般若経』岩波文庫、昭和三五年、九頁）

経典の選択の困難さ、仏教術語の難解さ、こういう訴えに対して、仏教者や仏教学者の努力は決して乏しくはなかったのである。日常の日本語によって仏教の深い内容を示そうとする努力は多くの「仮名法語」となって今日に伝わっている（その主なものは、宮坂宥勝注『仮名法語集』、日本古典文学大系83、岩波書店、昭和三九年）し、仏典の近代的解釈や入門書は、さらにまた選択の困難を倍加したほどの夥しい数に上っている。

　このような、仏典の洪水の中にあって誤らず方向を見定めて、これを泳ぎ抜き、正しく理想の岸に渡り着くためにも、仏教の外的な約束を呑み込むことは、何にもまして必要なことといわなければなるまい。この準備を充分にしないで、安易な参考書によって仏道を究めたと過信したり、逆に仏道は無縁だとあきらめてしまったりするのは、いずれも仏教の目指すところから遠いといわれても仕方がない。もっとも手近かに始めなくてはならない手続きとして、まず、われわれは仏典のどれを、どういう順序で読んで行なったらよいかを学ぶべきであろう。思想を表現する用語への熟達は、それに次ぐ第二の問題となるはずである。

仏典とは

　仏教を知識として伝えるのはもちろん仏典*である。しかし仏典が伝えるのが決して知識だけでないこともいうまでもないところである。われわれが、仏教徒として何をなし、何をなすべからざるかという行動規範も、ひとしく仏典と呼ばれて今日に伝えられている。本尊に対する供養の方法も、さまざまな仏像の細かな作成法も同じく仏典の一種である。

　このほか、明治以後、内外の学者、仏僧によって作り出された仏教の関係書もその数は夥しい。このような近代の研究書、解説書をも仏典と呼ぶべきであろうか。われわれはここにおいて、これから先の考察の便宜のために、「仏典」の範囲を定めておく必要が生じてくる。

ここで、従来行なわれた、いくつかの「仏典」の取り扱い方を参考にしてみることは無駄ではあるまい。

仏典を広く解説し、網羅した大きな辞書として昭和の初期に刊行され、ながく学者、学生、布教家を裨益してきた『仏書解説大辞典』*がある。この十二巻（初版）に及ぶ一大辞書は、仏教開創以来現在に至るまでの、和漢仏教書のすべてを収めてその内容を明らかにすることを目的とし、ここに収録された「仏書」の数は八万六千に及んでいる。したがって、

さまざまな仏典　仏陀の教説を伝える教えの集成を経という。たていと（経）のように仏のことばがつながっているからで、漢訳されたインド成立（又はその周辺の成立）の経が一六九二種、大正蔵経で三十二巻に収められている。

仏教徒としての行動規範を律といい、分量は少ないが、教団の成立や仏教信者の生活をしらべる上にも重要であり、今後の仏教徒の指針を知る上でも重要である。本尊に対する供養法は儀軌といい、後世の、密教といわれる時期に『不動儀軌』『薬師儀軌』など沢山の儀軌が出来た。中国・日本における「施餓鬼会」の根拠となった『仏説救抜《ぐばつ》焔口《えんく》餓鬼《がき》陀羅尼《だらに》法《ほう》』なども儀動の一種である。像の造り方を述べる経典としては『仏説造像量度経解』（大正、二十一、No. 1419）のようなものが清代の翻訳にあるほか、チベット大蔵経には夥しく伝えられている。これについては酒井真典（紫朗）教授の「密教芸術に関する西蔵伝訳資料概観」（『仏教芸術』七、昭和二五年）という詳しい紹介がある。

以上の経と律、およびそれに対する研究、解釈の文献――論――を加えて三蔵という。

仏書解説大辞典　全十二巻。小野玄妙により、昭和八年から十一年までの約四年間に、それまでに刊行、手写されたすべての仏典の解説をめざして、その異称・内容・存否・刊否・在り場所などを明示したもの。現在、大東出版社から復刊されている。

そこには、経典として、各種の版本に収納された、いわば公認された「経典」数千はもとより、近代研究、近代以前の研究、注釈・写本・版本の別なく、目の届くかぎりのすべてが含められている。したがって、この中には、『法華経』、『阿弥陀経』等の重要な大乗仏教の経典にまじって、橘恵勝著『生きんとする心理』（大正十一年刊）というような、まったく現代的な視点で作られた書物も含められているわけである。

いま、われわれは、この小冊で、このように最大限広範囲の「仏書」を取り扱う意図も余裕もないことはいうまでもない。

直接、仏教の聖典（仏典）だけを取り扱ったものではないが、大正の末から昭和のはじめにかけて、世界の宗教典籍の主要なものをとりあげ、原典から直接日本語に移すことに成功した『世界聖典全集』*という、前・後三十冊に及ぶ大シリーズがあった。

ここでは、三十冊のうちに日本、中国、インド、新・旧訳聖書からアイヌの聖典まで含めさせた上、そのうち九冊は、インド哲学の古典『ウパニシャッド』*の全訳であったから、各宗教の聖典は、そのほとんどが、もっとも重要な「聖典」のみがとり上げられるに止まり、近代あるいはそれ以前の研究書や注釈書はもとより、根本聖典に準ずる権威をもつ経典や、次第書の類いも一切ふくめられていない。

この『世界聖典全集』は、わが国インド学・仏教学の開拓者である高楠順次郎によって監修されたものであるが、その動機あるいは粉本としては、高楠の師であった、イギリスのマクス・ミュラーによる『東方聖書』五十巻があったものと思われる。一八七九年からはじまり、一九一〇年に至って完結

世界聖典全集　大正末年より昭和の初年にかけ高楠順次郎博士の監修で刊行された。その原型としてはマクス・ミュラー博士の『東方聖書』五十巻があったことが考えられる。前篇として、日本書紀神代巻、四書集註、聖徳太子の三経義疏、印度古聖歌（リグ・ヴェーダとバガヴァッド・ギーター）、耆那《じな》教聖典、アヴェスタ経、挨及《エジプト》死者之書、新約全書、新約外典、コーランの十種十五巻、後篇として、古事記神代巻、道教聖典、ウパニシャッド、旧約全書、旧約外典、アイヌ聖典、世界聖典外纂の七種十五巻が収められた。

ウパニシャッド　upaniṣad ということばは「近くに坐る」「秘密の会座」ということで、インド・アーリヤ人の伝統に背く自由な思索、秘教という意味をもつ。そのもっとも古いものは紀元前五〇〇年ごろにまで遡るものもあるとみられる。知識を重視し、個人は知識を究めることによって、ついに全体と合一し解脱を得ると教えている。

しかし、ウパニシャッドは別名を『ヴェーダーンタ』すなわち『ヴェーダ文献』の最後《アンタ》ともいわれるように、アーリヤ人の古典である『ヴェーダ』の伝統の上に立ち、古来の祭式を否定しない保守的な一面もあり、この点が同じ自由思想といいながら海外に多くの共鳴者を見出した仏教と異る点なのである。

> ビール　Samuel Beal　一八二五―八九　イギリスの中国学者。ケンブリッジを卒業後、海軍布教師となって中国に渡り、中国語をおさめ、漢訳仏典を翻訳した。『明蔵一切経の解題』(Buddhist Tripiṭaka as Known in China and Japan, 1876) は、のち南条文雄の同書によって剋服されてしまったが、仏国記、西域記、慈恩伝、法句経、仏所行讃、仏本行集経（The Romantic History of Buddha or Abhinishkramaṇa-sūtra）など重要な訳業を多くのこした。

したこの大叢書に収められた仏教の典籍はわずかに十巻（十、十一、十三、十七、十九、二十、二一、三五、三六、四九）にすぎないが、その選択は、公平でありながら、独創的であり、巻数の制約を理由に、無味乾燥な、仏教の平均典籍だけを並べたてるような愚かさをおかしていないのはさすがである。

たとえば、十九巻においては〝Fo-sho-hing-tsan-king〟の題名の下で、曇無讖《どんむしん》（三八五―四三三）が五世紀に漢訳した、馬鳴《めみょう》（一〇〇―一六〇頃）の『仏所行讃経』を、オックスフォード大学の中国学教授サミュエル・ビール*が英訳している（一八八三）が、同じ経典の原典 Buddhacarita を四十九巻において、インド学者カウエル*（E. B. Cowell）をして翻訳させているのは一見解といわねばならない。

これはおそらく、東アジアの仏教圏の原典たる梵語の仏典と、そのもっとも主要な翻訳仏典である漢訳との対比を示すことが、主な目的だったのであろうが、そのほかにも、当時まだ注目する人も少なく、今日でさえ系統も指摘できない『ミリンダ王の問い』*（Milindapañhā）などに二巻（三五、三六）を割いていることなどにも、マクス・ミュラーの囚われない文化史的観点がうかがえる。

『東方聖書』が、基本的な東洋の聖典を網羅しながら、かなり特殊な編集方針を見せているのに対し、日本で行なわれた最大の仏典の集大成である『大正新脩大蔵経』の編集方針に見られる「仏典」「大蔵経」の範囲も参考にすべきであろう。

> カウエル　Edward Byles Cowell　一八二六―一九〇三　イギリスのインド学者。オックスフォード大学を卒え、インドに赴き、カルカッタ梵語学院の教官となり、四十四歳でケンブリッジの梵語教授となった。カウユルの功績は梵本の蒐集と整理で、ネパール駐在の軍医正ライトに依嘱して梵本多数を得、その目録を刊行、さらに、ベンドール、ホジソンなどをネパールに派遣して多数の梵本を得、またその目録を刊行している。ヨーロッパに梵本を将来し、梵文仏典研究の素地をつくった功績は極めて大きい。独立の著作としても、Divyāvadāna（『天業譬喩』）、Buddhacarita（『仏所行讃』）の校刊、および後者の翻訳、インド哲学の概論であるSarvadarśanasaṃgraha（『一切見集』）の校刊と翻訳などがある。

この大蔵経は、明治十三年（一八八〇）から十八年（一八八五）にわたって刊行された福田《ふくだ》行誡《ぎょうかい》・島《しま》田蕃根《だみつね》らの『縮刷大蔵経』*、明治三五年（一九〇二）から三八年（一九〇五）に至る前田慧雲、中野達慧らによる『卍字蔵経』*、同じく三八年から大正元年（一九一二）に至る『卍字続蔵経』のあとをうけたものである。大正十二年（一九二三）の秋から第一巻が刊行されるはずであったところ、歴史にのこる関東大震災のため、大蹉跌をきたしたが、監修者高楠順次郎、渡辺海旭《わたなべかいきょく》をはじめとする関係者の大努力により翌年（一九二四）から刊行を開始し、昭和九年（一九三四）に至って完結した。

この八十五巻におよぶ大叢書のうち、インドある

ミリンダ王の問い　パーリ文でのこっている仏教の教理問答書。ギリシャ王メナンドロス（ミリンダ）が仏教僧ナーガセーナ（那先《なせん》）に、さまざまな形而上学的、宗教的問をしかけ、ついに王が仏教を会得する経過が説かれている。漢訳では、『那先比丘経』の名で知られている。金森正俊氏の和訳（『南伝大蔵経』第五十九巻上・下）のほか中村元、早島鏡正教授の最新訳『ミリンダ王の問い』（平凡社、東洋文庫、三巻、昭和三八年―九年）があり、註釈と解題において他書を大きく超えている。

縮刷大蔵経　金属活字による日本はじめての大蔵経の出版である。明治十年ごろ教部省社寺局の島田蕃根は鹿ケ谷の『忍澂上人伝』を読み、その『大蔵対校録』を見て大蔵経の校訂開版の必要を痛感した。この決意を促したのは万暦方冊蔵の入手で、これを山口瑞円に語り、伝通院の福田行誡の支持を得て、色川誠一の印刷技術、山東直砥、稲田佐兵衛の出資によって開始した。芝の源興院に弘教書院を置き、高麗蔵を底本とし、宋・元・明の三蔵を校合した。校訂には、各宗管長の推薦による六十余名の学者が任に当り、その校異はすべて冠題に排印註記された。

この大蔵経の内容と構成については、明の藕益《ぐうえき》智旭《ちごく》の『閲蔵《えつぞう》知津』によって、経・律・論・秘密・雑の五部二十五門に分け、千九百十六部計八千五百三十四巻を金属の五号活字を用いて四十帙四百十八冊に収め、明治十八年（一八八五）完成した。約二千五百部発行され、これにより明治仏教界は大きな便益を得た。

いはその周辺の言語から漢訳されたものは、はじめの三十二巻で、それ以降は、中国、日本、朝鮮等で作成された註釈書、各宗教義の綱要書、史伝書、辞書、目録等になっている。収録された仏典はおよそ三千種、一万数千巻に及んでいる。

この編集方針は、仏典・大蔵経を決してインド成立、あるいは仏陀の直説《じきせつ》というように狭くは解釈していない。中国高僧の作品であっても、重要なものは「大蔵経」の中に収納する（入蔵）*のは、中国における各種の版本、目録において採られた方針であったけれども、この『大正新脩大蔵経』においては、その方法をさらに広く、公平に拡げ、大蔵経の

卍字蔵経　明治三五年（一九〇二）京都に蔵経書院が設けられ、前田慧雲・中野達慧の二人が主宰し、忍徴の麗・明対校本を底本として出版した大蔵経を卍字蔵経という。形式を万暦・黄檗・縮刷諸版の方冊本にとり、その本文は二段組とした。内容的には縮冊蔵の各本対校にくらべて安易な態度といわなければならない。その長所は、四号活字を用い、全部に句読訓点をつけて閲読を容易にした点である。これは明治三八年（一九〇五）に完成したが、ひきつづいて正蔵にもれた中国撰述の各宗章疏や禅籍を卍字大日本続蔵の名のもとに出版した。これには日露戦争の戦勝を記念し、戦没の将兵の霊を弔う意図があった。大正元年（一九一二）完成し、百五十套七百五十一冊、一千七百五十七部、七千百四十八巻におよんだ。この卍字続蔵は明の続蔵や又続蔵に類似して中国仏教の仏典叢書ともいうべき浩瀚な内容であった。
しかし、これには日本の撰述になる仏書典籍がすべて割愛されているところから、松本文三郎らの仏書刊行会から『大日本仏教全書』百六十一冊および『日本大蔵経』五十一冊の編纂と出版をみることとなる。これらはすべて洋装本となっていた。

> **入蔵**　歴代皇帝欽定の仏典目録に収蔵され、大蔵経の仲間に入ることを入蔵という。入蔵がいかに厳格をきわめたかは、たとえ梵本の翻訳であっても時に許可されないことのあったことによっても知ることができる。たとえば宋の真宗の天禧元年（一〇一七）、法賢訳の『金剛薩埵説頻那夜迦天成就儀軌経』四巻の入蔵が拒絶されたごときはそのいちじるしい例である。この間の事情は『仏祖統紀』第四十四に記されている。ただし、それも大正蔵経では、二十一巻 No. 1272 に収蔵されている。したがって、中国の学匠・高僧の撰述になる著作が入蔵を拒絶された例は、ごくふつうのことといわなければならない。その拒絶は学問的水準の高さに達するかどうかという公平な判断ももちろんながら、時の朝廷の忌諱に触れるという政治的事情によるものも多い。例えば、有名な、圜悟《えんご》の『碧巌録《へきがんろく》』のような名篇で、古来「宗門第一之書」と称されているものさえ、先王の神聖を冒瀆するという理由で入蔵を禁止されていた。これは同書第一の第三則馬祖日面仏月面仏の下に「五帝三皇是何物」という句が数箇所に出ていたためである。のち、この書は官の諒解がつき、清の雍正帝（一六四三―六一）の竜蔵版の蔵経に収められるようになり、今日に及んでいる（『仏果圜悟禅師碧巌録』十巻、大正、四八、No. 2003）。

基準を学問的に規定したということができる。われわれは、本書においてもほぼこの方法で「仏典」の範囲を定めておきたいと思う。

仏典の定義

いままで見て来た、さまざまな「仏典」の定義にみえる繁簡さまざまな範囲を取捨して、仏典の定義をここでしておこう。

まず、近代の仏教学者や仏僧方の手になる研究書、解説書の類いは、ここでは「仏典」としては扱わず、参考書として扱うことにしよう。その点『仏書解説大辞典』のようには扱わない。これは、一つには年代によって、一つには方法によって、明瞭にそれ以外の「仏典」と区別できるからである。

年代は、わが国にあっては、ほぼ明治元年（一八六七）を目標にできるが、それ以前にあっても、梵語の文法を帰納的に体系化した慈雲《じうん》尊者飲《おん》光《こう》*（一七一八―一八〇四）や、仏典の文献史的成立を予測して「加上の説」を唱えた富永仲基*（一七一五―四六）のような人もいるから、明治元年で截然《せつぜん》と区切ることはできない。こういうひとびとや、ヨーロッパの動きを考慮に入れて、ほぼ十九世紀以後を目安として「近代」化を考えるとしておいていいのではないだろうか。

この「近代」は、ただ時期だけの問題ではなく結局、ものの考え方・方法の問題であることはいうまでもない。その方法とは、科学的方法であり、考え方とは、本来的な意味での合理的思弁であるから、この考え方に従った「仏教書」は、いま「仏典」のうちからは除いて考えた方がいいだろうと思われる。もちろん、「近代」前でも、こういう「近代」的考えはあったことは今見たとおりであるが、ここでは彼此あわせて、十九世紀以後の、科学的方法に従って著述された仏教書は、われわれの取り扱う範囲からは省くこととしておく。

これで、仏典の範囲の下限は定まったが、では上限はどこにおいたらいいか。ことばをかえていえば、どこからを仏典の始まりとみるか。いうまでもなく仏陀からという答えがまず返ってくるだろう。

それどころか、かつては仏典といえば、仏陀の説慈雲（一七一八―一八〇四）江戸中期の真言僧で、正法律の開祖であり、わが国梵学（サンスクリット語学）の大成者である。大坂に生れ、早くから出家し、京都で伊藤東涯に儒学詩文を学び、奈良で顕密二教を修めた。彼の啓蒙的著述『十善法語』などに見られる博い仏・儒の学殖も、語学の帰納的解釈も、この青年期の研鑽に負うところが多い。延享元年（一七四四）河内高井田長栄寺に住し、正しい戒律の復興を唱えて正法律を唱えた。彼の意図は学問においても実践においても、インド本来の形を直接学び行なおうとした点に特色があり、当時袈裟の裁ち方が長い間誤っていたことに注目し、古い聖典に基づいて正しい作り方を指南するような細かい配慮（『方服図儀』）も見せている。同じ意味で仏典の母語である梵語の研究に著目し、梵語の写本、『普賢行願讃《ふげんぎょうがんさん》』、『般若心経』、『阿弥陀経』等を研究した。ヨーロッパの言語学者のように、ギリシャ語以来の文法の体系をもたず、また、比較による理解の手段の立たない日本語を母語とする慈雲は、独力で、単語を収集し、名詞、形容詞、数詞の変化をしらべ、動詞の語尾変化までをすべて帰納的に研究して、文法の規則を確立し、さらにここから『般若理趣経』を漢文から梵語に還訳する（還梵）ことさえ試みている。彼の梵語研究は『梵学津梁《ぼんがくしんりょう》』一千巻として写本のまま高貴寺に保存され、わずかにその一部（目次などが『慈雲尊者全集』に入っている）が出版されているにすぎないが、その成果は驚くべきものがある。慈雲が梵語研究にもっとも力を注いだのは一七五九―七一年頃と推定されるが、当時ヨーロッパでは僅かに少数の人々が梵語に興味を持ち始めたにすぎず、英国のウィルキンズが『バガヴァド・ギーター』の英訳を出版した年（一七八五）よりも早いから、彼の研究の方が先鞭をつけたことになる（渡辺照宏『日本の仏教』）。

富永仲基（一七一五―四六）　江戸時代の独想的思想家で、徒来の東洋思想史に対して、歴史的また比較哲学的考察を加え『出定後語』および『翁の文』などの書を著した。とくに前者は、古典学的配慮に基づき、経典が決してすべての釈尊の教えそのままではなく、歴史的発展のあること、経典の中心は韻文であることなどを指摘し、「異部加上」の原則に従って仏教聖典成立史を組み立てた。

　このような考察は世界の仏教研究史上にはじめてあらわれたものであり、ビュルヌフの『インド仏教史』(E. Burnouf : Introduction à l'histoire du Bouddhisme Indien, Paris 1844) よりも、ちょうど一世紀だけ先んじている。

　彼の著作は、仏教側からは多くの反駁をもって酬いられ、そのエピゴーネンは、極めてファナチックな復古神道家平田篤胤の『出定笑語』四巻のような趣旨をはきちがえた類書によってしか得られなかったが、近時、そのすぐれた進歩性に著目した中村元教授の仲基研究（「富永仲基の人文主義的精神」『中村元選集』第七巻、春秋社、昭和四十年）などが現われるようになった。


かれた典籍というのが、常識の世界でも、教学の世界でも疑いをもたれたことはなかった。しかし、のちに述べるように、仏陀釈尊の直接の説法と、その直接あるいは間接の弟子たちとの説法とを区別することは決して容易な技ではない。容易どころか、仏教の歴史的研究といわれるほどのものは、広くいえばすべて、この一点の解明にあるといってもいいであろう。

　そこで、この仏典の上限におく仏陀の説法は、その直接・間接の後継者たちが、称するにその師の名を以ってした、信仰上の「仏説……経」を、一応区別せずに含めておくこととする。

こうみて来て、われわれは、いまここで、この書物で取り扱う仏典の範囲を次のように定めておくこととしよう。

仏典、すなわち仏教の聖典とは、仏教の開祖である仏陀、およびその直接、間接の後継者たちが、宗教的自覚と信仰の目的をもって仏教に関して著わした、さまざまな言語による典籍の総称である。ただし、この場合、近代の、科学的方法による仏教の研究書はこれを除外する。

仏典の学び方

仏典を、便宜上、右のように定めると、ではこの仏典をどのように学び、どのように受けとめて行くのが正しいかが問題となる。仏典から近代の研究書をはずしただけでも、その分量の膨大なことは、ほとんど変りないほどなのであるから。

しかし、仏典の上限を、仏陀とその後継者たち、と定めたところに、すでに一つ、大切な目安がおかれている。

このことは、仏典にあっては、事実上、仏陀の直接の著作と、その後継者たちが、師に仮託して書き著わした書物の間に事実上の区別のつかないことを現わしている。それどころか、原則として、仏典はすべて、仏陀の直説であることを標傍している。仏陀の亡くなられたのち、たとえ五百年、千年経ってのち書かれた書物であろうとも、先ほど述べたような、信仰上の動機が活きているときは、すべて『仏説……経』と称し、「このように私は（仏から）聞いた」という出だしで物語をはじめている。

だから、仏典を読む上の第一の手続きは、このお経を書いたのは誰か、という仏典の戸籍しらべからであろう。この場合、ほとんどすべての経典は、作者を語っていないのであるから、経典自身の表白する（あるいは表白しない）呼称は、ほとんど当てにすることはできない。表白している場合は、ほとんどすべて「仏説」であることは、今見たとおりであるから、まこと、中村元教授のいわれるように、「膨大な大乗仏典が何時、どこで作られたかといふことについては、経典自体は何も語ってゐないので、近代的な批評的研究によらねばならない」（宮本正尊編『大乗仏教の成立史的研究』・昭和二九年、四五年再版、三省堂　四八五頁）。

ここで、「大乗」のことばを「すべての」のことばに置き換えても事情はまったく変らないから、仏典研究、仏典の読み方の第一は、作者、あるいは成立時期、成立地の問題であるということになろう。

この場合、仏説を自称する仏典の、一人あるいは複数の作者をさがしだすことの困難なことは、まず予想されるところであるから、仏典の戸籍しらべは、いつ、どこでということがわかれば、まずもって満足しなければなるまい。そして、その場合、経典自身の語るところをたよりにすることのできないことは、中村教授のいわれる通りなのであるから、仏典の戸籍しらべには、慎重で綿密な、仏典の内外からするさまざまな学問的方法がとられなければならないことになろう。

その第一は、仏典を文献の学問として正しく比較し、校訂し、学問上の資料として必要なすべての準備をととのえることである。日常の世界では、『法華経』ではこういう、『……経』ではああいう、ということが、無限定で自由に口にのぼされる。しかし、そこでいわれる『法華経』にしても、漢訳三種のすべてにあるのか、ある訳本にだけあるのか、さらには、梵文原典、チベット語訳本にまで見られるのか、梵文原典にせよ、どの写本にあってどれにはないのか、までを問題にした上でなければ、『法華経』でどうこうということはできないのである。ことばを換えていえば『法華経』なり、『……経』なり、一つの経典は、一つのテキストの呼び名ではなくて、同じく『法華経』、『……経』の名を冠した、いくつかのテキストに共通の名前なのである。極端にいえば、一つの経典名は、単数の普通名詞ではなくて、複数の経典の総称となる集合名詞であると理解した方がいいともいえるのである。

　仏典が決して、単純に一つのテキストだけと考えられないとすれば、われわれは、それらのテキストをすべて目を通さなければ、その仏典についての全体的評価も、平均的表現もできないことになる。また、では、すべてのテキストに目を通し、その異同を知りえたからといって、一致する部分が古く（あるいは新しく）、一致しない部分が新しい（あるいは古い）などという「公式*」もまた簡単には立たないのである。

　仏典を読み、その中から一つの思想、一つの信仰、一つの道徳的軌範を読みとり、さらには、それらの精神を産んだ背後の歴史的条件までを知ろうとするのが、われわれが仏典に接する目的ではあろうが、そのとき、同一題名の仏典の内容が必ずしも一致しないとき、われわれは、そのどれをとるか、そのどれを後からの付け足しとみるかは、まことに断定に困難な問題であることを知らされるのである。

　シャイエル（St. Schayer）と共に東ヨーロッパの仏教学をリードしたポーランド生れのレガメ

イ（K. Règamay）は、仏典の読み方、ことに原典の失われている場合のテキストの読み方、出版の仕方について、非常に慎重な、というよりはむしろ悲観的な意見を発表している。彼は『月燈《がっとう》三昧経《ざんまいきょう》』(Samādhirājasūtra)、『授幻師跋陀羅記会《じゅげんじばだらきえ》』(Bhadramāyākāravyākaraṇa) などの困難なテキストの、厳密な註、翻訳、原文の校訂出版をしたひとであるだけに、その控え目な結論には耳を傾けなければなるまい。

彼によれば、失われた原典は、いかに翻訳を数多く揃えて類推を働かせても、その復源は実際上実現しえないという。そこで原典研究として取るべき第一の方法は、一切の翻訳を出版することと、第二に、資料として与えられているテキストの全体を示すために、すべての異なるテキストの、反対の意味をもつものまでを挙げながら批判的に翻訳をすることである、といっている（山口益『フランス仏教学の五十年』、昭和二九年、平楽寺書店、一三八―九頁）。

彼はここで翻訳された仏典のみを論じているけれども、これにパーリ語あるいは梵語の原典が加わっても、それはつねに、その仏典の原初的な形を伝えているとは限らず、一つの資料が加えられるにすぎないから、われわれは、原典・翻訳の別なく、すべ

経典の内容の新古　経典の中心が韻文であり、原始仏教経典に対する批判的研究の結果、韻文の部分が古く成立し、散文の部分がおくれて付加されたものであるということは、ドイツのフランケ（Otto Franke）などが強調し、近年ようやく一般学界で承認するにいたった事柄である。わが国では、全く別個に富永仲基がこれを唱えている。しかし、綿密に調べれば逆の場合もあることを指摘する学者もある。

てのテキストに対して公平に謙虚に、その異同を聞くのでなくてはならない。

このような手続きが、実は、仏典の戸籍しらべの第一歩なのである。昔の仏教徒の間に、仏典研究がなかったわけではない。わが国だけを例にとっても、高野山においても、比叡山*においても、また南都奈良の学問寺においても、仏典解読について独自の方法をそれぞれ持っていたけれども、原典を知らず、異質の翻訳（チベット語訳などの）を知らず、漢訳内での異同対比であり、しかも致命的なことにその研究は批判的精神によってよりも護教的動機によって導かれていたために、今日と同じ科学的研究を期待することは困難であった。

その表われの一つとして、わが国で「仏典学」に当ることばを見出すことがむずかしい。中国には、清朝《しんちょう》（一六一六―一九一二）治下、経書に対する訓詁・考証の学が発達し、「書誌学」として大成した。キリスト教においては『聖書』（Bible, Scripture）の成立そのものが、『聖書』と同じ権威を主張する『偽《ぎ》経《けい》』（Pseudo-epigraph）に対する裁きの歴史であり、判断の成果であった。

同じ学問的伝統をもたず、宗教上の傾向を有しない、仏典の歴史は、従って自由の歴史であり、溢れ返る仏典製造の歴史であった。六つの必要な手続きを踏めば、仏典は、いわば、自由にいつでも成立した（六事成就《ろくじじょうじゅ》）*。仏典の戸籍しらべは、ほとんど手のつけようはないほどなのである。

しかし困難なことを知るものは、困難なことすら知らないものに対して、すでに数段の進歩をしている。現在行なわれている鳩摩羅什《くもらじゅう》*訳の『妙法蓮華経』しか知らず、しかも、その『法華経』が釈尊最後、最勝の説法であると素朴にも信じているものにくら

日本天台の経典解釈　日本天台の学者は中国天台の原典の文句に必ずしもそのまま準拠せず、原典に相当無理な解釈を施している。このような解釈を、比叡山では字訓釈および字象釈に対して転字釈とよんでいる。すなわち、もとの語の意義を転じ改める解釈である。日本人は、虎関師錬がその日本仏教史の著作『元亨釈書』にいうように「わが国には〔翻〕訳の事なし」というところから、経典に対して字義をはなれた解釈などということも平気でやったのであろう。原文の文脈から一部の語句を取り出してほしいままに解釈する「断章取義」という解釈も行なわれていた。親鸞や道元が仏典に対して相当に恣意的な解釈（依義不依文《えぎふえもん》＝大意を取るが文章の細かい所は構わない）を施しているのは、一つにはかかる歴史的慣習に基づくのであろう（中村元『東洋人の思惟方法』第二部、昭和二四年、みすず書房、三一六頁）。また、このような自由な、或いは恣意的な解釈が、日本の仏教の恣意な発達を許したといわなければならない点もある。「日本の学者はしばしば日本仏教の独創性を主張している。しかしそれは、大体において、日本の仏教が大陸の仏教を単純化して把捉し易からしめたことにほかならないのであって、それを原理的構造的に理解して批判し直した点は少ないようである」（同前、二七〇頁）。仏教の綜合的把握は奈良・平安時代までに止まり、日本人一般の文化的能力の低下から、鎌倉時代の仏教の特性は、むしろ、一つの方向や傾向の抽出、形象化、総じていえば単純化にあったので、これを進歩とみるか退化とみるかは、結局判者の主観によるという渡辺照宏氏の見解も、同じ方向を示しての日本仏教批判といえよう。

六事成就　「如是我聞」で始まる経典の舒述の形式は『大智度論』において整理され「六事成就」といわれた。六つの条件によって仏典の形式が完成するということである。しかし、この形は仏典のもっとも早いものからでているから、第一結集の時から踏襲されていたということはできよう。

如　是	＝このように	＝信成就
我　聞	＝私は聞いた	＝聞成就
一　時	＝あるとき	＝時成就
仏	＝ほとけが	＝主成就
在某処	＝何処で	＝処成就
与某衆倶	＝誰々と	＝衆成就

べて、その成り立ちの時期や、その歴史に、まだ未解決の難問が数多くあることを知りながらも、素朴な断定をためらっているものの方が、はるかに『法華経』をよく知るものであることはいうまでもない。

仏典の正しい読み方が、まず、いろいろなテキストをすべて集めてその異同を比較する手続きであることは、以上でわかった。このような文献学（philology）の手続きが終っても、これは仏典を戸籍しらべにたとえれば、いわば、仏典の親類・縁者の招集が終っただけであって、その先祖や、発祥の地までが判ったことにはならない。仏典の成立年代や成立地を知るには、仏典の文献学的研究のほかに、別な、外から攻めたてる方法が必要となってくる。

その一つは、仏教の教理史、仏教外の思想史、あるいはひろく歴史学の成果を援用して、その仏典に記されている思想と対比し、その仏典の歴史上の位置を定めることである。この方法は、インドで成立した仏典の年代決定には、ほとんど決定的な重要性をもつ。仏教の教理史についていえば、われわれの到達した学問の成果で、一つの思想が仏教の思想史上登場し、退場したおよその位置についてはすでに一定の輪郭が与えられている。たとえば「如来蔵《にょらいぞう》」（ひとの心のうちに蔵された如来《ほとけ》になる可能性）という

鳩摩羅什（三四四―四一三）正しくは「くもらじゅう」と訓む。Kumārajīva の音訳で童寿と訳す。父はインドの王族、母は中央アジア亀茲国（クチャ）の人。七歳で出家し、カシュミール等で勉学しのち、前秦の苻堅（宣昭帝）・姚秦の姚興（文桓帝）らに迎えられ、長安において十三年、国師として訳経に従事した。彼の訳経史上における偉大な功績は、什（羅什）・諦（真諦 四九九―五六九）・奘（玄奘 六〇〇―六六四）・空（不空 七〇四―七七四）の四大訳家の一人として余りにも有名であるが、特に、その訳場の完備は従来の個人的なものにくらべて、国家的規模を帯びている点に特色があった。彼の訳出経典は七十四部三百八十四巻に及んでいるが、その訳出経典が重要なものばかりであること、後の教学に重要な影響を及ぼしていることは、四大訳家中第一といっても過言でない。『大品』、『小品』、『金剛』、『仁王』等の諸『般若経』、『妙法蓮華経』、『維摩経』、『阿弥陀経』、『首楞厳経』、『遺教経』、『梵網経』『坐禅三昧経』等の諸大乗経典、『大智度論』、『中論』、『百論』、『十二門論』、『十住毘婆沙論』、『成実論』等の大乗論部などであった。これらの経・論をもととして、三論宗・四論宗・成実宗・天台宗・禅宗・浄土宗などがおこっていったことを想えば、彼の経典選択の烱眼と訳業の確かさをみることができよう。門下三千、八十の達者ありといわれたが、とくに道生・僧肇・道融・僧叡は四哲あるいは四傑と称された。

ことばは、釈尊の直接の教説や、その近い後継者たち――部派仏教*――のひとびとの用語にはなかったとみるのが学界の常識である。もちろん、こういう常識を破るような、新しい用例をもった資料の登場をこそ、真の意味の新資料というのであろうが、その場合でも、従来の資料による歴史的位相との比較なしには、新か旧かの判定も下しえないことには変りはない。

このことは、仏教外の、一般思想界の用例の場合も同様である。一般思想界に仏教が働きかけ、討論をいどみ、影響を与えた例は、インドでも、中国でも、日本でも極めて豊富であるから、一般思想界の資料に仏教側の議論や人名が登場し、一般思想界の側の年代が判明していて年代が明らかになるような場合も決して少なくない。

有名なところでは、インダス河の西岸まで進出したギリシャのアレクサンドロス大王の遠征記に登場してくる、インド側の王サンドロコットス（Sandorokottos）が、インド側の資料に出るマガダ王チャンドラグプタ（Candragupta 紀元前三二一七即位）であるという証定（identification）ができ、これから順次アショーカ王（Aśoka 在位ほぼ紀元前二六八―二三二）、釈尊と年代が算定されて行ったことなどは、その大きな一例である。

この例は、一般思想史の例でもあり、歴史学の成果の援用の例でもあろうが、仏典の年代決定には、さらにさまざまな方法が併せ用いられる。

その一つは、翻訳の行なわれた年代によって、その原典の成立した年代を知る方法である。翻訳が原典に先立って行なわれることは絶対にありえないのであるから、翻訳の年次より原典成立の年次の下ることはありえない。その年次以下とならない限界を示すので、これをその経典成立の「下限《かげん》」という。これに対して、その仏典がいつごろより遡れないという上の年次を「上限」というが、この上限決定はなかなか困難で、仏典の大部分は、下限のみが知られて、上限はまったく知られないか、推定に止まる場合が多い。

さいわい、中国の翻訳者は、年次も、訳した経典もはっきりしており、その研究や整備された表までできているから（望月信亨「経典編纂の地域及び編者」「経典成立の先後と其の年代」、同『仏教経典成立史論』、昭和二一年、法蔵館、一九一―一八八頁所収）仏典の年代決定に当って、これほど役に立つものはない。

さらに、チベット人も、中国人同様、仏典の翻訳は国家的規模で行ない、インド人の訳者、チベット人の訳官が二人、あるいは三人、名を連ねて責任の所在を明らかにしているのが普通であるから、チベット訳大蔵経も、仏典成立の下限を知るには一つの証拠となることが多い。チベット訳官の人名索引も完成（S. Yoshimura ; Tibetan translators of the Tri-Pitaka, in the Sde-dge edition, pp. 1—36 of the『竜谷大学論集』第

部派仏教　紀元前一五〇から一〇〇年ごろにかけて、クシャーナ（貴霜）王朝の治下で、仏教はいくつかの学派に分裂して行った。これらの学派は、経典の学的理解を異にするだけでなく、経典の伝承もことなり、それぞれ党与・部類を結集していたために部派（ヴァーダ）とよばれた。これをふつう小乗仏教というが、この中には小乗系（上座部系）の説一切有部・法上部・賢冑部・化地部・飲光部・正量部もあり、大乗系（大衆部系）の多聞部も含まれているのであるから、部派仏教をそのまま小乗仏教と呼ぶことは適当でない。

三五〇号）されているのだから、この方法も、漢訳者名によるそれと併せて、もっと利用されるべきであろう。

たとえば、われわれがもっともよく接する仏典の一つである『般若心経』を例にとってみよう。この『般若心経』も、類似のテキストの極めて多い経典で、従って、中国における伝流にも長い歴史があるのであるが、現存しているもっとも新しいものを例にとれば、宋の太宗の太平興国五年（九八〇）西域の施護が翻訳した『仏説聖仏母般若波羅蜜多経』である。したがって『般若心経』群がこれ以下に降って作成された証拠はないことになるから、これをもって一応『般若心経』群の下限とみることができる。では、その上限はいつであろうか。

現存する『般若心経』群のうち、最古のものは、姚秦の弘始四年（四〇二）、亀茲国三蔵鳩摩羅什の訳した『摩《ま》訶《か》般《はん》若《にゃ》波《は》羅《ら》蜜《みつ》大《だい》明《みょう》咒《じゅ》経《きょう》』であるから、先のと比較すると、これを『般若心経』成立の上限ともみたくなる。しかし、すでにこの前、呉の黄武二年（二二三）大月支国の支謙によって『摩訶般若波羅蜜咒経』が翻訳されていることが伝えられているから（現存はしないが）、『般若心経』群の成立は、これより更に遡ることになる。

では、どこまで遡るかということになると、これは先に述べたように、下限のような決め手はないのであるが、仏典がインドから西域↓中国へと伝わる速度、インドあるいは西域における潜伏の長さなどから考えて、最低五十年から百年の間を考えるのが普通であるから、これらからして、『般若心経』群がインドにおいて作成されはじめた上限は、およそ紀元百年から百五十年位のことかと考えられ、さらに、その下限は、九八〇年ということになる。

しかし、もちろん、この訳者名の年次からだけの形式的な算定で、仏典の年次しらべが決定されるものではない。先に挙げたさまざまな方法が併せ用いられることはもちろん、次にのべる、別の方法もまた考え併されて行かなければならない。

その一つは仏典を記していることばの考察である。仏典を述べるパーリ語、あるいは梵語にみられる語法上の特色から、あるいは写本に用いられている書体の相違から、その仏典の年代を帰納的に推定できることがしばしばある。明治十年（一八七七）、法隆寺から皇室に献納した二枚の貝葉《ばいよう》*が、書体から六世紀後半ごろのものとされ、日本最古の将来梵本とされ、ネパールから発見されたデーヴァ・ナーガリー文字*の写本が、同じく書体から、多く十七、八世紀のものとみられているなどその一例であり、文法上の特色と併せて、仏典の年代決定に大きく役立っている。

さらに、この言語の観察は、仏典がどこで成立したか、という成立地の問題を知る上にも役に立つことが多い。ごく初歩的にいっても、梵語なり、パーリ語なり、インドの古代語、あるいはその他中世インド語など、インドのことばで記された仏典の全部、あるいは一部が現われたとすれば、われわれはその仏典がインドで成立したことを疑う必要はまずなくなる。中期の大乗仏教の概論書ともいうべき『大乗起信論』や、日本、中国の浄土教徒に重んじられた『観無量寿経』など、その成立地が今もって学界で論じられているが、これらの原典がもし発見されたならば、そのような議論はまず必要なくなってしまう。

たとえば『盂蘭盆経《うらぼんきょう》』*などは、中国・日本のお盆の行事の基礎をなす経典であるが、あまりに中国的要素の多いために、中国でできた経典、すなわち偽経《ぎきょう》と長く考えられていた。しかし、その内容についての池田澄達教授などの研究によってすくなくもその中核の部分がインドでできたことは疑うことができなくなった、などはその一例である。

法隆寺の貝葉心経　これは世界最古の心経梵本とされ、二枚の貝葉《ばいよう》（貝多羅葉 pattra ＝ターラの葉を乾かし紙の替りに用いたもの）に記したもの。推古天皇十七年（六〇九）の将来とされ、玄奘の心経翻訳より四十年も前のものであるが、その原本と同型のものとみられる。悉曇《しったん》文字という今日のわが国各宗で用いられている古い形の梵字で記されている。浄厳が手写したものと共に今日宮内庁の所有に帰し、また、オックスフォード大学の Aryan Series vol 1. part III に紹介された。その紹介によれば、これは五七七年に死去した僧ヤシの所有であったという。

さらに経典中の僅かな、特殊な用語を研究して、その経典が、インドにおいてでもなく、中国においてでもなく、中央アジアのカシュガル（疏勒）でイラン系の民族の手によって作られたものであろう、

デーヴァ・ナーガリー文字　インドの文字には古くブラーフミー文字とカローシュティー文字とがあったが、前者から多くの系統が生れて後世の文字を代表するようになった。西暦紀元前後から南北両系の特徴を顕著にしはじめ、四世紀の中葉以後は、北方系文字と南方系文字とにはっきり分れ、前者からグプタ文字が生れ、六世紀ごろ、これからシッダマートリカー文字（悉曇文字）が発達した。ナーガリー文字はこれと系統を同じくし、七世紀ごろから発達しだした。上部に連なる横線がその特色で、十世紀以後は形態も整い、サンスクリット語写本の文字としてますます広く行なわれ、ついにインドの大部分を風靡するに至った。

> デーヴァ・ナーガリー文字はその代表で、印刷における活字も最も完備し、サンスクリット語の印刷を代表するほか、北部・中部インド語（東部・西部ヒンディー語、ラージャスタニー語、ビハーリー語、東部・中部バハーリー語、マラーティー語）の表記にも用いられ、南部において写本に用いられるナンディ・ナーガリー語、北部において筆記に用いられるカイティー語と共に、ナーガリー系の文字を代表する。ネパールにおいて発見される写本には、このデーヴァ・ナーガリーの書体によるものが多い。

という研究に成功した例もある。虚空蔵《こくうぞう》菩薩《ぼさつ》の功徳を説いた『虚空孕菩薩経』に対する羽渓了諦教授、松本文三郎教授らの研究（羽渓『宗教研究』新Ⅸ5、一二頁以下。松本『仏典批評論』、昭和二年、弘文堂、一六四頁以下）がそれである、

仏典を正しく読む。そのために、仏典の氏素姓、いつ、どこで、どのようなひとびとによって作られたかを知ることは、仏典自身について直接尋ねるほか、今まで見たように、骨の折れる、慎重を要する、まことにさまざまな手続きを必要とすることを知ったのである。

仏教に対し、実際的な要求のつよい、真摯な求道者にとって、このような操作は、まことに迂遠なものと思われるかもしれない。しかし、求道の志が旺盛であればあるほど、仏典を正しく読む必要性はますます強いものとなるはずである。

釈尊の直説と思って、実ははるかに後世に成立した阿含経の或る部分に固執（Khuddaka Nikāya, Samyutta Nikāya などにも意外に新しい部分の混入がある）したり、『法華経』や『（大乗）涅槃経』を

仏陀最後の説法と信じて布教を展開したりしたら、少なくも、批評的傾向を有し思想史的理解を重んずるひとに対する説得は絶望的といわなければならない。

先に挙げた『虚空孕菩薩経』に対する文献学的・言語学的研究が、今はないイランの仏教徒の中央アジアにおける信仰史の一面を浮き彫りにしてくれるように、綿密な学問的手続きが、はじめて実際的にも興味あり、説得力ある結論を産み出すものであることを忘れてはならない。

もちろん、すぺての仏教に接し、仏教を求める人が仏典解読の専門的技術を身につけるわけにはいかないことはいうまでもないのであるし、専門家といえども、自分の専攻する外に無限に広く、独創的な、体系的な知識をもつわけにいかないこともまた明らかである。

盂蘭盆経　この経典の訳経史を精査された岡部和雄氏は、その成果を踏まえつつ、謙虚に、この経典がインド成立か中国成立かを確定することは困難であるといっておられる（「盂蘭盆経類の訳経史的考察」『宗教研究』一七八）。しかし四〇〇年前後から、この経典の翻訳が始り、六世紀ごろの盂蘭盆供の流行が著しいものであったこと、経典にいくつかの系統のあったことは注目さるべき結論といえよう。後世の供養を受けられぬ霊魂が倒《さか》さに懸けられて苦しむという説話が、『マハー・バーラタ』に出ていることは、古く渡辺海旭、池田澄達などの指摘もあり、盂蘭盆経の中国成立説（偽経説）はよほど慎重でなければならない。

ただ、仏典の正しい読み方は、極めて慎重を要する作業であり、夏目漱石や芥川竜之介のように、年代・成立地・時代環境が一応すべて自明のものである作品を読む場合とは根本的にちがうことを充分に常に自覚していてもらいたい、というのみである。

われわれとして、多くの場合実際にできることは、専門学者の綿密な、個別的研究や、それらの研究に対する紹介、批評、解説等に出来る限り目を通し、仏典を読む道しるべを失わないように心がけて行くことであろう。

第二章　仏典の種類と区分

仏典の種類

仏典の分量の大きいこと、種類の豊富なことは、仏教の特色――それも主として難解という特色――の理由にさえなっている。俗に「八万四千の法門《ほうもん》（教え）」といわれるが、インドから中国に訳された経典が、経・律・論あわせて一六九二部（大正新脩大蔵経）、しかし、この中には同じ書物を重ねて翻訳（異訳《いやく》という）したものがかなりたくさんあるから、実際の数はかなり下まわるとしても、千数百近い種類の仏典がインドから中国にもたらされたことは事実である。

これと並んで翻訳仏典の一大集成であるチベット大蔵経も膨大な分量の仏典を収めている。チベット大蔵経は、チベットでできたチベット語による作品は「蔵外《ぞうがい》経典」、すなわち大蔵経以外の経典として最初から区別するから、大蔵経は純粋にインド原典の翻訳仏典だけから成りたっている。代表的な版本だけ見ても「北京版」が五九六二部、「デルゲ版」が四九六七部という大きな数が上げられている（目録部を除いた数）から、チベット大蔵経も漢訳大蔵経に優るとも劣らぬ仏典の宝庫である。この両者を併せると、同じく梵語を原典とする、中国、チベットの仏典だけでも六千から七千種類の経・論がインドから外に広まったことになる。しかし、この両訳の間には共通のものも少なくないから、およそ四千種類ぐらいの仏典が、インドの東・北のアジアに広まって行なったとみるべきであろう。これはもちろん、インドから中国なり、チベットなりに安着し、無事翻訳も了え、しかも散佚《さんいつ》もしないで今日にまで伝わったものについてだけいっているのであるから、これが、インドからの旅の途中で失われ、あるいは着いても翻訳されず、翻訳されても今日までに失われてしまったものまで入れれば、その数はおそらく、四千部の二、三倍から数倍になるのではなかろうか。

そのような運命を辿った仏典の消息を知る上に役立つのが、翻訳僧の伝記について述べる中国側の資料であるが、それらの中から主なものだけを見ても、西インド出身の僧パラマールタ（Paramārtha 五〇〇―五六九、真諦《しんだい》、一名Kulanātha）は、梁の武帝のとき南京にもって来た梵本の数は二百四十包み、中国の紙にして二万巻以上になったろうという。彼は生前は天台の智顗《ちぎ》（五三八―九七）から、死後は法相の玄奘*（六〇〇―六四）から迫害あるいは無視せられたために、生涯を不遇にすごし、その訳業もおちついた環境の中で行なわれず、その著述も失われてしまったものが少なくなかった。もし彼がもたらした梵本をすべて無事に翻訳を了え、今日に伝えられていたならば、現存の漢訳大蔵経中のインド伝来経論のおよそ三倍の仏典が、彼一人の将来品で残されたことになる。ただ分量が三倍になるだけでなく、質の上からしても、「当代きってのインド人学僧がわざわざより抜いて持参したものである」から、これらが無事に訳され伝えられたら、「現在われわれの持つ仏教史の知識もすばらしく豊富なものであったであろう」（渡辺照宏『お経の話』、岩波新書、昭和四三年、五七頁）。

不運に終った翻訳家としては、彼のほかにもプニヨーダヤ（Punyodaya ?—六五五—?　福生あるいは那《な》

玄奘（六〇〇—六四）四大訳家（前出）の一人で、且つ唯一の中国人である玄奘の一生は三つの時期に分けて考えられる（前嶋信次『玄奘三蔵』岩波新書、昭和二七年）。第一は六〇〇年から六二九年に至る三十年間で中国における勉学の時期。第二は、六二九年から六四五年にかけての十七年間で、インドのナーランダー寺における留学とそれに要した前後の大旅行。第三は六四五年から六六四年に至る二〇年間で、中国に帰り大慈恩寺の翻経院における翻訳事業の時期。このように六十五年の生涯を三分して、わき目もふらずに精進し、しかも所期以上の成果を挙げたのは、まことに偉人といわなければならない。彼は河南省の陳留に生れ、涅槃・毘曇・摂論を学び、インドにあっては瑜伽唯識の学を学んだ。インドから将来した梵本は五百二十夾、六百五十七部、二十頭の馬に負わせて帰ったという。『大般若経』六百巻はじめ『仏地経』、『仏地経論』、『瑜伽師地論』、同『釈』『摂大乗論』、同無性『釈』、同世親『釈』、『解深密経』、『弁中辺論』、『唯識論』、『成唯識論』、『異部宗輪論』、『倶舎論』、『毘婆沙論』、『発智論』などどれ一つとっても後世への影響甚大なものばかりである。彼の訳法により従来の訳法は一変し、彼以後を「新訳」、以前を「旧訳」というようになった。その旅行記『大唐西域記』十二巻は中国・日本で広く読まれたほか、英訳もされている。門下数千中窺基《きき》（慈恩大師）は殊に重要である。

提《だい》）も五百包み以上、一千五百部以上をたずさえて長安に来ながら、玄奘の名声に圧倒されて空しく南方に去り、翻訳したのは長安を去ったのち、玉華寺（陝西省）で訳した三部だけであった。

しかし、もって来た梵本の全部を訳すことのできなかったのは、決して不運な、これらのひとびとだけではなかった。中国仏教史上第一の成功者である玄奘でさえ、十六年のインド旅行から持ち返った梵本は五百二十包み、六百五十七部といわれながら、晩年二十年、全力を費し、しかも国家と多くの俊秀に援けられ訳しおえたのは、僅かに（!?）七十五部、一千三百三十五巻だった。膨大な将来梵本のすべてが訳されていたら、それだけで、漢訳中に現存するインド伝来経典の半数近くになったのであるが、わずかにその一割を訳しおえただけで、弟子でその訳業を継ぐものもなく、玄奘が血と汗とによってもたらした梵本の大部分も永久にわれわれの前から消えてしまったのであった。ターラナータの伝える末期のインド仏教の事情を見れば、クル、パンチャーラなど往時仏教の栄えた地方にイスラム（Kla Klo）教徒がますます増加し、正法の失われて行くありさまが細かく描かれている（Schiefner ed. S. 195, 寺本和訳、三三六頁など）から、十三世紀初頭に、パーラ王朝の庇護を失ったベンガル仏教最後の根拠地ヴィクラマシラー（Vikramaśīlā）寺の滅亡に先立って国外へ逃れ出ることのできた僧侶、経巻は例外的に幸福だったことを思わざるをえない。『ターラナータの仏教史』*を読むと、マガダ帝国（ベンガルに拠るパーラ王朝の帝国）の滅亡が高僧ラトナラクシタによって予言され、「信念を有する諸弟子」がカシュミール、ネパールへ去り、滅亡ののちは北方、すなわちチベットへ去ったことが記されている（ibid. S.

ターラナータの仏教史　ターラナータ（Tāranātha）はチベットの蔵洲《ツァン》（Gtsan）の人で幼名をクンガー・ニンポ（Kun dgaḥ sñiṅ po）という。ジョナンパ派（Jo naṅ pa）に属し、多くの仏像経典を集めた。青年期久しくインドに留学し聖地を巡錫し、その師ブッダグプタナータをネパールを経てチベットに招聘した。彼が留学・巡錫の結果の観察と、永年の研究を併せて『インド仏教史』を著したのはその三十四歳のとき（一六〇八）で、インド仏教史の年代・地名・人名を知る上で第一級の資料とされている。その編纂に当って用いられた資料としては、『律師戒行経』、『善見律毘婆沙』、『異部宗輪論』、『文殊師利根本怛特羅』等の中国にも知られたもののほか、『成道者八十四伝史』、『善逝宗教史』等チベットの資料も精査し準拠している。しかし、もちろん細かい点では検討を要するところも多く、それらは、刊行者・独訳者であるドイツのシーフナーや、和訳者である寺本婉雅氏の注意を受けている。刊本＝デルゲ・ナルタン両版にあるほか、A. Schiefner : Tāranāthae de Doctrinae Buddhicae in India Propagatione, Petropoli 1868。ドイツ語訳 A. Schiefner : Tāranātha's Geschichte des Buddhismus in Indien, St. Petersburg 1869。絶版久しかったこの二書は共に、昭和三八年、鈴木学術財団からその『複刊叢書』二、三として再版された。和訳は、寺本婉雅訳『ターラナータ印度仏教史』、昭和三年、丙午出版杜）。

192, 前掲書、三四〇頁）が、いまこれらの三地方こそ数少ない梵文仏典の見出される宝庫であることを思えば、マガダ国はじめ仏教の本国にあって、煙滅・破却された仏典のいかに大量であったかは想像に余りあるものがある。

これらの失われた梵文仏典は、永久に還ってこない。ただ、ネパール、カシュミール、チベットなど国外に運び去られ、翻訳せられ、あるいは翻訳されぬままに、寺院の奥深く埋もれていたり、流沙の間から、一、二の仏典の断簡（fragment）が出て来て、学界に報告せられることはあるかもしれないが、それにしても、失われたものの、おそらく万一にも当るものとはならないであろう。

しかし、現存する漢訳の大蔵経、チベット訳の大蔵経だけでも、失われた梵文仏典の輪廓を浮び上らせるに足る量と質をもっており、われわれは一方において、失われた原典の新発見と研究に意を注ぐ反面、現存する仏典を偏見なく研究することを怠ってはならない。

仏典の発見

現存する仏典を、従来の研究を参考にしながら読んでいくことが、仏典理解の正道であることは明らかであるが、新しい仏典の発掘・発見は、そこに一つの資料が加わるという量の上の進歩だけではなく、従来の仏典の取り扱い方や、仏教の歴史的理解に重大な修正を要求するにいたるような、質の上の進歩にまで及ぶことが少なくない。

このような大発見は、地理学上の新大陸の発見や、マゼランの世界一周、あるいはスヴェン・ヘディンのトランス・ヒマラヤ山脈の発見などにより、人類の世界観的認識が正確さと広がりを増したこととくらべ、いささかも変るものではない。前世紀以来、いくたびか、仏典の新資料の発見がわれわれの耳目をおどろかせたが、決定的に重要な影響を与えた、大事件の一、二を紹介してみよう。

その一つは、イギリスのスタイン、フランスのペリオによる燉煌《とんこう》に埋蔵されていた仏教資料の発掘である。これは今世紀第一の大発見で、これらの新発見の資料により、すでに重要な研究が数多く発表され、従来の仏教史のかなりな部分に訂正を生ずるほどになっているが、しかも、その正確な目録さえ、今なお建設の途上にあり、その全部の成果が確実に実を結ぶのは、おそらく次の世紀にまで及ぶのではなかろうか。

まず、スタイン（Sir Mark Aurel Stein 一八六二―一九四三）は、ハンガリーのブタペストに生れ、一八八二年のインド、ラホールの東洋学校の校長となって以来、その生涯の重要な部分を東洋各地の探検調査に送った。一八九九年以後、ペルシャ、中央アジア、中国西部、インド西北国境等の考古学的探検事業に従い、すでに多くの発見を行なっている。一九〇〇年から一九〇一年にかけ、新疆省タ一リム盆地、ホータン附近の古壁画および古文書の発見は大きな業績であったが、一九〇六年から八年にかけての燉煌千仏洞における古経典の発見は、今世紀最大の文化史上の発見であったといってもよい。燉煌の千仏洞については、今なお研究途中にあり未解決の問題も多いが、一番新しいところでも十二世紀の紀年は見当らない。これからみると、宋のはじめ、すなわち真宗か仁宗の時代に、新興の西夏軍が中国の西方に侵寇して来たときに、これに備えて多くの法宝を、ここに人知れず塗りこめたものであろう。仁宗の景祐二年という新しい年号をとり上げても、一〇三五年であるから、スタインの発掘までおよそ九百年近く、辺境の安全な秘庫の中で眠りつづけていたことになる。

スタインはその経歴が示すとおり、インドおよび中央アジアの古語を専攻領域とし、このため、この膨大なコレクションの中でも、中亜梵字（Brāhmī）の貝葉や、いわゆる西域三十六国において用いられた、今は死語となった胡語の経巻の数は夥しいものに上っている。彼は、この探検がおわってから、十二、三年ののちに膨大な五冊の報告書『セリーンディア』（Serindia, 5 vols, 1921）を発表し、そこにその収集品の目録がのせられているが、その内容の豊富なこと、年代的にも思想的にも極めて珍貴なものの多いことには一驚せざるをえない。

　たとえば、北魏の正始元年（五〇四）の記年のある『勝鬘義記』などは、年代的にも最も古いものの一つであるが、これなどは、日本の聖徳太子の『勝《しょう》鬘《まん》経《ぎょう》義《ぎ》疏《しょ》』との関連からしても、極めて重視すべきものであるが、これより年代のさがる唐経はもちろん、隋・六朝のものまで数知れず出て来たことはおどろくほかはない。それらのうち、わが国で整理あるいは目睹・入手されたものは（わが国探検隊の将来のものに併せて）、『大正新脩大蔵経』の最終巻である第八十五巻として、「古逸部」「疑似部」の名の下に収められている。多くの注釈や、異訳（従来知られていた訳のほかに、別人によって訳された別訳の経）経も少なくなく、さらに、中国でできた経典や、成立の疑わしい経典も「疑似部」の名の下におさめられており、その中には『父母恩重経』（No. 2887）のように、父母に対する孝を説き、日本にまで広く行なわれた中国でできたお経もある。

　スタインの領域が梵語・胡語等、いわば横書きの古典語であったことは前に述べた通りで、従ってのこした書物も、そこに力が置かれている（Chronicle of kings in Kashmir, 3 vols., 1900; Sandburied ruins of Khotan, 1903; Ruins of Desert Cathay, 2 vols, 1912; The Thousand

Buddhas, 3 vols., 1922; On Alexander's track to the Indus, 1929; On old routes of Western Iran, 1940）が、ペリオはその本領は漢籍にあっただけに、この方面において、中国人、日本人に優る大きな業績をうちたてた。

ペリオ（Paul Pelliot　一八七八―一九四五）はパリに生れ、シャヴァンヌ、レヴィ、コルディエ等当時の代表的中国学者、仏教学者に東洋学を学んだ。

一八九八年サイゴンのインドシナ考古学調査員となり、一九〇〇年、ハノイにフランス極東学院（École Française d'Extrême-Orient）が創設されてからはその研究員となった。同年、北京に派遣されたときには義和団事件に遭い、公使館の防衛に当っている。一九〇六―九年、フランスの中央アジア探検隊に加わったが、敦煌千仏洞を訪れたのは、スタインがここを訪れた十一ヵ月のち一九〇八年のことであった。

長い中央アジアの旅行の中、ペリオはその目的地の一つであった古の亀茲国《きじ》（クチャ）、すなわちキジール（赫色勒）で、ドイツの探検家グリュンウェールデルの一行が大規模な研究調査を果たし、その上、日本の大谷探検隊のうちの渡辺哲信らの一隊も、この地域を調査し、玄奘の『大唐西域記』に記述されたいくつかの遺跡を探ってその比定に成功したらしいという消息を聞いていた。そこで、彼はここでの調査を八ヵ月で切り上げ、敦煌へと急いだわけだが、ここに来る途中でも、すでにここも、スタインが来て多くのものをもち去ったニュースを耳にした。さすが不屈のペリオも、一度はほとんど絶望したらしいが、こういう発見には、発見者の能力とその時々の条件により、かなりその収穫にむらのあること、ことにスタインは漢文が読めないこと、現に、彼の第一回のコータン方面の発掘物でも、その漢文のものは、一つ残らずペリオの先生シャヴァンヌや、大英博物館の東洋主任のジャイルズの助力をえて研究の発表を行なっていることから考えて、まだまだ充分可能性のあることを思い直して燉煌に到着したのであった。

北京官話を流暢にあやつれるペリオは、ここの住職である王道士を自家薬籠のものとし、漢文古書のおどろくべき宝庫に接することができた。スタインも入ることを許されなかった秘密の奥の院で、ペリオが二十日間の間に超人的な速度と正確さで目を通した古書は約一万五千巻に及んだのであった。もちろん、そのすべてが仏典ではなく、マニ教、景教、祆教などの異教の漢訳経典や、道教のものも数多くまじっているほか、四書五経や諸子百家の珍本をはじめ、歴史や地理、戯曲、小説類、俗文学、本草、星占、人相、卜占、算経、葬宅、夢判断など、それに燉煌附近の戸籍地券など、ほとんど百科にわたってのすべての資料が出て来たのであった。

これらの資料はすべて約四千五百点 Pelliot No. を付けて整理され、その途次求めた三万冊の漢書とともにパリの国民図書館（Bibliothéque Nationale）におさめられた。

ペリオはスタインと異なり、大冊の著書はのこさなかったが、珠玉の好論文を『通宝』（T'ung Pao）、『東方学雑誌』（Journal Asiatique）等にのこし、ことに燉煌の報告は、一九二六年、羽田亨との共編になる『燉煌遺書』第一集以来、La Mission Pelliot en Asie Centrale（一九二三―）として逐次刊行されて行った。

ペリオ将来の仏典は、その他の資料と併せ、ようやく今影写され、マイクロフィルムとして世界の各大学、図書館に行きわたったところである。目にすることのできなかった資料がようやく簡単に参照できるようになり、これら燉煌資料を用いての仏典研究も徐々に見られるようになってきている。

このスタイン、ペリオの燉煌発掘物語はそれだけでも一つの興味尽きない物語であり、海洋・大陸の大発見に優るとも劣らない驚異と歓びを与えてくれる（その経緯は、松岡譲『敦煌物語』昭和十八年、日下部書店―のち、平凡社『世界教養全集』18所収などによって興趣ふかく知ることができる）、がここでは、スタイン、ペリオを追うのはこのぐらいにして、この二人の発掘によって、埋もれた仏典が世に出、それによって、歴史の上から消えていた一つの大きな集団の動きが明らかになった事情を紹介してみよう。この例話一つによっても、われわれは、仏典の発掘、発掘された仏典の研究が、どのように活きた歴史の再構成に重要なものであるかを、容易に理解できるはずである。

隋（五八一―六一八）の時代の中国に信行《しんぎょう》によって唱えられた三階教という教団は、相州（河北省彰徳）におこり、ひろく各地に行なわれ、ついに長安がその中心地となった。信行の没後一時禁止されたが、三百有余人といわれるその弟子は間もなくこれを再興し、唐代には再び皇室の尊敬を受け、長安には三階教（普法宗）の大寺院が立ち並ぶようになった。

その教えは、主として『大方広地蔵十輪経』などの説にもとづき、仏教を第一階＝一乗の教、第二階＝三乗の教え、第三階＝普法の教えとし、この三段階の教えをそれぞれ、正法・像法・末法の三時期の教えに相当するとした。

この末法観によって、三階教徒は徹底した現実社会の批判を行なって、国家や社会の統制を否定し、また、第三階（末法）相応の宗教である普法宗以外の宗教の存在を否定したため、遂に玄宗の開元元年（七一三）、この教団の経済的基礎をなす総本山化度寺の無尽蔵院を廃止し、十三年（七二五）には、遂に諸寺三階院の隔りを除去し、三階教の典籍のすべてを禁止するにいたった。

こうして、さしも一時盛大をきわめた三階教も没落し、同じ末法思想に立ちながら阿弥陀仏の浄土を欣求した浄土教徒の典籍のうちに引用せられるのみで、その教義の細部は、永久に中国の歴史の表面から姿を消したのであった。

ところが幸にも、この中国の失われた仏典は、そのもっとも重要なものの一部がわが国において保存せられていたのであった。

それは、いま挙げた開祖の信行の著述『三階仏法』四巻で、この書が古くからわが国に伝えられ、鎌倉時代にはまだその完本が存していたことが知られていた。しかし、そののち散佚し、その形すら知られないようになってしまった。ところが、大正末年、奈良の正倉院において、第二・第三・第四の三巻、法隆寺において第一・第二の両巻、京都の興聖寺において全四巻が発見せられ、三階教の最重要典籍が、辛うじてその全貌を示すにいたった。

このように日本において、古代の佚書が発見されることはしばしばであるが、もちろん佚書の発見は一つをもって足りるものではない。この『三階仏法』一つにしても、発見されたいずれの写本をとっても不完全であり、その上、同一部分も異同が甚しい。完全な、もとの形を再現するには、注釈や、別の写本、版本が是非とも必要となってくるのである。

この点の欠を補う力のあったのが、スタイン、ペリオの蒐集になる三階教関係の諸書である。その主なものだけ挙げても、先の『三階仏法』のうちの、第二、第三の両巻（わが国で発見された写本とは異本）はじめ、信行の『遺文』、前者の注釈である『三

階仏法密記』(上巻のみ)、『対根機行法』『無尽蔵法略説』、『大乗法界無尽蔵法釈』、『七階仏名経』、『信行口集真如実観起序』巻一、『普法四仏』、『如来蔵論』、『人集録都目』等々がある。

これらの、三階教の基本仏典の発見により、従来ただ間接的資料――『歴代三宝紀』のごとき――や、論敵の論究――懐感《えかん》の『釈浄土群疑論』、天台と伝わる『十疑論』、窺基《きき》の『西方要決』、飛錫《ひしゃく》の『念仏三昧宝王論』、道鏡《どうきょう》の『念仏鏡《ねんぶつかがみ》』、恵祥《えしょう》の『自鏡録』など――で間接的にのみ知られていた三階教の教理や実践のこまかい姿や、僧徒や信者の活動の実践が手にとるように明らかにされたのであった。矢吹慶輝の名著『三階教之研究』(昭和二年、岩波書店)は、実にこれら発見古文書を充分に活かしえて、歴史から失われた一大宗団の姿を再現した労作なのであった。しかも、当時、イギリスにせよフランスにせよ、これら発見古文書をひろく交流に供する用意なく、矢吹はこれを参看するにいたく労苦されたともいう。しかし、ここに至って発見者の労苦は、まさに国境を超えて実を結んだということができるであろう。

スタイン、ペリオ両氏と並んで、いな、むしろ世間への知名度からいえば、それに数倍する、スウェーデンの大探検家スヴェン・ヘディン*(Sven Hedin 一八六五―一九二五)の発見にかかる、中央アジアの諸種の仏典が、同じように、今日ようやく学界で整理され、評価されつつあることについても注意しておこう。

彼の数回に及ぶ大規模な探検旅行は、探検自体としても興味ぶかいもので、その旅行記は、世界の各国語に訳されて広い読者層をもっているが、その発見にかかる膨大な東洋学上の古典は、今日ようやく整理され報告されはじめたところである。それらの業績は、徐々に、同国の『東洋フン学会報』（Studio Orientalia, Edidit Societas Orientalis Finnica）等に発表されているが、まとめられた目録もようやく少しずつあらわれ始めた。

たとえば、『ヘルシンキ大学図書館蔵チベット大蔵経目録』（Le mdo maṅ conservéa la Bibliothèque Universitaire Helsinki, Helsinki 1952）や『ヘディン蒐集蒙古文献目録』（A Catalogue of the Hedin Collection of Mongolian Literature, Stockholm 1953）などはその一端である。これは、ヘディンの最後の大探検旅行であった一九二七年から三五年に及ぶ「西北科学考査団」（The Sino-Swedish Expedition）において内蒙古、北京等で蒐集した蒙古仏典を、一九五一年、そのメンバーの一人であった、ゲオルグ・ゼエデルボーム（Georg Söderbom）氏が分類摘出したものを、一九五三年にいたり、ペン

スヴェン・ヘディン（一八六五―一九五二）スウェーデンの地理学者で中央アジアの探検家。ベルリン大学でリヒトホーフェン（F. Richthofen）の指導を受けて、中央アジア探検を志し、一八八五―六（主としてペルシャ、メソポタミヤ）、一八九〇―一（サマルカンド、カシュガール）、一八九三―七（ウラル、パミール、タクラマカン、青海、オルドス、北京）、一八九九―一九〇二（ターリム盆地、チベット、楼蘭の遺跡発見）、一九〇五（インド、チベット、ブラフマプトラ、インダス河源、トランス・ヒマーラヤの発見）、一九二七（中央アジア、チベット全般）等、度々の大探検旅行を実行し、この間に発見した古文書の数もおびただしい数に上る。日本にも来たことがあり、『スヴェン・ヘディン中央アジア探検紀行全集』全十一巻、白水社、昭和三九―四一年）が刊行されている。

ティ・アールト（Penti Aalto）氏が完全な整理を加えて発表したもので、総数一三〇点に及んでいる。

スタイン、ペリオの蒐集以来すでに半世紀、ヘディンの探検旅行からでもすでに四半世紀は経ってしまっている。しかもその蒐集した資料はようやくいま整理され、用いられるべき所には用いられはじめて、「埋もれた資料の発見」が「埋もれた歴史の解明」となる緒をつかみはじめた。真実の解明が、いかに長い努力の積み重ねの上に約束されるものであるかに想いを新たにしないではいられない。

さらに、これらの発見や研究をみるとき、学問と国・民族の枠についても再思せざるをえない。スタイン、ペリオ、ヘディンと国はそれぞれ、イギリス・フランス・スウェーデンと異なる上に、ひとしく中央アジア、東北アジアに一生をささげながら、東洋の人は一人もいない。しかも、彼らの発掘した古佚の典籍は、ひとたび彼らの国それぞれへ持ち去られながら、ふたたび、みたび東洋のひとびとの研究にも供され、着実に実を結びつつあることもいま見たとおりである。これをみれば「文化財の海外流出」も、長い歴史の眼よりすれば、あまり狭量に考えるにもあたらないような気もしないではない。清末から民国はじめの中国の動乱を思えば、少なくもこの時期、この貴重な資料が安全な海外に保存されたのは、結果として喜ぶべきことであったのではなかろうか。

仏典の区分

すでにたびたび触れたように、仏典の数はほとんど限りがない。これらの仏典のすべてに説明を加えることがこの本の中で可能でもなければ、その任務でもないことはいうまでもない。一部の仏典の一つの章（品《ほん》）についてさえ、一冊の研究書の書かれることとさえある。ここでは、これらの無限の学問的要求を充たそうとするのではなく、これらの要求を充たすのに必要な、最低限の知識と方法とを説明しようとするにほかならないのである。

では、このような沢山の仏典を、どうしたら一定の基準を設けて整理し、整然とした秩序のもとにとり扱うことができるようになるだろうか。すでに「仏典の学び方」で述べたように、仏典が、いつ、どこで、どのような（系統の）ひとびとによって作られたか、という仏典の戸籍しらべが、とりも直さず仏典の正しい学び方・読み方であるとすれば、仏典の区分も、当然その方向に沿い、その目的の準備としてなされるものでなくてはならない。

いま、右にあげた、「いつ」（時）・「どこで」（所）・「だれによって」（人あるいは系統）の別に従って、仏典の区分を試みてみると、次のようにそれぞれ三つの区分の仕方が可能になる。

(1)まず、「いつ」仏典ができたかという、時の基準に従っての区分。これによって、例えば、インドの仏典を分類すれば、

①マウリヤ王朝以前の仏典

②マウリヤ王朝（紀元前三一七—紀元前一八〇）時代の仏典。

③グプタ王朝（二七〇—四七〇）時代の仏典

………

⑥ or ⑦パーラ王朝（八世紀中期—十三世紀初）時代の仏典

というような区分が可能となり、中国についても、日本についても同じことがいえるようになる。

(2)次に、「どこで」仏典がつくられたかという成立

地の問題を基準にして仏典を区分することが可能である。インドでできた仏典、中国でできた仏典、あるいは、日本、チベットでできた仏典（正確には準「仏典」）等。

この区分は、もっとも必要であり明瞭であると思われながらなかなかそうではない。なぜなら、漢文で書かれた仏典のほとんどすべてが、インド仏典の翻訳であることはよく知られているにしても、漢文で書かれ、事実中国で作られた仏典――いわゆる偽経《ぎきょう》――も一、二に止まらずあるのであり、仏典の出生地はなかなか簡単に判断できない場合も多いのである。たとえば日本の浄土教徒の間では、「浄土三部経」の一つとして、その巧みな描写と寓話のために、ことに長い間親しまれて来た『観無量寿経』（略して『観経』）にしても、中国成立か、インド成立か、あるいは、その中間の中央アジア成立かは、いまもって一つの謎である。

なぜなら、この『観経』は、「三部経」の他の二つの経典である『大無量寿経』（『大経』）、『阿弥陀経』（『小経』）とちがい、梵文の原典も、チベット訳も存在しない。したがって、それがインドでできたと断定する根拠はない。しかし、大谷探検隊*がこの経典のウイグル文の断片一葉を発見したため、必ずしも中国成立の、いわゆる「偽経」と断定することもできなくなった。もしこれが、梵文からの翻訳なら、『観経』はインド成立であり、漢文からの翻訳なら、「重訳」（double translation ―この場合も、インド→中国→ウイグルだから、やはりインド成立）か、漢文直訳の、中国成立ということになる。論理的には、ウイグル文の書き下しということもありうるわけであるが、これは、歴史的には考えにくい。この点での、学者の意見は、いまのところ一致するところがない（春日井、藤堂、月輪の諸教授の論究がある。『梵語仏典の諸文献』九八頁参照）。

これらの点を勘案すると、仏典の成立地をかろがろしく論ずるよりも、仏典を記していることばを手掛りにして区分する方が、より実際的でもあり、且つ学問的にも正しいことでもあることに気づく。

この区分法ならば、一応次のようにすることができよう。

①パーリ語仏典
②梵語（サンスクリット語）仏典
③漢訳（含漢文）仏典
④チベット語訳仏典
⑤その他の諸語による仏典

この区分を一覧してわかるように、アジアの各地に広まり、行なわれ、散佚し、あるいは現存した仏典は、各施のことばで区分されながらも、やはり、原典（パーリ語、梵語の仏典）と、翻訳仏典のいずれかに配分されるべきものである。さきに見た、帰属不明の仏典も、一応翻訳語の位置に置いておけば、この二大区分はやはり、かなり実際的なものであることがわかる。

したがって、この二大区分を活かして、二つの分け方ができることとなる。

> ウイグル人と仏教　中央アジアに長く生活するウイグル人は、シリヤ系の文字をもつ遊牧民で、一時は中国をなやますほどの力もあった。しかし彼らは、一般に穏和で、仏教にもその他の宗教にも保護を加え、多くの翻訳仏典を残したが、九世紀以後はイスラム教に帰し、これからのちは、中国とインドの仏教往来が困難になった。因みに、イスラム教を回教と書くのは、中国ではそれが、このウイグル人（回《かい》鶻《こう》）の宗教だからである。

一つは次のようになる。
①パーリ語仏典とその翻訳仏典。
②梵語仏典とその翻訳仏典。
他の一つは、
①原典すなわち、パーリ語仏典と梵語仏典。
②翻訳仏典。すなわち、漢訳、チベット訳、その他の仏典。

このどちらが学問的であり、かつ、実際的であるかは、次の区分法と勘案してみる必要がある。
(3)仏典が、「だれによって」あるいは、「どのような人によって」作られたかという点を主にしての区分法。これは、実際には、仏典の「内容」あるいは「系統」からする分類である。

古来、中国、チベット、日本のいくつもの『目録』において整理されて来たように、そしてまた、インド人の仏教徒が自覚していたように（宇井伯寿訳『真理の宝環』『名古屋大学文学部論集』のち『大乗仏典の研究』に所収）、仏教徒の系統は複雑であり、それがまた仏典の内容の多岐なことに連なっている。

したがって、『法華経』が最上の経か、『阿弥陀経』が最上の経かなどという議論は、学問的にはまったく何の意味もなさない。結局、経典の優劣などということは、信仰のちがいであり、信念の相違であり、つきつめれば主観の置き方の問題である。ただ、われわれは、一つの経典に対し、どのようなひとびとが信仰を持ち、高い評価を与えていたかを知ることによって、その経典の位置を知ることはできる。われわれにとって必要であり、可能なのはこのことだけで、いま問題にしている、「だれによって経典がつくられたか」の問題も、これ以上に立ち入って断定することは不可能なはずである。

このように考えた上で、私は右のような三つの方法を別個に取ることはせず、一つ一つの経典について、この方法のすべてを併せ用いて観察に努めることとした。

そして、取り上げるべき経典も無数に多いが、ここでは、わが国や中国、チベット、蒙古など、東北アジア、中央アジアに発展した大乗仏教の経典のうち、特に重要なものと、重要でありながら看過されて来たもの八種を左のように撰び、順次観察して行くこととした。ふつう、仏典の解説書においては、パーリ文で書き残された、いわゆる原始仏教経典から扱うのが建て前のようであるが、経典の成立については、すでにこの第一部でいろいろな角度から触れて来たし、第二部の各種経典の解説中でも触れる機会が考えられるので、特に章節を設けての解説は割愛した。これは今回は触れることのできなかった、大・小乗の論部の著作と共に、折があれば別個に扱ってみたいものと考えている。

大乗仏教の基本経典

(1)　般若経
(2)　法華経
(3)　大集経
(4)　宝積経
(5)　華厳経
(6)　金光明経
(7)　楞伽経
(8)　密教経典

第二部　大乗仏教の基本経典

第一章　般若経

大乗の歴史は般若の歴史

梵語が仏教徒に用いられはじめた二世紀ごろから、『般若経』はその製作に関与し、大乗仏教の歴史と共にその産出を続けて行った。

初期の『般若経』によって大乗仏教は産声を挙げ、中期の大乗仏教は、般若の現実的把握が使命であり、最後期の『般若経』は、また、人間の現実生活の内にある真実を追求した。ある報告によれば、仏教がインドに亡んだのちも、ひそかに信仰されつづけたのは、般若大空の信仰であったという（法格崇拝という。H. P. Shastri : The Discovery of Living Buddhism in Bengal, JASB. vol. XVIII, 1897, N. N. Vasu: The Modern

仏教経典と梵語　釈尊が何語で説法されたかは断定しえないが、今日残されているパーリ語と近い関係にあるインドの俗語を用いられていたことはまず間違いないと見られる。しかし、釈尊の亡くなったのち・グプタ王朝（紀元後三二〇）が立ち、インドの社会の中世化が深まるにつれ、第一階級であるバラモンの用語である梵語（サンスクリット語）が大・小乗双方の仏教徒にも用いられるようになった。

Buddhism and its Followers Orissa, Calcutta 1911, introduction)

まさに、大乗仏教は般若に始まり、般若に終った。大乗仏教の歴史は般若思想の歴史である。この間、実に十世紀以上にわたり、般若系統の経典の製作が続けられて行なったのであり、したがって、同じ「般若」の名で呼ばれながらも、そこに盛られた思想内容は誠に多様なのであって、果して同一の名――「般若」――で呼ぶことが妥当であるか否かに躊躇を覚えるほどである。

しかし、それらが、つねに「般若」の名をもって前の思想を継承的に発展させたことを思えば、そこには共通する基本的性格がなければならないはずである。

それでは、その「般若」の基本的性格、諸「般若」の最大公約数とは何であろうか。

般若とは

般若は梵語プラジニャー（prajñā）、あるいはその俗語形パンニャー（paññā この方が漢音般若には近い。おそらくこちらがもとで漢字音写ができ、梵語の音写にも流用されたものであろう）の音写である。「プラ」は「完全」を示す接頭語、「ジニャー」は智慧を指すから、「プラジニャー」は「完全な智慧」を指す。ヨーロッパの学者（M. Winternitz）が、『般若経』を「智慧の完全についての経典」としたのは当っている。

この智慧はまさに「完全な智慧」であって、日常の智慧や、宗教的ではあっても浅い次元の智慧ではない。般若の字を当ててこれに「智」や「智慧」の字を当てることが稀であったのは、ただの智慧を意味する「ジニャーナ」や「マティ」との混同を避けたためにであった。

この智慧が何であるかの追求は、『般若経』千年の歴史であり、大乗仏教の終始した眼目であり、さらに広くみれば釈尊以来、今日に及ぶ仏教徒の道である。それを一口に尽くすことは、所詮群盲に象の一部を示すそしりをまぬがれないことかもしれないが、次の狙いだけは、「般若」の基礎構造として知っておく必要があろう。

　まず、般若のもつ否定的性格である。オーストリヤのインド学者ヴィンテルニッツ*は『般若経』を「智慧の完全についての経典」としながら、続いて、「この智慧とは、一切を虚無と説き、実在・非実在ともにこれを遮し、一々の問に答うるに、ただ「否」をもってするところの否定主義、すなわち空論（Śūnyavāda）の認識である」と定義する。

　般若を否定主義と断じ去ることの適否は軽く論じられることではないが、般若の基本にこの否定のあることも否定できぬ事実である。

では、般若・空は何を否定したか。

　般若・空の眼の前にあったのが、説一切有部によって代表される、法の実在論的体系化（阿毘達磨《あびだつま》的体系）を専らにする学説であったことは明らかである。彼らは、五つのカテゴリー（五位）と七十五の構成要素（七十五法）からなる宇宙の構造的説明（法相）

ヴィンテルニッツ　Moriz Winternitz（一八六三―一九三七）オーストリヤの人類学者、インド学者。イギリスに渡ってオックスフォードでマクス・ミュラーに就き（一八八八）、同大学インド学研究所司書となり（九五）、ヴェーダ文献写本、南インド関係写本を整備した。プラーグ大学教授・シャーンティニケータン大学客員教授を歴任した。主著『インド文献史』全六巻が日本印度学会より刊行されている。

を規定し、そのカテゴリー的認識（諸門分別）という形でその分類を詳しく行ないそれら諸法の関連性を論じた。

このようなカテゴリー的認識がおちいるのは、決して実在論の方向ばかりではなく、逆に虚無への方向も充分にありえたことであった。いわゆる有無《うむ》の偏見におちいることが、かかる阿毘達磨のひとびとのもっとも戒心すべき危険だったのである。

このような偏見は、本来仏陀のもっともおそれたところである。それが、このような方向に直進し、徐々に有・無の偏見（常見・断見）に固化していったのは、仏教自体の教理史的・教団史的特性もあったであろうが、そこには、仏教思想が、ギリシャ的な思惟形態に影響せられた結果の、東西文化融合の気運もまたあったといわれる（山口益『般若思想史』昭和二六年、法蔵館、二九頁）。

ナーガールジュナ（Nāgārjuna 一五〇―二五〇 竜樹）南インドのバラモンの出で、早くから諸種の学問に通じ、出家してからは小乗の経律論を学んだ。のち雪山で一比丘から大乗経を授かり、南インドに帰り空の宗教を弘めたという。晩年はキストナ河の上流黒峰山（吉祥山）に住したとみられる。『中論』『十二門論』『廻諍論』等の空の諸書のほか『大智度論』のような大全書もその著とされ、中観派の祖であるのみならず、八宗の祖と仰がれる。

空を哲学的に規定するのに成功したナーガールジュナ（Nāgārjuna 一五〇―二五〇 竜樹）が、その主著を『根本中論』と名づけ、その開巻に、いわゆる「八不」の帰敬偈（仏への帰依をあらわす頌句）を掲げたのは、否定は否定のためにあるのではなく、それが、縁起であり、中であり、釈尊に帰る根本の立場であることを示したものである（同前三三頁）。

その「八不の偈」とは次のような、八つの否定においてあらわされる「縁起」である。

〝生ずることなく滅することなく、断ならず常ならず、一ならず異ならず、来ることなく去ることなき、よく諸々の戯論を寂滅せしめる縁起を説きたまえる正覚者、諸々の説者の中の最勝なる、彼の仏にわれわれは礼したてまつる〟

これ以後の長い大乗仏教の思想史において、般若も空も縁起もさまざまな定義をうけ、否定を重ね、定義を改めつつ発展して行くのであるが、この「八不＝中＝縁起＝仏」という立場に対する根本的懐疑は表明されていないところからすれば、この立場こそ、大乗の基本であると考えることができよう。

以上によってみるに、般若・空はたしかに否定であるが、それは決して単なる実在の否定でもなければ、その反対に虚無の否定でもなく、およそ、かかるカテゴリー的認識の否定・超克であったことをまず第一に知ることができるのである。

有無の否定は、諸門分別の否定である。このことから、般若・空の第二の面である分別智の超克がでてくる。

もちろん、釈尊もよく現実を観察し、その差別相をよく知った。すなわち分別（vibhaṅga）はした。阿毘達磨論師は、やはり、釈尊のこの態度に倣い、これを継いだといえないこともない。しかしながら、釈尊の分別は、分別のための分別ではなくて、「真《しん》智開顕《ちかいけん》」（真実の智慧を開く）のために道を開こうという態度が常に明瞭であった。このため、釈尊の分別は体系的であるよりも、実際的であった。精緻な現実観察も、形而上学的要求に基づくよりも、一人一人の質問や要求に従って随宜《ずいぎ》（pariyāya）になされることが多く、それは不徹底な嫌いがあったが、その「随宜」であり、不徹底であるところにむしろその特色があったのである。阿毘曇者は、この不徹底を見出して、どこまでもそれを追求・究明せずにはおかなかったのである。了義・不了義の問題はこれをいうのであり、『分別論』（Vibhaṅga）の六十七分別、『舎利弗阿毘曇論《しゃりほつあびどんろん》』の四十三分別、『品類足論《ほんるいそくろん》』の六十三分別等の詳細を極めた「分別論」の体系はこうして出来上って行ったのである（赤沼智善『仏教経典史論』、昭和十四年、破塵閣書房、三〇〇頁）。

　有部にとってはこの認識的分別智が般若であったが、そこには、真の全身的解放をもたらす智慧、「三昧発得《さんまいほっとく》の智」（宗教的完成をもたらす智慧）は忘れられていた。かくて彼らは智慧までも種々に分別して、十智・四十四智・七十七智等とした。『舎利弗阿毘曇論』の「世間分智品」（大正、二十八、五八九c）、『分別論』、『発智論』の「智蘊」、（大正、二十六、九六二a）、『品類足論』の「弁諸智品」（大正、二十六、六九四b）『無礙解道《むげげどう》』（Patisambhidāmagga, vol. I, p. 1, vol. II, p. 185）等に展開されるさまざまな「般若」（Paññā）はそのあらわれである。

　彼らは分別して（vibhajeti）分別する（kalpyate）ものであり、このように「諸智分別」された阿毘達磨の「般若」は、真実の般若に程遠いものといわなければならない。『般若経』において、強く「空」と表出された「般若」が、この阿毘達磨的分別般若に対する否定を意図し、差別智より根本智への回帰・綜合を目差すものであったことを知らなくてはならない（同前三〇一頁）。

　第三に般若と空の関係である。般若は真実を観察するわれわれの智慧（能観《のうかん》）であり、空はその観察をうけるところの対象（所観《しょかん》）であるとされるが、この区別も実は分別であり、真実は一つ（能所不二）である。このため、般若は常に空であり、空は常に般若に基底づけられる。

では、この不二なる般若・空を具現することは何であり、その根拠は何であるか。その答えは大乗を待たず、すでに原始仏教中に答えるところであることが、学者によって明らかにされている（西義雄『原始仏教に於ける般若の研究』、昭和二八年、大倉山文化科学研究所）

もっとも古い経典の一つにいう。

〝清浄般若（suddhipaññā）の具現者は、
過去の蘊分別を打越えつ、
一切処より解脱して、
世間に普く普行せん。（sn. 373）〟

この頌は、般若を具するものが、過去・未来の色・受・想・行・識の五つの構成要素（五蘊）にもとづくすべての迷妄の認識（妄分別）を打ち越えて、十二の認識根拠（眼・耳・鼻・舌・身・意の六感官と、色・声・香・味・触・法の六対境、併せて十二処）にもとづく、すべての分別による束縛を離脱し、すべての処で主となり自由とな（随《ずい》処《しょ》為《い》主《しゅ》）って、天下に闊歩することを示したものである。

妄分別や推度《すいたく》・計度によるものは邪見であり、極端の見解、すなわち邪見であることが同じ経典に重ねて示されている（同前、一六五—六頁）。

〝遍計せる見（pakappita diṭṭhi）をば重視しつつこれに依止して（nissito）ここに清浄ありと説くかの浄説者は、そこに如真を見たりとす。
げにかかる独断論者は清浄に導くことはなし。
（Sn. No. 9110）
バラモン（仏陀）は、省察する故、妄分別（kappa）に堕せず。（Sn. N0. 911）

無分別（akappiya）にて分別（kappa）なし。（Sn. No. 860）〟

妄分別を離れ、清浄に導かれたものとは、随煩悩を離れ心の解脱を得たものにほかならない。この随煩悩と心の関係は錆と金との関係に見、覚りをうるもの（能証智者《のうしょうちしゃ》）は心の本性を見抜くことを必須と教えることでも明らかなように、心の解脱とは、とりもなおさず心の清浄（心性清浄《しんしょうしょうじょう》）の謂に外ならない。

この心の清浄が心の解脱の基底にあり、それが涅槃である般若であることはここでは重ねて説かない（同前）。ただ、この心性清浄説は大乗の般若に入っても一貫した人間観であり、『小品般若』（すなわち、梵文の『八千頌般若』）等でも中心概念となって無数に繰り返されていることを想いうかべれば足りる。

人間の心は、その本質において浄らかであるという確信が、有無の偏見をも離れさせ、主観と客観（能・所）の区別をはなれた真実の存在を確信させたのであった。

般若の本義は、この人間性の確信であったとみなければならない。

十本般若と四処・十六会

長い般若思想の歴史は、当然膨大な般若経典を産んだ。しかも、その思想的重要性は、よくその広まった諸地域に自覚されたものと見え、巧みな譬喩や、興味ふかい物語に乏しいにもかかわらず、よく読まれ、またよく保存せられた。一番膨大な『大般若経』は、主として初期・中期の般若思想の経典、十六種の大成書であるが、玄奘の翻訳になる六百巻が現に保存されており、しかもその五一八巻分、すなわち約八五パーセント分のサンスクリット語原典が保存せられている（渡辺照宏『お経のはなし』一三四頁）。

膨大な『大般若』を含めて、中国では実に多量の『般若経典』が伝来し、翻訳せられている。

その主要なもの十を数えて「十本般若」とすることが行なわれている。ほとんどは『大般若』に含められるが、この数え方も注意しておいてよかろう（椎尾弁匡『仏教経典概説』昭和八年、甲子社書房、一〇四―六〇頁）。まず、名だけ挙げると、

(1)『小品《しょうぼん》般若』（大般若第四会）
(2)『大品《だいぼん》般若』（同　第二会）
(3)『仁王《にんのう》般若』
(4)『金剛《こんごう》般若』（同　第九会）
(5)『般若心経』
(6)『濡首《じゅしゅ》般若』（同　第八会）
(7)『文殊般若』（同　第七会）
(8)『勝天王般若』（同　第六会）
(9)『大般若』（四処十六会の全本）
(10)『理趣般若』（同　第十会）

右に見られるように、十本のうちの八本が『大般若』である。『大般若』の外にあるものは、『仁王般若』と『般若心経』の二つだけである。したがって、この十本は、主として『大般若』の翻訳の過程でできた分類と考えていいのではなかろうか。いずれにせよ、この「十本般若」の呼び方と整理の仕方はあまり一般化せず、『大般若経』の内容（漢訳で六〇〇巻）をその説かれた場所四ヵ所と、内容十六種に応じた分類（四処十六会）が、実際に応じているとして、よく参考に供されるので、次頁にかかげてみる。

（会）	（巻）	（題・別訳）	（原典）	（処）
1	1—400	玄奘初出	十万頌	霊鷲山説
2	401—478	大品・放光	二万五千頌	
3	479—537	光讃・放光	二万五千頌	
4	538—555	小品／道行／仏母出生	八千頌	
5	556—565	玄奘初出	梵文欠	
6	566—573	勝天王般若	梵文欠	
7	574—575	文殊般若	七百頌	祇園説
8	576	濡首般若（那賀室利分）	梵文欠	
9	577	金剛般若	Vajracchedikā	
10	578	般若理趣分	百五十頌	他化自在天宮説
11	579—583	布施波羅蜜多分	梵文欠	竹林精舎　白鷺池側説
12	584—588	浄戒波羅蜜多分	梵文欠	
13	589	安忍波羅蜜多分	梵文欠	
14	590	精進波羅蜜多分	梵文欠	
15	591—592	静慮波羅蜜多分	梵文欠	
16	593—600	智慧波羅蜜多分（善勇猛般若）	二千五百頌	

上の表で「会《え》」というのは「会座《えざ》」、または「会処《えしょ》」の意味で、教えを説く仏・菩薩を中心として、それを聴くひとびと（対告衆《たいごうしゅ》）を含めてもたれる法の集まりをいう。この集りの一つ一つによって、それぞれ完結した教えがもたれるわけであるから、『大般若経』に十六の会が見られることは、この経典の叢書が十六種（十六部）の経典から成り立っていることを示している。

したがって、玄奘が新たに訳出し、あるいは従来あった翻訳も全面的に改訂して編集し、六百巻にまとめ上げた『大般若経』は、正確にいえば、十六種の『般若経』として見直さなければならないわけである。

しかし、そこには、「般若」という一つの統一的な思想が脈々と流れているから、これを「叢書」としてまとめることも、また正しい経典理解の態度といわなければならない。

玄奘は、この六百巻を六六〇年から六六三年に至る満三年をかけて訳出し、翌年二月五日に入滅している。膨大な訳業に較べて比較的短い時日といわなければならないが、それには、このころから宋代にかけての仏典翻訳が、きわめて整えられた制度の下に、おどろくべき大きな国家的規模で行なわれた事業であるからであって、そうでなければ、いかに玄奘の天才と努力をもってしても、このような空前にして絶後な成功はかちえられなかったのではないかと思われる。これについては後に少し説明を加えよう。

この六百巻は、『大正新脩大蔵経』の第五巻、第六巻、第七巻に収められており、第八巻に『大般若』以外の種々の『般若経』が収められている。

「会」は、十六で説かれているが、この十六種の『般若経』を、その経典の説かれている場所（説処）で分類すると四処になる。この二つの分類法を併せて、『大般若』六百巻の四処十六会というのであるが、その説処は、それぞれ、霊鷲山《りょうじゅせん》、祇園、竹林の実在の場所三と、『般若理趣分』のみが、他化自在天宮《たけじざいてんぐう》という空想上の宮殿となっている。大乗経典の説処が、どのような歴史的事情を反映しているかについては、従来ほとんど検討されていないが、歴史的事情や信仰の実際と無関係でないことには注意を払うべきであろう（巻末地図及び維摩経の項など参照）。

その意味で『大般若』の四処を見れば、第一会から第六会までの六部の『般若経』と、第十一会から第十六会に至る六部の『般若経』は、それぞれ、王舎城外霊鷲山、同じく竹林精舎《ちくりんしょうじゃ》（Venuvana）の中の白鷺池《びゃくろち》の側で説かれたという構成をとり、中インド、マガダ国の大乗仏教徒の信仰と関係のあることを暗示している。それに対して、第七会、第八会、第九会の三部の『般若経』は西北インド、コーサラ国の祇園精舎（Jetavana）を説処としている。何らかの関係を考えないではいられない。

これらに対して、第十会の『般若理趣分』のみが、想像上の宮殿である「他化自在天宮」を説処としているが、この経典の特殊性と、成立のおそいことと、この事実には密接な関係がある。

この四処は、経典の内容上の特色をも或る程度正確に反映しているとみることができるが、例外もないではない。

まず、第一会の「霊鷲山説」に該当する六部の『般若経』のうち、最初の第一部から第五部までは、説き方や内容にニュアンスの差はあるが、大体同一の傾向に立ち、「般若」思想のうち、比較的初期のもの、根本的なものが含められている。『般若経』典のうちの中核の部分とみてよく、さまざまな翻訳（異訳）も多く、その内容についても進んだ研究が行なわれている（山田竜城『梵語仏典の諸文献』八六頁、巻末付表等参照）。

第六会の『勝天王般若』は原本二千五百頌といわれ（梶芳光運『原始般若経の研究』一五九頁）、このため『善勇猛般若』と混同されたことなどもあって、内容の研究もまだ進んでいないが、前五部とは傾向を異にし、むしろ、次の「祇園説」の三部の中期『般若経』と比較して考えた方が便利な所が多い。

この次に、むしろ密教思想への連がりを見せる他化自在天宮所説の「理趣分」が説かれ、最後に、竹林精舎白鷺池側説の六部の『般若経』が来る。梵文原典の存するのは、最後の「智慧波羅蜜分」のみであるが、いずれも六波羅蜜行の一つ一つを説くもので、同一傾向に立つことはいうまでもない。

このような多種、多数の『般若経』を考察する上で、古い分類法が役立つことは、上に見て来た通りであるが、しかし、今日の研究で改正、あるいは増訂しなくてはならないところの出てくることも否めない。

右の「四処・十六会」の分類でも、第六の『勝天王般若』の位置、第八の『濡首般若』の位置などは一考を要する。第一から第十六に至る六部・六波羅蜜の『般若経』でも、チベットでは、第十一から十五までが『五波羅蜜多説示大乗経』(hphags-pa Pha-rol-tu phyin-pa Lṇa bstan-pa shes-byaba thed-pa chen-poḥi mdo=Ārya-Pañcapāramitāni-rdeśa nāma Mahāyāna-sūtra, 東北 No. 181, 大谷 No. 848 共に諸経部 mdo-sde 所収。影印北京版 vol. 34, pp. 127―161) として一つの経典として訳出されており、第十六会だけが別に出ている(東北 No. 14, 大谷 No. 736 共に般若部 śes-phyin 所収)ことも注意しておかなくてはならない。

以上のような点を考察すると、次のような四つのグループを『大般若』六百巻のうちに考えることができよう。

(1)第一会―第五会　初期般若経グループ
(2)第六会―第九会・第十六会　別訳般若経グループ
(3)第十会　般若理趣分
(4)第十一会―第十五会　五波羅蜜経グループ

この四グループ六百巻のうち五一八巻分(八五パーセント)の梵文原典が存在し(渡辺照宏『お経の話』一三四頁)、それに相当するチベット訳(その外に一万八千頌、一万頌のチベット独自の般若経もあるが)が現存しているのである。

九　位

この膨大な量の仏典を、わずか三年間に訳し終えたことは、現在でも大きな驚異である。多くの学者を動員した『大正新脩大蔵経』や『南伝大蔵経』でさえ、十数年乃至それ以上の年月をかけているところを見れば、この事業はまさに超人的といわなければならない。そこに強力な智力と労力の集中が行なわれたことが当然考えられるのであるが、そのことをここで一瞥しておこう。

翻訳の場所は、上代においては寺院、あるいは宮殿内など適宜の場所が用いられ一定していなかったが、隋代に至って煬帝《ようだい》が洛陽の上林園に翻経館を建てて、これを専門の訳場に充てたのをはじめとして、玄奘のためには、太宗が大慈恩寺の内に翻経院を設け、以後義浄、天息災らの大翻訳僧に対し、時の皇帝から翻経院を賜うことが例となった。

『宋高僧伝』第三には、唐代の訳制が詳しく述べられているが、これ（や『仏祖統紀』第四十三に述べる宋代の制規）によると、その職制は九種から成り立っていた。これを職制の九位という。経典の分量・難易に応じてそのすべてが動員されたこともあり、そうでないときもあるが、重要な経典には、その担当の人名を列ねてあるから、今日でもその実状を察することができる。『大般若』の翻訳などは、まさにそれであった。九位とは次の九種の役割りをいう。

(1)訳主（訳匠）　翻訳事業の中心で、この場合はもちろん玄奘そのひとである。インド（天竺）あるいは、中央アジア（西域）からもち帰った写本を証定し、さまざまな合成語や音便や俗語を混淆して難解を極める原文に訳を与えて行くもの。書体・文法・仏教学に広く深い知識を有するひとでなくてはこの任に与れない。玄奘以前にあってはほとんど外来僧であったのも、主として難解な梵語知識が中国僧では充分でなかったからである。
(2)筆受　口述する訳文を筆記する。『大般若経』では、大慈恩寺欽、慧朗、道測、窺基、玉華寺基光、西明寺嘉尚、弘福寺神皎等のひとがその任に当った。
(3)綴文（潤文）　翻訳された文章を潤色修辞し、文体の統一に当る。仏典の翻訳は決して原意を伝えただけで良しとするものではない。宗教の典籍たるにふさわしい流麗典雅な格調を具え、かつ全篇に亙って一貫した調子で統一されていなくてはならない。『大智度論』のように大部のものは、訳文の調子が途中で一変していることに気付くのであるが、玄奘にはさすがにそのようなことがない。大慈恩寺玄則、神昉、靖邁等がこの任に当った。「新訳」の名を不朽にした玄奘の名訳には、これら能文家の力もあったのである。また、筆受を綴文といい、潤文を綴文ということもあるが、玄奘の場合は右のごとくにいう。
(4)証義　経典の内容を調査し、玄奘の下す訳語の意義が適当かどうかを証定する役。大慈恩寺習通、慧貴、西明寺神泰、慧景等のひとがこの任に当った。
(5)正字（字学・定字）　梵語の音写に当って適当な文字がそれに充てられているか否かを調査する役。梵漢両語に熟達したひとを選ばねばならず、玄応がこの任に当った。彼の『一切経音義』二十五巻はその時の副産物であった。
(6)写経判官　陳徳詮がその任に当り、写経の監督に当った。
(7)検校写経使　崔元誉がこれに当った。
(8)潤色監閲（監護大使）　いよいよ完成した翻訳を

浄書させ、これを検定する総監督の役で、政府高官がこれに当り、政府と訳場との連絡一切の監督に当り、完全と認められたのちには、これを宮廷に奉じて天覧に供した。

(9)書手　これらの下にあって訳文の浄写に当った。

以上は『大般若経』翻訳の過程に見られる九位であるが、『宋高僧伝』や、玄奘でも他の訳経では、これが全部網羅されているわけではないし、多少の異同がある。『宋高僧伝』第三に見られるこれ以外の職制には、「度語」(訳語・伝語＝中国の会話に堪能な通訳、たとえば罽賓《けいひん》《カシミール》の般若《プラジニャー》が『四十華厳』を訳したときに、洛陽の広済がその任に当った。玄奘、義浄にはその必要はなかった)、「証梵本」(翻訳された語句が正しく梵文原語の意味を伝えているか否かを検討する)、「梵唄《ぼんばい》」(訳業を開始するに当って、梵唄諷誦して仏前に讃嘆勤行し事業の完成を祈念する役)等がそれであった。

本来の般若経

膨大な『般若経』の経典群の中で、どれが本来的でどれが派生的かということは、近代的・批評的な研究によってもなかなか議論の分れるところである。六百巻の『大般若』でいえば、最初の五部の『般若経』すなわち、「五会」の『般若経』がその中でも、もっとも基本的なものであることについては、学者の間でほぼ説は近づいている。

このうち、第一(十万頌、東北 No. 8, 大谷 No. 730)、第二(二万五千頌、東北 No. 9, 大谷 No, 731)、第四(八千頌、東北 No. 12, 大谷 No. 734)は、梵・蔵・漢の資料すべてが揃い、流通も広く、いろいろの点から般若経文献の根本的なものと考えられる。第三のものにはチベット文があるが、そのどれと厳密に対同するかは、一致するところもあり、しないところもあり、いわゆる「或同或異《こくどうこくい》」で一概に言えない。チベット大蔵経だけにある一万八千頌（東北 No. 10, 大谷 No. 732）、一万頌（東北 No. 11, 大谷 No. 11）と密接な関係があることは確かだが、成立の事情は複雑でやや遅れるとみられる。第五会は漢訳だけである。

こうなると、十万頌、二万五千頌、八千頌はもっとも根本的な『般若経』であるが、このうちのどちらが先で、どちらが後かということになると異論が多く統一的な見方はない。結局そのどちらも学者の間にみられている。

すでに古く、オーストリアのインド学者ヴィンテルニッツはこのことに言及して、次のようにいっている。

〝本経は、一伝によれば始めは十二万五千首盧迦《シュローカ》*（śloka 頌）より成る、仏陀が説法主で、対話の形で智慧を教えている経であった。しかるに漸次、十万・二万五千・一万および八千シュローカに短縮せられたという。他の一伝によると、八千シュローカこそ、この経の原形で、のち漸く拡大敷衍せられたものだという〟

（中野・大仏訳『印度仏教文学史』三一九—二〇頁）

この両説が共に成り立つことは早くから注意されており（R. Mitra : Aṣṭasāhasrikā ed., p. IVb, E. Burnouf : Introduction, p. 414）、いま一概に断定できない。西暦紀元のはじめごろ、大小数種の『般若経』が並び行なわれていたというのが実状であろう（渡辺『お経の話』一三四頁）。十万頌はあまりに大きすぎるし、その内容は、二万五千頌、八千頌、あるいは『金剛般若』と殆んど重複するので二万五千頌と八千頌についてその内容と特色とを述べておこう。

梶芳光運教授は、諸『般若経』を十一に分け、それぞれの系統に分摂させておられる（『原始般若経の研究』四五―二〇九頁）が、第五会までで見れば、それは次の三つに分けられる。

(1)道行系《どうぎょうけい》般若経　支婁迦讖《しるかせん》（一七九）訳の『道行般若経』十巻三〇品（大正、八、No. 224）によって代表される般若経典群。支道林・道安等の二部黨説*でいう小品系である。羅什訳の『小品般若』十巻（大正、八、No. 227）、支謙（二二二―八）訳、『大明度無極経』六巻三〇品（大正、八、No. 225）、竺法護（二六五―）訳『摩訶般若波羅蜜鈔経』五巻十三品（大正、八、No. 226）、施護（九八二―）訳『仏母出生三法蔵般若波羅蜜経』二五巻三二品（大正、八、No. 228）等がこれに属する。『大般若』では、第四会がこれに当るが、チベット訳等と対比すれば、四千頌新訳単本といわれる第五会も、やはりこの道行系と見なければならない（梶芳、前掲書、九五頁）。梵本は八千頌。

(2)放光系般若経　無叉羅《むしゃら》（二九一）訳の『放光般若波羅蜜経』二十巻（大正、八、No. 221）によって代表され、朱士行や支道林の二部の分類でいえば「大品系」となる。梵本の二万五千頌と対応するが、『放光経』（『放光般若波羅蜜多経』の略称）はその全訳ではない。「言少《ごんしょう》事《じ》約《やく》」と称されるように、むし

> 首盧迦　śloka　首盧・輪盧迦波・室路迦などとも書く。頌と訳すように、本来は韻文の四句三十二語節より成るものを指したが、のちには経や論の散文の分量を数える上にも用いるようになった。八千頌・十万頌などというのがそれである。

ろ簡略な抄出本である。一説によれば原本六十万言に対して三分の一の二十万余言に過ぎないともいう（梶芳、前掲書、一一四頁）。この本の原典は六世紀には現存していたらしい（慧皎《えこう》四九七―五五四のころ、梶芳、前掲書、一一四頁）。この系統には、竺法護（二八六）訳の『光讃般若波羅蜜経』十巻二十七品（大正、八、No. 222）、羅什訳（四〇四）『大品般若波羅蜜経』二七巻九十品等がこれに属す。梵本二万五千頌は最後のものに近く、また『大般若経』第二会も対同される。しかし、チベット訳の二万五千頌は初会（すなわち梵文の十万頌）の初段に近く、チベット訳一万八千頌が第二会に近い（桜部文鏡「大品般若の梵本に就いて」『聖語研究』第一輯、昭和八年、一七一―四頁）。このように、梵・蔵・漢のテキストの間に一致しない部分の多いことは、この系統の『般若経』の複雑な成立事情を物語っているものとみられる。『大般若』の第二会がこれに当るほか、一万八千偈といわれる第三会もこの同本とみられる（梶芳、前掲書、一一八頁）。

(3)十万頌般若経　『大般若』の初会四百巻七十九品、玄奘（六六〇―三）訳。大正蔵経の「般若部」の一、二、巻数では第五巻、六巻の全部がこれに当る。チベット訳（東北 No. 8、大谷 No. 730）には品数は挙げられずただ内容を示すだけであるが、これは僧叡が

> 二部黨説　膨大な『般若経』をその系統に従って区分するとき、大（品）・小（品）の二つの系統（部黨）に要約できるとなす説。その学説を最初に唱えた人は支道林といわれているが、実際は、大品系の最古訳たる『放光般若経』を訳す因縁を作った朱士行（二〇三―八二？）であった。（梶芳、前掲書、一一三頁参照）。

『大品経序』に「原本は品名を挙げず事数を言ふ」というのに近く、漢訳よりチベット訳の方が原型に忠実なのかも知れない。いずれにせよ、これもまた、梵・蔵・漢の比較研究が希まれる本である。

十万頌般若

さて、以下において主な『般若経』の特色・内容・研究状況を簡単に紹介しておこう。成立の先後はともかく、尨然たる分量と、『大般若』初会という位置からして、全『般若経』の代表の位置にある『十万頌般若』を見てみよう。

この大なる『般若経』さえ、伝承によれば十二万五千頌の原本を短縮したものだという（ヴィンテルニッツ、前掲書、三一九頁）。

しかし、この浩瀚な大著述の特色は意外に簡明である。

本質的内容がまったく『金剛般若経』と同一である（同前、三二一頁）かどうかはしばらく措くとしても、構成も方法も同じであることは否定できない。そこでは、主人公は、ひとしく、仏陀とスブーティ（須菩提《しゅぼだい》）であり、空《くう》は究明せられるべきものでもなく、証明せられるべきものでもなく、ただ常にこれを繰り返し、繰り返し主張さるべきもの（同前書、三二二頁）である。

ヴィンテルニッツのいうように（前掲、三二二頁）、多くの（非仏教的）読者は、このような表明を深遠にも浅薄にも解釈することができよう。バルトなどはその後者の適例であった。彼は『般若波羅蜜経』（主として金剛般若についてではあるが）について、こう評する（前掲後註 p. 59, n. 172 : Revue de L'histoire des Religions, t. 5, 1882, p. 117）。

〝般若波羅蜜とは超越的知識である。「存在せるものもなく、非存在のものもなし。実在もなく非実在もない」ことを知る知識である。また（過去世に）存在せし、また存在せざりし、また（未来世に）存在せん、存在せざらん、また仏知により仏知見により、存在せざる、非存在にも非る仏によりて感覚せられ知覚せられ、認識された知識である。また、このような無量無数の阿羅漢が宣説して、また宣説するであろう知識である……〟

実際、これらのことばは、これにも非ず、彼にも非ずとして、一方においては（厳粛なる意味で）無を主張し、他方では、仮設的に相対的真理を認め経験世界に適応せしめながら、一見矛盾に見える「中道」を説かんとするものである。このように、ヴィンテルニッツは解説する（前掲、三二二頁）。ドイツ人の彼にとっては、空も中も、したがって空・仮・中の三諦*も、おそらくはかなり理解に困難な矛盾であったのだろう。この矛盾律に終らない「矛盾」を理解するために、彼はナーガールジュナ（竜樹）の二諦説*をもち出して「或る程度までは……この教義は了解できる」（同前）とした。しかし、その真義の把握にいたっては根本的に疑わしい。これは『般若経』を研究した他の研究家、マックス・ワレーザーやシチェルバトスコーイについてもいえるところなのである。

『十万頌般若』のもう一つの特色は、その尨然たる分量である。この点についてもヴィンテルニッツは酷評して止まない（前掲、三二〇頁）。

〝われわれがすでにパーリ経典研究中に不快を催した、かの反覆の弊風は、実にこの浩瀚なる般若波羅蜜多経においては、無制限もまたその極に達している。同一の句や語法が言言句句そのままに繰り返されているので、われわれは十万頌般若のごとき一大著述をも、その半ば以上は優に暗んじ

三諦　天台でものの真実をあらわす上の三つの過程。空《くう》・仮《げ》・中《ちゅう》の三つをいう。まず空諦とは、ものは因縁によって生じ、その本体は空無である道理をいう。仮諦は、本体は空無でも現象として仮相としては実際に存在する道理をいう。中諦は、空といい仮と分別するもその二つは実は不二一如である道理をいう。この三諦をおのおの別々にみるのを隔歴《ぎゃくれき》の三諦といい、三諦は万有悉く有すとみるのを円融の三諦という。

二諦　真諦・俗諦の二つの真実（諦）をいう。一般に真諦は真実自体の深い理をいい、俗諦はその現象面にあらわれた浅い理をあらわすといわれる。真より見れば「俗空真有」となるが、俗の立場よりすれば「真空俗有」ということになる。教えについても同様のことがいえるが、その趣旨は、二諦で分別して、しかもそののち二諦の不二なることをさとることにある。

て書き下すことができるぐらいである〟

そして、その反覆の実状を述べたあと、その理由は、比丘が聖典書写の功徳にあずかることにあったとしている（前掲書、三二〇―一頁）。

〝例せば、その序文で、単に仏陀の全身より光明を放ち、その無限の光輝をもって全世界を蔽うというに止まらず、さらに足趾、骨骸、身体の各肢各部より光明を放ちて、東方世界西方世界等――一切の方処の世界をすべて逐語的に述べ――をその無限の光輝もて蔽うと云っている。実に「一切は名目のみ」などと言える義理ではない。「一切」は無限の語句を傾け竭《つく》して詳細に一々述べられているのである。……しかし、かかる一切否定の見地から、書物に重ぬるに書物を以てし、数千頁を書き下し得るとは、実際不可能と考えられるであろう。ところが『般若波羅蜜多経』ではこの不可能が実現されているのである。われわれは、この冗長に重ねるに冗長をもってしたのは、比丘らが能うかぎり多く、しばしばこの聖典を書写読誦するは宗教的功徳ありと信じたからであると説明したい〟

ヴィンテルニッツのこの注意は、半ば当っており半ばは当っていない。経典に見られる反覆は、たしかにパーリ聖典以来のものであり、大乗仏典に至って一層発達したものといえる。それは経典の書写・読誦が功徳ありとされたためであった。

石上善応教授は『大智度論』には経典読誦の功徳が無数に述べられていることを指摘し、その伝統が阿含・ジャータカ以来のものであることを明らかにされている（「初期仏教における読誦の意味と読誦経典について」、『三康文化研究所年報』第二号、昭和四三年、四五—九〇頁）。

たとえば、『大智度論』一〇には、『法華経』を読誦している比丘の前に金色光明の人が白象に乗って現われるが、王が来たため消滅する。そのわけを比丘に尋ねると、その人こそ遍吉（＝普賢）菩薩その人であり、法華経読誦に応えて教導に来たったのだと答える話がでている（大正、二十五、一二七ａ）。

また、『阿弥陀経』を誦し、「般若波羅蜜」を誦する人は、命終ののちも舌は焼けない話をのせている（同前）。

石上教授の研究はひろくヴェーダの読誦の実状を探り、進んで読誦経典の比定にまで及んでおられるが、その明らかにするところは、読誦経典をもって部派共通の重要経典とみなされることにあったようである（cf. M. Sylvain Lévi : Sur la Récitation Primitive des

Textes Bouddhiques, Journal Asiatique, Mai-Juin, 1915, pp. 401―447)。この指摘は大乗仏典にも原則的には当て嵌まると考えることができるのではないか。そうすれば、『般若経』などはまさにその典型であったと考えることができよう。

さらに、その理由は種々に考えることができようが、部派の人々が仏舎利と九分教*を信仰の中心にもったのに対し、大乗のひとびとは、対抗上、どうしても経典に絶対憑依の情を強制せざるを得なかったのであろう。かくて、大乗仏教徒は多かれ少なかれ、経典崇拝者（bibliolator）であったが、『十万頌般若』の読誦者・信者はその最なるものであったということができる。そして、ヴィンテルニッツも続いて注記するように、この経典読誦はそのまま可視的表現をとって「仏像」の形成へと進んで行くものであった。〝全岩全窟〟に仏像を刻するがごときは、この繰り返しの原理が芸術に表わされたものである（同前、注五二頁、170 cf. Grünwedel : Buddhistische Kunst in Indien, S. 172, 182)。

ここまで見抜いたヴィンテルニッツが、この繰返しを、単に「反覆の弊風」といい、「冗長に重ねるに冗長」と断じ去るのは、すでに自家撞着といわなければならない。これらはやはり、十九世紀末のヨーロッパ合理主義の「弊風」から彼も自由でなかった証拠であろう。

『十万頌般若』はその内容の膨大に過ぎるためか梵・蔵・漢ともに研究は進んでいない。梵本は、わが国の東京大学（Nos. 382, 383, 384）にも九州大学にも、ネパールのビル図書館（Bir 230）にもあり、一九〇二年以来数種の写本を校合して『インド文庫』（Bibliotheca Indica Work No. 146 ― 8, 1902 ― 13 ch. 1

—12）で刊行が始められたがまだ完成していない。したがって、『十万頌般若』の研究にはまだ写本によってでなくては全貌をつかめない。蔵文は出版されている（梵文と同じくP. Ghosa, Bibliotheca Indica, work No. 115, 3 vols, Calcutta 1888—95）。蒙古文も現存する（Ligeti No. 746—57）。

別名をRakṣā Bhagavatīといい、『大乗集菩薩学論』（Śikṣāsamuccaya）に引用されているほか、チベット文で現存する注釈（Dharmaśrī, T. 3802 ; Daṃṣṭrasena, T. 3807, 3808 ; Smṛtijnanakīrti, T. 3789）、撮要書（Khotanese summary of the hun-dredmyriad Mahāprajñāpāramitā, ed. by H. W. Bailey, Khotanese Buddhist Texts 1951, pp. 54—61 :

九分教　あるいは九部教。経典分類の九種をいう。これに大・小乗の区別があり、小乗では修多羅《しゅたら》（sūtra 経）、祇夜《ぎや》（geya 応頌）、伽陀《かだ》（gāthā 偈）、尼陀那《にだな》（nidāna 因縁）、伊帝目多《いていもくた》（itivṛttaka 本事）、闍多伽《じゃたか》（jātaka 本生）、阿浮達磨（adbhutadharma 希有）、阿波陀那（apadāna 譬喩）、優波提舎《うばでいしゃ》（upadeśa 論議）の九をいい、大乗では、小乗の尼陀那、阿波陀那、優波提舎の代りに、優陀那《うだな》（udāna 自説）、毘仏毘《びふつび》（vaipulya 方広）、和伽羅《わから》（vyākaraṇa 授記）の三つが加わる。

四部四阿含、三蔵成立以前の古い経典分類の型と見られ、これにより原始仏教聖典の最古層を知る手がかりが得られることが考えられる。（前田惠學『原始仏教聖典の成立研究』、昭和三九年、山喜房仏書林）。

このさい、原始仏教経典にいう九分教は、スートラ、ゲーヤ、ヴィヤーカラナ、ガーター、ウダーナ、イティヴリタカ、ジャータカ、ヴァイプリヤ、アドブタダルマの九支をいい、これにニダーナ、アヴァダーナ、ウパデーシャを加えたものが十二分教（十二部経）となる。

T. no, 6542）もでている。これらの近業については、山田竜城教授（『梵語仏典の諸文献』八三頁）、コンゼの近著（E. Conze : The Prajñāpāramitā Literature, London, Mouton & Co., 1960, pp. 37―40）がある。

さらにコンゼの『般若文献索引』（E. Conze : Materials for a dictionary of the Prajñāpāramitā Literature, Suzuki Research Foundation, Tokyo, 1967）は⑴ Abhisamāyalaṇkāra（一九五四）⑵ Ratnaguṇasaṃcayagāthā（一六〇〇）⑶大般若　bhūmi 章（二万五千頌 214―5　十万頌　X1454―73）、⑷ Aṣṭadaśasāhasrikā, Chaps.（55―70）の四種の『般若経』文献の「梵・英索引」で、著者自身もめざしたように、『般若経』解読の貴重な基礎資料となっている。

二万五千頌般若

玄奘訳の『大般若』の第二会で、四〇一巻から四七八巻までを占めている。単行の翻訳が『放光』系、『大品』系であることはすでに述べた。実際にはクマーラジーヴァ（羅什）訳の『大品般若』がよく読まれ、他は対照研究のために読まれることが多い。

前に述べたように、十万→二万五千→八千と要約されたのか、逆に八千→二万五千→十万と増広されたのかは判らないが、二万五千は十万と八千の中間の分量を占め、内容も両者に共通するものが多い。すなわち、十万を簡略化し、八千をより細かくした観がある。

しかし、十万頌の現存梵本になく、八千にある常啼菩薩の話などは、二万五千にも同じにあり、三者の機械的比較の危険なことを教えている（巻二十七、薩陀波崙品《さつだはろんぼん》、八十八）。

この薩陀波崙《さつだはろん》ぼさつ（Sadāprarudita 小品では常啼《じょうたい》と訳す）の求道譚は、反覆が多く、起伏の乏しい諸『般若経』の中にあって、珍らしく起伏に富み、しかも一貫した物語となっており、『般若経』の中でも、もっともよく知られた物語で、『華厳経』「入法界品」における善財童子の求道譚と好一対をなしている。

この話は『八千頌般若』の梵本およびその相当漢訳では末尾から三番目の章に述べられており（XXX. Sadāprarudita. Calcutta ed., by Mitra：施護訳『仏母出生三法蔵般若波羅蜜多経』「常啼菩薩品」第三十）、『二万五千頌』では梵本を欠き、漢訳では末尾より第二の章（羅什訳『摩訶般若波羅蜜経』「薩陀波崙品」第八十八）に述べられている。クマーラジーヴァ訳の『大品』の訳文によりながら、この物語を簡単に紹介しておこう。

『般若経』の多くの章と同じく、この章の物語も仏がスブーティ（須菩提《しゅぼだい》）に告げる形をとっている。

むかしサダープラルディタという名の菩薩がいた。彼は真実の智慧（般若波羅蜜）を求めて、身も命も惜しまず、名利も求めなかった。彼はすべての人の燈火（大明《だいみょう》）となろうとしていた。その彼が、あるとき、静かな林の中で空中に声を聞く。これから東へ行けば、ダルモードガタ（Dharmodgata 曇無《どんむ》竭《かつ》・法止）という名のぼさつがいて、つねに三昧に入り、つねに真実の智慧を教えているという。そこは、ガンダヴァティー（Gandhavatī 衆香《しゅこう》・犍陀羅越）という城市で、七重の城壁をめぐらし、七宝で飾られ、金の鈴が鳴り、金の網が城を覆っている。池の中には青《しょう》・黄《おう》・赤《しゃく》・白《びゃく》の蓮華が咲きみだれている。この美しい城の真中で、ダルモードガタぼさつは日に三度「真実の智慧」の説法をしている。彼は六万八千の采女と共におり、五欲を具え、共に遊戯しつつ法を説いているのであるという。汝はこれから、疲れをおそれず、睡眠を念ぜず、飲食・昼夜・寒熱・内外・左右等すべて根本的でないことに思いわずらわされることなく、ひたすら東に向ってこの人を尋ねよ、と教えられる。

かくて信心をおこしたサダープラルディタは東へ東へと旅をつづけるのであるが、あるいは途中で完成のいつ来るかを疑って啼哭し、あるいは悪魔の妨害に遭ったりする。しかし、その都度、空中の声に援けられたり、釈提桓因《しゃくだいかんいん》（インドラ神＝帝釈天）に救われたりして、ますます信心を深めて旅をつづける。この旅は途中でさまざまの宗教的瞑想（無量三昧門）に耽ったり、援けを求められた帝釈天が「無上のさとりを援けるのは仏の力によるほかはない、自分は身体を恢復してあげるだけだ」と答えたり、それ自体が興味ふかい修行物語になっている。

途中、ある長者の娘がこのサダープラルディタぼさつに帰依し、父母の許しをえて五百人の侍女と共にぼさつの供をすることとなる。ダルモードガタぼさつに供養する宝物をたくさんもった一行はやがて衆香城に着く。城の中央の高台の法座の上では、ダルモードガタ菩薩が無量百千万億のひとびとに取りまかれて説法している。サダープラルディタぼさつと長者女、その侍女たちは、今晴れてこのぼさつに供養することができ、その教えを聴くことができるのであった。

かくて「薩陀波崙品」を終り、『大品般若経』は、最終章たる「曇無竭品《どんむかつぼん》」第八十九と「嘱累品《ぞくるいほん》」第九十とを迎える。ここでは、諸仏はどこから来たものでもなく、また、どこへ往くのでもないこと、ものの真実は不動であり、そのことがすなわち仏であること、諸仏の本体は法身（真実そのものの現われ）であり色身（形に現われた仏）ではないこと、完成された真実の智慧（般若波羅蜜）のかたちが次々に説明され、偉大な『摩訶般若波羅蜜経』（『大品般若』）はその説法を畢える。

「嘱累品」の一章は、その名の示すように、仏の弟子たるものはすべて、この経を尊重し護持すべきことを説く一章で、仏がアーナンダ（阿難）にこの経を委託・嘱累することを述べる。この最後のことばの中に、大乗のひとびとが『般若経』にこめた信仰が脈うっているように思えるのである。

〝阿難よ、我が身現在せば、汝の愛敬《あいぎょう》し、供養し、供給《くきゅう》する心常に清浄なり。我れ滅度してのち、この一切の愛敬供給のこと、当に般若波羅蜜を愛敬し供養すべし。乃至、第二、第三、般若波羅蜜をもって汝に嘱累す。阿難よ、汝忘るること莫《なか》れ。失うこと莫れ。最後断種人と作ること莫れ。阿難よ、爾所《にしょ》の時に随って般若波羅蜜は世に在り。当に知るべし、爾所の時に仏の世に在りて説法する有りと。阿難よ、若し般若波羅蜜を書し、受持し、正憶念し、人の為めに広説し恭敬し尊重し讃嘆し、華《け》・香《こう》・旛蓋《ばんがい》・宝衣《ほうえ》・燈燭《とうそく》の種種もて供養するあらば、当に知るべし、是の人は見仏を離れず、聞法を離れず、為に常に仏に親近す、と〟

八千頌般若

チベット訳では、二万五千頌般若に続いて一万八千頌（東北 No. 10, 大谷 No. 732）一万頌（東北 No. 11, 大谷 No. 733）の二本を伝えているが、これは漢訳もなく、どの系統の『般若経』かは今後の研究に待たなければならない。ただ、前者は断片ではあるが梵本が中央アジアで発見され、チベット文と比較した研究も発表されている (Sten Konow: Central Asian Fragments of the Aṣṭadaśasāhasrikā Prajñāpāramitā and of an unidentified text, Memoirs of the Archaeological Survey of India, No. 9, Calcutta 1942)。漢訳の放光・光讃般若のある部分と対同するが厳密な証定は困難といわなければならない。

これらに対して『八千頌般若』は、梵・蔵・漢のテキスト完備し、しかもインド本国においても東アジアの諸地域においても、広く深く研究された経典で、疑いもなく『般若経』の一大中心である。

漢訳は、『大般若』でいえば、その第四会、第五三八巻から五五五巻までの十八巻。羅什訳の『小品般若経』(大正、八、No. 227) 一巻、後漢の支婁迦讖訳の『道行般若経』十巻 (大正、八、No. 224) 呉の支謙訳の『大明度経』六巻 (大正、八、No. 225)、前秦の竺仏念等訳の『摩訶般若鈔経』五巻 (大正、八、No. 226)、宋の施護訳の『仏説仏母出生三法蔵般若波羅蜜多経』二十五巻 (大正、八、No. 228) 等がこれに当り、宋の法賢訳の『仏説仏母宝徳蔵般若波羅蜜経』三巻 (大正、八、No. 229) 宋の施護等訳の『聖八千頌般若波羅蜜多一百八名真実円義陀羅尼経』一巻 (大正八、No. 230) などはこの系統の経典である。

これによって判るように、この『道行』系、『小品』系の般若経は、後漢 (一、二世紀) から宋 (十世紀) の時代にかけて、実に、千年もの間翻訳されつづけたのであった。しかも法賢の訳した『仏説仏母宝徳蔵般若波羅蜜経』は、頌文による『八千頌般若』の撮要書で、蔵文と対比した梵文の原典も出版されており (E. Obermillar : Prajñāpāramitā-ratnaguṇa samuccayagāthā, Bibliotheca Buddhica, No. 29, Leningrad 1937)、インドにおけるこの経典の流行を示す重要な資料となっている。施護の翻訳した『聖八千頌般若波羅蜜多一百八名真実円義陀羅尼経』はチベット訳もあり (東北 No. 25, 553, 大谷 No. 172)、後期の『八千頌般若』の形態を示す重要な経典であるが、施護は、この外にもこの経典の撮要書となる次のような三つの経典を翻訳している。

(1)『聖仏母般若波羅蜜多九頌精義論』(二巻)。(大正、二十五、No. 1516)。漢訳では勝徳赤衣造となっているが、チベット訳(東北 Nos. 3812, 4462, 大谷 No. 5212)もあり、小品ながら重要な八千頌般若の綱要書であった。イタリアの有名な仏教学者トゥッチが最近のチベット探検でカマラーンバラパーダ(Kamalāmbarapāda)作とされる小論偈『ナヴァシローキー』(Navaślokī)を発見し、チベット訳、英訳と共に出版し、漢訳との対比もできた(G. Tucci : Minor Buddhist Text, Part I, pp. 209 — 331 Section III, S. O. R. IX, Rome, Ismeo 1956)。

(2)『仏母般若波羅蜜多円集要義論』一巻(大正、二十五、No. 1518)は、大域竜菩薩造すなわち大論理学者であり唯識学派の巨匠であるディグナーガ(Dignāga 陳那《じんな》 四〇〇—八〇)の作った『八千頌般若』の綱要書で、九世紀のハリバドラ(Haribhadra 獅子賢)を中継する重要な『八千頌』学派の所産である。

これは、山口益教授も注意しておられるように(『空の世界』、昭和四二年、理想社、九—四一頁)、円集要義などと訳述されると何のことか、きわめてむずかしくなるが、チベット訳(東北 No. 3809、大谷 Nos. 5207 — 807)に挙げられる題名は、Ārya-Prajñāpāramitā-saṃgraha-kārikā で、サングラハは「要約」を意味し、『摂……論』などと訳されることばで『八千頌般若』の摂要である。

宋代の翻訳は、すでに老化し唐代の翻訳のようにそれ単独で理解しにくい面もあって、この注釈のごときも、従来ほとんど中国・日本の仏教者に注意せられていない。しかし、チベット語及び漢訳に訳され今日に残っている複註(Ārya-prajñā-pāramitā-saṃgraha-kārikā-vivaraṇa, by Triratna-dāsa 大正 No. 1517, 東北No. 3810, 大谷No. 5208）もあり、インドでは重要な論書であったことが察せられる。山口教授の研究によれば、本論では、大乗の修道者すなわち菩薩にとっての課題は般若波羅蜜であり、また、般若経の本文が開顕しようとする課題ももとより般若波羅蜜であって、そのことを真実自体（勝義）とその現われ（世俗）から把えてゆこうとするものである、という（十頁）。

しかし、一九三九年、トゥッチがシャル（Shalu）の僧院で発見した梵文の題名は、Prajñāpāramitā-piṇḍārtha となっている。これは英訳・蔵文と併せて出版された（G. Tucci : Minor Sanskrit texts on the Prajñāpāramitā I. The Prajñāpāramitāpiṇḍārtha of Diṅnāga, JRAS, 1947, pp. 53 — 75）。

(3)『仏母般若波羅蜜多円集要義釈論』四巻（大正、二十五、No. 1517）大域竜菩薩本論、三宝尊菩薩造。前項で触れた(2)に対する複註。

漢訳とチベット訳だけでも、すでに『八千頌般若』は、このように多数の経典が翻訳されていること（玄奘訳の『大般若』第五会、五五六—六五巻、四千頌といわれるものもこの系統とみられる。梶芳、前掲書、九五頁以下）から、東アジアにおいてこの『般若経』がひろく行なわれた事情をみることができるのであるが、インドにおける写本の数も多く、ネパールでも現に〝九大法宝〟の一つに数えられているところをみればインド本国においても重要視された経典であったことはまちがいない。出版は古くインドにおいて行なわれ（Aṣṭasāhasrikā prajñāpāramitā ed. by R. Mitra, Bibliotheca Indica, Calcutta, 1888）、わが国の荻原雲来はハリバドラの註釈『現観荘厳論』（Abhisamayālaṃkārālokā）と併せ、ローマ字化して出版した（Abhisamayālaṃ-kārālokā Prajñāpāramitāvyākhya, ed. by U. Wogihara, Toyo Bunko 1932―35)。また最近、『仏教梵語叢書』(Buddhist Sanskrit Texts) の一つとして出版された (Aṣṭasāharikā-〔prajñāpāramitā〕ālokavyākhyāsahitā, ed. by. P. L. Vaidya, B. S. T. 4, Darbhanga 1960)。

『小品般若』、『道行般若』等の旧訳の『八千頌般若』と玄奘の新訳『大般若経』第四会とは、内容において大きな差はない。ただ後者に常諦菩薩（サダープラルディタ菩薩）の話がないのが違いである。これは、玄奘訳の『大般若経』では、その第一会（初会）に出て来てしまうためで、従って、第二会にも、この第四会にも重複しないよう配慮されたのは当然であろう。

これでわかるように、八千頌（小品）・二万五千頌（大品）・十万頌（玄奘訳初会大般若）は、分量はそれぞれ1・4・20ほどの割合にあたるが基本的構造は同じであることがわかる。前に述べたように、短いものがもととなって、大きく増広されて行ったのか、あるいは逆に、大きなものが縮小されていったのかは、今断定しえないけれども、一つ一つの叙述を見較べると、小さいものが中心になって順次増広されて行ったのではないかという感じがつよい。

中国においては、すでに道安（三一二―八五）に『道行経集異注』、支道林（三一四―六六）に『大小品対比要抄』の著があったことが『出三蔵記集』によって知られる。この二書は共に今日に伝わらず失われてしまったのであるが、『小品般若』の重要性と『大品般若』との対比が早くから気づかれていたことは察することはできる。日本では『大般若』六百巻や『大品般若』の影にかくれて、『小品』は伝統的研究としては未熟であったが、近時梵本を得て批評的研究は著しく高まって来た。これらの研究の大成はやはり今後に待たなければならないが、「小品に対する大品の註釈性、対告衆に対するより強き誘引性を認める時、小品の純粋性が浮きぼりにされて、その重要性が認められてくるものと思われる」（梶芳光運「小品般若経」水野博士還暦記念会編『新・仏典解題事典』七九頁）。

『八千頌般若』においても、サダープラルディタの話は、経の末尾を飾る重要な説話となっているが、十巻二九品（羅什訳）の大部分は、過去・現在・未来を通じての「真実の完成」（パーラミター＝波羅《はら》蜜多《みった》）、ことに六つの完成の中心をなす「真実なる智慧の完成」（プラジニャー・パーラミター＝般若波羅蜜多）のさまざまな角度からする説明である。

それは、「大乗仏教の最初期の空観による般若を説いた基礎的経典」（梶芳、前掲）であるが、その中にも後世との関連上注目すべき幾つかの特色をすでに具えている。

その中でも、このパーラミターは〝偉大な呪術〟（渡辺照宏＝大神呪）であり、これを受持読誦するものは戦場においても負傷することがないという考えは、『般若心経』を経、ずっと後世の大乗仏教徒の神秘主義的空観の淵源をなす思想として重要である。ここでは、パーラミターの実際の呪力が強調されているとみるべきではなく、パーラミターの把捉は論理的認識（分別）を超えたものであることを示しているとみるべきなのであろう。

さらに、「真実智の完成」とは「一切智」のことであり、すべてのぼさつの母である。したがってこれをそしることは、仏陀をそしることと同じであり、もし犯せば地獄におちなければならない。仏陀の遺骨をまつることも功徳はあるが、この経典を書写し、受持し、読誦する功徳はさらに大きい。ひとを修行させて聖者（アルハト＝阿羅漢）の境地に至らせることは尊いことであるが、「真実智の完成」を説く経典（『般若経』）をひとに与えて書写・読誦させる方がさらにいっそう尊い。仏陀が入滅したのち、この経典は南方に流布し、南方から西方へ、西方から北方へ流布するであろう。

このような叙述は、仏陀の遺骨を祀りながら、古来の経論を墨守する部派（小乗）仏教のひとびとの間にあって、新しい経典一つを守りそだてていこうとした新興大乗の意気込みを見せ、同時に、その歴史的事情を表白するものとして興味深いものである。特に最後の地域別の記述は、インドにおける『般若経』の流布の歴史的事実を示すものとして学者の注意を引いた（渡辺照宏『お経の話』一三七頁。渡辺海旭『壺月全集』上、五二〇頁）。『般若経』はまず南インド（アーンドラ王国など）におこり、西海岸に伸び、最後に西北インドに及んだ。この三方説がもっとも多く語られる『般若経』流伝説であるが、これより古いものとしては、南方から北方へという二方説があり、玄奘訳では、東南からはじめて東北にいたる六方説を挙げている。

『八千頌般若』は、初期の大乗経典の特色として、実在の場所と人物を豊富にとり上げ、想像上の仏国土や人物と混在させて雄大な叙事詩を構成しているが、それがどのような歴史的事情を反映しているかを忖度することは決して容易ではない。

いま述べたように、南インドあるいは東南インドが、この経典の発祥地と自供している箇所があるにもかかわらず、この経典の説かれた場所（説所）としてまず登場してくるのは、王舎城（ラージャグリハ）郊外の霊鷲山《りょうじゅせん》（グリドゥラ・クータ）で、登場人物はスブーティ（須菩提《しゅぼだい》）、シャーリプトラ（舎利弗《しゃりほつ》）などの仏弟子である。しかし途中からマイトレーヤ（弥勒）・ガンダハスティン（香象）などの菩薩も登場し、スブーティの説法を援けたり、アクショービヤ（阿閦仏《あしゅくぶつ》）という仏の国土に生れて修行し、「真実の智慧の完成」をめざすことなどが説かれている。さらに、ガンガー（ガンジス河）という名の女神が、将来は男子になって、阿閦仏の仏国土に生れて修行し、金花という名の仏になることの約束を与えられる記述がみられる。これらは歴史的には、やはり『般若経』の成立あるいは分布と中インドのひとびととの関係を示すものとみなければなるまいし、さらに思想史的には、『法華経』の「提婆達多品」にある「竜女得仏」の思想の先駆としても注意しておくべき思想であろう。

　最後に、一つ注意しておきたいのは、この『八千頌般若』のもつ強い宗教性である。

　この経の注釈『般若波羅蜜多円集要義論』が、真・俗二諦（真実そのものと、その表現）の二つを説きながら、ことに後者を重くみて、現実におけるひとびとの救済に論究を重ねたことは山口教授の指摘される通りであるが、その本拠はもちろん、この経自体のうちにあるのである。

　その一つとして、ぼさつはつねに大きな「四つの心」（四無量心《しむりょうしん》）をもつことがすすめられる。

　四つの大きな心とは、慈・悲・喜・捨の四つの心をいう。他人の幸福をのぞみ（慈）、他人の不幸を排除し（悲）、その仕事に満足し（喜）、しかもとらわれるところがない（捨）というこの「四無量心」（渡辺照宏）と、「六つの完成」（六波羅蜜）は、この『八千頌般若』の中心課題であり、いろいろな譬喩を用い、さまざまな例話を挙げて説明されているが、その中心には、万物の実体のないこと（空）、ひとの本来は清浄であることがつよく自覚されていることは注意しなくてはならない。しかも、『般若経』の説明は、『法華経』などを讃嘆するあまり、『法華経』に至ってはじめて大乗仏教は宗教性を獲得したのであり、それ以前、ことに『般若経』は哲学的であったなどということの当らざること遠いことを再思せざるをえないのである。

『八千頌般若』の「六つの完成」はもちろん「智慧の完成」（プラジニャー・パーラミター）によって裏づけられるのであるが、四無量心を忘れずと説き、読誦・書写の功徳を説き、さとりは男女の区別を超え、万物は思慮分別を超越し、ただ名目のうえのみ存在し、本来清浄であることを強調し、強い宗教性の一貫していることは明らかである。しかも最後は常啼菩薩の求道譚をもってしめくくられていることは、八千→二万五千→十万の諸般若を一貫しており、われわれは、『般若経』の宗教性が、ロマンの香り高い文学性によっても裏うちされていることを知ることができるのであり、この点、『法華経』讃嘆者や西欧的合理主義者（ヴィンテルニッツのような）の『般若経』の批判には、充分戒心してかからなくてはならない。

二千五百頌般若

玄奘訳の『大般若』では最後の第十六会に当り、第五九三巻から六百巻までの八巻である。

この経典は、南条文雄の目録で、『大般若経』第六会の「勝天王般若」に比定（Nanjio No. 9）されてから、長くそう信ぜられていた経典であるが、干潟竜祥教授の研究により第十六会経、善勇猛般若であることが明らかになった（「般若経の諸問題」『宗教研究』新二―四、大正十四年七月、四五―七〇頁）。

この経典は梵文の原名をĀryaSuvikrāntavikrāmi-paripṛcchā-Prajñāpāramitā-nirdeśa-Sārdhadvisāhasriā-Bhagavaty-Ārya-Prajñāpāramitā、すなわち「聖なる善勇猛の所問により宣説されたる般若波羅蜜多、倶《すべ》て二千五百頌より成る聖薄伽梵般若波羅蜜多」といい、チベット訳の題名は、nirdeśa すなわち「……宣説されたる般若波羅蜜多」まで全同である。

題名の一致するように、梵文とチベット訳は共に七品に分かれ内容もよく一致しているが、ひとり漢訳は無品で八巻に分かれ、内容的にも少しく異なるところがある。しかし、本経はただ『般若波羅蜜多経』として引用されていることも多く、玄奘よりも百年ぐらい前のインドにおいて、すでに重要視せられていたらしい。六世紀のひとバーバヴィヴェーカ（Bhāvaviveka, Bhāviveka or Bha-vya, 四九〇―五七〇 分別明菩薩）の『般若燈論釈』（Prajñāpradīpa Mūlamadhyamakavṛtti 大正、三十、No. 1566）はその名でしばしば本経の第三品を引用している（Hikata ed. preface, p. LXXVI）。

すでに、この章の冒頭で述べたように、この『般若波羅蜜多経』は、布施から始まる五波羅蜜多の最後に位置し、その総括をする形となっている。しかし、チベット大蔵経においては、本経のみ「般若部」（śes phyin）にあり、他の五つの『波羅蜜多経』は、一つの経として（Pañcapāramitāsūtra）「諸経部」（mdo sde）にある。しかし、本経は他の五波羅蜜多の結経としてみるべきものであり、これを二つに分けてみるチベット蔵経の配分は適当でなく、玄奘の、第十一会から第十六会に順次配分して行った方が穏当であるといわなければならない。

第一の布施は二千頌で五巻、
第二の浄戒も二千頌で五巻、
第三の安忍は四百頌で一巻、
第四の精進も四百頌で一巻、
第五の静慮は八百頌で二巻。これに

第六の般若が二千五百頌で八巻に訳され『大般若経』の末尾を形成したのであり、その成立の時期は、五世紀の後半から六世紀の前半にかけてであり、第一から第六まで、すべて玄奘の新訳のみで他の漢訳はない。チベット訳は、十一世紀のインドの学僧シーレンドラボーディ（Śīlendrabodhi）、ジナミトラ（Jinamitra）とチベットの訳官イェシェデ（Ye śes sde）によって行なわれた。

本経の内容は、干潟教授が指摘されたように（ibid. p. LXXXII）、『大般若経』（その中の小なるものよりも）より小さく『金剛般若』よりも大きい、いわば適当な大きさの般若経典を作らんとするにあったといえる。したがってその内容も、これらの諸般若の要約集大成といってよい。梵本に準じて内容を区分すると、次の七品となる（ibid pp. LXXX — LXXXI）。

(1)序の章（nidāna）。単に序品であるばかりでなく、般若・菩提・菩薩・大乗・大士等に関する説明が、主として仏陀の善勇猛菩薩に対する説法という形で説かれている。

(2)阿難の章（Ānanda）。阿難尊者と舎利弗尊者の間の対話、および阿難に対する仏陀の説法。増上慢（abhimāna）に対する戒告がなされる。

(3)如《にょ》の章（tathatā）。主として仏陀の善勇猛菩薩に対する説法で、「智慧の完成」、すなわち、「般若波羅蜜多」に関する若干の議論がなされる。「般若波羅蜜多」とは、「かくあること」（tathatā 如）であり、「いつわりなきこと」（avithatā 不虚妄性）であり、「変らざること」（ananyatathatā 不変異性）であり、「ありのままにあること」（yāvattathatā or yathā vattathatā 如所有性）である。要するに、「智慧の完成」とは「実体ありと捉われぬこと」（apagatasvabhāva）である。

(4)譬喩の章（aupamya）。はじめ善勇猛、ついで舎利弗に対する仏陀の説法。十二の譬喩をもちいて般若の説明がなされる。般若は、「完成せざるもの」（aparinispanna 無成弁）であり、「実体なく」（asvabhāva 無自性）、「深遠であり」（gambhīra 甚深）、「それ自体清らかなものであり」（prakṛtipariśuddha 自性清浄）、「特定の場をもたぬもの」（agocara 非行処）である。

(5)須菩提の章（Subbūti）。尊者須菩提と舎利弗の対話。ここでは「智慧の完成」とは、みることのできないこと（不可見）、表現できないこと（離戯論）、説明できないこと（不可説）が主張される。

(6)行の章（caryā）。仏陀の善勇猛に対する説法。「智慧の完成」をいかにして実践するか、換言すれば菩薩の行とは何か、についての詳しい説明がなされる。

(7)讃嘆の章（anuśaṃsā）。仏陀の諸菩薩に対する説法。ここではこの経全体の総括として、「智慧の完成」の実践、菩薩たちはいかに行動すべきかの要約が説かれる。最後に、「智慧の完成」の印（mudrā）は菩薩たちに与えらるべきことが述べられる。何故なら、声聞は未だこれを受けるに足らずとみられるからである。それに次いで、菩薩たちに対する仏陀の約言がつづく。この「真実を述べる宝の蔵」（dharmaratnakośa 法宝蔵）は未来のひとびとのために、厳密に言えば仏陀の入滅後五百年、「正しい法」(正法)の時代が終って、「形の似た法」(像法)の時代のひとびとのために貯えられ保存せられておかねばならない、と述べられる。

以上の要約によって知られるように、この経典は、要領よくまとめられた般若経の綱要書ということができる。したがって、この経典は、『般若経典』の発達した型態とみることができよう(ibid. p. LXXXI)。しかし、その中に四世紀から五世紀にかけ、すでにインドに発生している般若以外の系統の思想がまったくみられないことも注意を要する。たとえば、人の中には仏になる可能性が覆蔵されているとなす「如来蔵《にょらいぞう》」(tathāgatagarbha『如来蔵経』などに説かれる)の思想。すべての人には仏たる性向(仏性《ぶっしょう》)があり(悉有《しつう》仏性)、かつ、その性向のない「無仏性《むぶっしょう》」の人でも仏と成ることができるとする「一闡提成仏《いっせんだいじょうぶつ》」*の思想(『大般涅槃経《だいはつねはんぎょう》』)。『解深《げじん》密経《みっきょう》』などに述べられる唯識学派の、すべての意識のもととしての覆蔵意識(ālaya-vijñāna 蔵識・阿頼耶識)*の思想等についてはまったく触れていない(ibid. p. LXXXI)ことは注意を要する。要するに、本経は、徹底した、『般若経』であり、『般若経』の結経であるということができよう。

最後に、本経の梵文出版について。本経の原典は早くから注意されているように(梶芳、前掲書、八二頁)、ケンブリッジ大学の写本一部が知られているのみで、ネパールなどにまだあるかも知れない他の写本でも出れば格別、いま、その希みがすぐ達せられないとすれば、唯一の写本を便りとし、チベット・漢訳を対比し、梵語文法の知識を武器としてテキストを校訂するほかはない(Hikata op. cit. p. LXXVIII)。

一闡提《いっせんだい》　icchāntika　icchā（願望）より出た男性名詞で「甚欲」「大欲」などと訳す。これから、願望あれども成仏できない「断善根《だんぜんこん》」の人をいう。しかし、こういう「仏への可能性のない人」（無性有情《むしょううじょう》）も、ついには仏の威力によって成仏するが故に有性闡提・断善闡提という。これに対して、大悲のぼさつが一人の済度しえぬものもないように故意にねはんに入らないことを大悲闡提という。

阿頼耶識　ālaya-vijñāna　無没識・蔵識などと訳す。心中深く覆蔵される意識の根基。唯識瑜伽行派の教理で大発展を見た。眼・耳・鼻・舌・身・意の六つの感覚的意識（前六識）と、それを統御する末那識《まなしき》の上に立ち、その根基となる純粋意識（第八識）。その中にすべての色・心を収蔵するため能蔵といわれ、これをもととして個我の意識がおこるところから執蔵といわれ、これをもととして前七識が働くところから所蔵といわれる三義を有している。

こうして、わが国の松本徳明氏の早くからする校刊がはじまり、一九五六年、氏により全文出版（Ārya-suvikrāntivikrāmiparipṛcchāprajñāpāramitānirdeśasārdhadvisāhasrikābhagavatyāryaprajñāpāramitā, bearbeitet von Dr. T. Matsumoto, Verlag Heibonsha, Tokyo 1956）され、翌年干潟教授の全文出版が相継いだ（Suvikrāntavikrāmi-paripṛcchā Prajñāpāramitā-sūtra, edited with an introductory essay by R. Hikata, pub. by Kyushu Univ., Fukuoka 1957）。一つの経典が同時に相異なる学者によって出版された珍らしい例である。これらの具備されつつあるテキストに励まされて、ようやくこの『般若経』の研究も活発になりつつある。

七百頌般若

文殊が般若を説く経典であるため、漢訳三種は、何れも「文殊」を冠する題名をとっている。すなわち、

(1)『文殊師利所説摩訶般若波羅蜜経』二巻（大正、八、No. 232）梁の曼荼羅仙（五〇六—）訳。この訳は、のちに唐の菩提流支が『大宝積経』を編纂するさい、そのまま借りて第四十六会とし、『大宝積経』第四十六「文殊説般若会」（大正、十一、No. 310）とした。このため、この経典は、早くから「般若部」と「宝積部」の二部共通の経典となっている。

(2)『文殊師利所説般若波羅蜜経』一巻（大正、八、No. 233）梁の僧伽婆羅（五二〇）訳。前訳と同じ梵本の再訳といわれる。偈数でいうと六百偈といわれる。

(3)『大般若経』第七会曼殊室利分　一巻（大正、七、No. 220）唐の玄奘（六六〇—三）訳。八百偈といわれ、文殊般若中もっとも分量が多い。

ここに至るまで、文殊の問い、あるいは説く般若を扱った経典は早くから沢山あった。たとえば鳩摩羅什訳の『文殊師利問菩提経』一巻（大正、十四、No. 481）をはじめ、中国仏教の初期・中期・後期を通じて「文殊」を冠する経典は、実に八五種（大正蔵経）に及んでいる。

本経の内容は、真実の智慧とはものの実体なきこと（般若皆空《はんにゃかいくう》）を知ること、すべてのものには特定の形のないこと（一切《いっさい》無相《むそう》）を説くもので、般若諸経の中では、もっとも中庸を得た経典といわれている。その成立は、般若諸経としては中期ともいうべき五世紀のころ、『大般若経』第六会経たる『勝天王般若』と同じころに成立したものとみられる

(Hikata, op. cit LXXXIII)。

この経典の梵本は Saptaśatikā-prajñāpāramitā（『七百頌般若波羅蜜多』）という。偈数は六百、八百といわれる漢訳の中間を占める。古くイタリアのトゥッチがケンブリッジ大学の写本により公刊した（Saptaśatikāprajñāpāramitā, ed. by G. Tucci, Memorie della Reale Accademia Nazionale dei Lincei Serie IV, vol. XVIII, Fasc. III, Roma, 1923)。しかし、この梵本には誤りが多いのを見、わが国の増田慈良は、河口慧海がネパールよりもち帰った梵本（東洋文庫蔵本）と、京都大学所蔵の写本、泉芳璟複写のケンブリッジ大学写本等を参照して訂正出版をした（J. Masuda : Saptaśatikā-Prajñāpāramitā, Text and the Hsüan-chwang Chinese Version with Notes. Journal of the Taisho University, vols VI — VII, Part II, European Section. 1930. pp. 185 — 241)。これは各写本の相違はすべて脚注に示され、玄奘訳との対比もなされているため、きわめて対読に便利である。ただ、これは前半で中絶している。

チベット訳は梵本と題名を同じくし、内容も七百頌より成り梵文と対同する（東北 No. 24, 大谷 No. 737)。

勝天王般若と濡首般若

『勝天王般若』七巻十六品（大正、八、No. 231)、陳の月婆首那（五六五）訳は、『大般若経』第六会（大正、七、No. 220)、八巻十七品、唐の玄奘（六六〇―三）訳と同本異訳とされ、「二千五百偈の般若経」といわれる。本経は『文殊般若』と同じく五世紀ごろの作品とみられ、菩薩が信をおこし（初発心）、それを持続し（久発心）、落伍することなく（不退転）、一生菩薩として在る（一生補処）という、四つの問題が中心となり、勝天王菩薩の所問としてそれぞれの問題が四人の菩薩の形をとって展開される。この経の思想内容は多岐にわたり、『大宝積経』や『華厳経』にも関係する思想が包含されていることが指摘される。そのような思想が『大般若経』を形成して行く過程で繰り入れられて行なったことは、『般若経』自身の中に、自分から開展した思想を含めて、無量・無限なものへ拡大して行く傾向が存していたのであるし、また、すべての大乗経典が、般若の思想の上に立って発展して行くべき必然性をも示しているのである（梶芳、前掲書、一六五―六頁）。

本経には、梵本もチベット訳も現存せず、右の漢訳二種のみによって研究するほかはない。

『仏説濡首菩薩無上清浄分衛経』二巻（大正、八、No. 234）宋の翔公（四二〇―七八）訳は、『大般若経』第八会那伽室利分、一巻（大正、八、No. 220）、唐の玄奘訳と同本異訳といわれていた。竜首（那賀室利Nāgaśrī）、濡首、舎利弗、須菩提、長者女等が互いに「ものは実体なく認識不能なこと」（法空《ほうくう》無所《むしょ》得）を説明する点では似ているが、文は一致せず、この点他の『般若経』と比較して注意すべき点とされている（梶芳、前掲、一五七頁）。

本経の成立は三世紀中葉から四世紀前半にかけてとみられ（Hikata, op. cit, p. LXXXIII）、梵文四百頌であったという。本経も、『勝天王般若』と同じく、漢訳二種が現存するのみで、原典、チベット訳とも伝えられていない。

金剛般若経と般若心経

おそらく諸『般若経』中、もっともよく読まれたものが、この『金剛般若経』と『般若心経』といってまちがいなかろう。

『金剛般若経』は、空の思想を説いているにもかかわらず、その中で「空」ということばを用いていないことが指摘されている。そしてその理由は、おそらくまだ空という術語が確立していない時代に成立したものだからとみられている（中村元『般若心経・金剛般若経』解題）。

また、「小乗」に対する「大乗」という意識も明確でない。経典を潤色するペダントリーもなく、むしろ信仰と体験を表現する適当な表現が見出せないもどかしささえ感ぜられるところがある。おそらく『金剛般若経』は大乗思想が固定化・定式化する以前のものであろうとみられる（同前）。この経典は、はじめは、経典を読誦するだけの貧しい人々を対象に作られたが、だんだん法蔵部などの部派とも関係をもち、ギルギットなどの月氏系の国王とも関係をもちつつ発展して行ったとみられる（同前）。内容もほぼ三百頌ほどの小さなもので、後代には「三百頌の般若経」とよばれることもある。要するに、大乗仏教としては最初期のもので、西紀一五〇年か、二百年には成立していたものと考えられる。

この経典は、インドにおいても、中国においても極めて重んぜられ、何度も翻訳され、いろいろな註釈が作られた。これらについては、『般若心経』のそれと共に、中村元教授の詳細な「解題」があるので、ここでは原典理解に必要な範囲の文献を掲げておくこととしよう。

(1)サンスクリット原典

Vajracchedikā Prajñāpāramitā, ed. and tr. by E. Conze with introduction and glossary. Serie Orientale Roma. XIII, Roma, Is. M. E. O. 1957

このほかに、古くマクス・ミュラー刊本（一八八一）、パルジテル（F. E. Pargiter）刊本（一九一六）、トゥッチ刊本（一九五六）があり、それぞれ、中国・日本写本、東トルキスタン断片、ギルギット写本をもととした別系統の刊本である。コンゼのものはマクス・ミュラー刊本をもととし、他の原本も参照してあり、入手もし易く、比較もし易い好テキストとして挙げた。

この原典の翻訳として、

渡辺照宏「現代語訳金剛般若経」（『在家仏教』昭和三一年九月より三二年三月まで）

宇井伯寿「金剛般若経和訳」（『名古屋大学文学部研究論集』XXI）

中村元・紀野一義『般若心経・金剛般若経』（岩波文庫、昭和三五年）

(2)チベット訳

諸版本に収められている（東北 No. 16, 大谷 No. 739）ほか、北京版の影印（第二十一巻）にはもちろん、シュミットの刊本がある。

I. J. Schmidt : Mém. Ac. Imp. des Sciences de St. Petersburg IV, 1837, überdas Mahāyāna und Pradschnā-Pāramitā der Baudhen

寺本婉雅（『無尽燈』第十六の七―九）、青木文教（『大乗』第五の六―八）、阿満得寿（同、第八の十二）各氏の和訳がある。

橋本光宝・清水亮昇『蒙蔵梵漢合璧金剛般若波羅蜜経』（丁字屋書店、昭和十六年）。

このうち、梵文はマクス・ミュラー刊本の複写であるから、とりたてていうほどのことはないが、チベット訳は、編者の一人である橋本氏が昭和十年、蒙古の西スニット（蘇尼特）で入手された紺紙金泥の写本の影印であり、蒙古文も、昭和十四年東スニットのウラン・カンジュル・スムの僧から贈られた紺紙金泥の写本にもとづき、編者が蒙古文活字に組み直したものである。各頁交互に蔵・蒙対照して対読に便宜を計っており、巻末には、この蒙古文『金剛般若経』の全訳と、重要な術語の蒙・梵・蔵対照の索引がついている。刊行されている蒙古語仏典の数少ないものの一つである。漢訳はクマーラジーヴァ訳のものが、返点、送り仮名付きで載せられている。

(3)漢訳

次の八種があり、そのほとんどが『大正新脩大蔵経』の第八巻に収められている。

①『金剛般若波羅蜜経』一巻、姚秦(四〇二年)クマーラジーヴァ訳(大正、八、No. 235)

②『金剛般若波羅蜜経』一巻、元魏(五〇九年)ボーディルチ訳(大正、八、No. 236)、これに二版あり、一つは高麗版・元版・明版で、一つは宋版。『大正新脩大蔵経』は二つとも収めている。

③『金剛般若波羅蜜経』一巻、陳(五六二年)パラマールタ(真諦《しんだい》)訳(大正、八、No. 237)。

④『金剛能断般若波羅蜜経』一巻、隋(五九二年頃)ダルマグプタ(笈多)訳(大正、八、No. 238)。

⑤『金剛般若波羅蜜経論』の中に訳出されている経文。この論はアサンガ(無著)の著であるが、その中に④のダルマグプタが改訳したものがでてくる。④が逐字訳で直本《じきほん》といわれるのに対し、こちらは判りやすい漢文になっている。六一三年の訳。(大正、二十五、No. 1510)

⑥『能断金剛般若波羅蜜経』一巻、唐(六四八年)玄奘訳(『縮刷大蔵経』月九)。

⑦『大般若波羅蜜多経』第九会、「能断金剛分」(第五七七巻)一巻。唐(六六〇—三)玄奘訳(大正、七、No. 220)。

⑧『能断金剛般若波羅蜜多経』一巻、唐(七〇三)義浄訳(大正、八、No. 239)。

(4)その他の訳本

先に触れた蒙古語訳の他、コータン語訳、ソグド語訳、満洲語訳等、中央アジア、北アジアの諸語に翻訳されたこの経典の全部または一部が発見せられており、この経典の広い流行を窺わせる。さらに、英、仏、独訳のような近代諸国語訳が、梵文原典、あるいは漢訳についてなされているが、その詳細は、中村訳本の解題に依られたい。

『般若心経』については、今更いうまでもないほど、その名の知られている経典としては、おそらく『法華経』と並んで経典中の白眉である。各宗通じて読誦され、浄土教以外なら各宗合同の法会に、この経典は最適として用いられる。一方には六百巻の『大般若』があると共に、一方に二六二字のこの『般若心経』のあることに、仏教の非常な妙味があるといえよう。事実、この経典は、顕教（一般大乗仏教）においては「大般若の萃要《すいよう》」をあつめたとされ、密教（秘密仏教）においては、般若波羅蜜多菩薩の内証三昧地（さとりの境地）をあらわすといわれ、いずれからしても、膨大な『大般若』経典群のエッセンスと見られた。俗諺にも「習ったお経は『心経』と『観音経』」といわれるほど、一般にも親しまれ、今日でも読誦できる信者が少なくない。

内容は、観自在菩薩が「智慧の完成」（般若波羅蜜）を実践し、ものの実体はないこと（空《くう》）、実体のないことがものであることを正しく見抜くことを繰返して説いている。そして最後に、この境地に安住することこそ罣礙《けいげ》（とらわれ）のない生き方であり、それは言語や論理のはからいを超えたもので、ただ神秘的音声（咒）によってしか表現せられない、としている点は、般若思想の本質をあらわすものとして興味ぶかいものがある。

すでに触れたように（本書三八頁）、この経典の梵本がわが国の法隆寺に伝えられた。世界に現存する梵文仏典中、おそらく最古の一つであろう。この梵本の系統を小本あるいは略本といい、これに対して、大和の長谷寺に伝えられた系統の、大きい分量のテキストを大本あるいは広本といっている。小・大それぞれのテキストが出版されているが、ここでは便宜上、梵本と漢訳に分けて解説していこう。

(1)サンスクリット原典

ふつう『般若心経』といっているのは小本であるが、原典は大本と併せて出版されることが多かった。もっとも古いものとして、フランスのレオン・フェール（一八六六）のものがあるが、よく用いられたのは、マクス・ミュラーが、法隆寺写本と中国写本とにもとづいて大本と小本との校訂を英訳とともに発表した左のテキストであった。

The Ancient Palm-leaves Containing the Prajñā-pāramitā-hridaya-sūtra and the Ushnīsha-vjaya-dhāranī. ed. by F. Max Müller and Bunyiu Nanjio. Oxford, Clarendon Press, 1884. Anecdota Oxoniensia, Aryan Series, vol. 1, part 3.

こののち、橋本光宝「梵蔵満漢四訳対照広般若波羅蜜多心経」（『大正大学学報』第九輯―第十三輯）などが発表され、梵文の校訂もしばしば発表された。前述の紀野・中村訳本の末尾には、それらの業績をふまえた上での、小・大本の校訂全文がのせられているから、多くのテキストを一堂に蒐めることのできないものも、安んじてこれを用いることができよう。なお解題についても、この書はもっとも精しい。

これら、小・大の『般若心経』梵本については、白石（もと藤本）真道教授の研究は専門的研究を志すものにとって不可欠のものであることだけを注意しておこう。

小本については、「般若心経梵本の研究」（『日本仏教学会年報』第十二年）、大本については、「広梵般若心経の研究」（『密教研究』七〇、七二号）がそれである。

(2)漢訳

七種が現存し、『大正新脩大蔵経』第八巻に収められている。（題名は省略し、訳者名・訳年と、『大正新脩大蔵経』の番号を左に示すこととする）。

①クマーラジーヴァ訳一巻、姚秦（四〇二―一二）（No. 250）

②玄奘訳一巻、唐（六四九）（No. 251）

現行の『仏説摩訶般若波羅蜜多心経』はほとんど全文これと同じ。

③プラジニャー（般若）・利言等訳一巻、唐（七三八―八一〇―）（N0. 253）

④法月重訳一巻、唐（七三八）（N0. 252）

右の二本は大本に相当する。

⑤智慧輪訳一巻、唐、（N0. 254）

⑥法成訳一巻、唐、（N0. 255）

⑦施護訳一巻、宋、（N0. 257）

(3)その他の訳本

チベット訳（東北 Nos. 21, 531, 大谷 N0. 160）、蒙古語訳（Poppe, Hurvitz, Okada N0. 507）があり、それぞれ出版もされている。詳細は中村訳本の解題にゆずる。

『金剛般若経』、『般若心経』とも、インド、チベット、中国、日本でおびただしい註釈・複註が作られた。それらについても前書によってその主なものを知ることができる。特にチベット文で残されている心経の諸註釈（東北 Nos. 3818—23　大谷 Nos. 5217—23）は全く今後の研究を待つものである。

なお、密教部の『般若経』については、本書の第八章に譲ることとする。

第二章　法華経

法華部

『法華経』を中心にする十数経（大正新脩大蔵経で十六経）を「法華部」の経典として整理してきているが、これは中国・日本の大蔵経分類法であって、チベットではそうでない。チベットでは『法華経』は、どの刊本においても「諸経部」（mdosna tshogs = mdo sde）に入れられていて（大谷 No. 781, 東北 No. 113）独立したセクションをもっていない。このことは、多分インドにおける『法華経』の位置と無関係ではあるまい。中国や日本で、『法華経』ほどもてはやされた経典も珍らしいが、インドやチベットでは『法華経』は決して珍重される経典ではなかった。その証拠に、この経典に対するインド、チベットにおける研究書がごく少ない。

梵文で記された法華経研究書は、今日、まだ見出されていない。漢訳ではヴァスバンドゥ（Vasubandhu 婆藪槃豆、世親）の作とされる『妙法蓮華経憂波提舎』（二巻、後魏、菩提流支訳、大正二十六、No. 1519）と、同じ著者の『妙法蓮華経論憂波提舎』（一巻、元魏、勒那摩提共僧朗等訳、大正、二十六、No. 1520）とが伝えられているだけで、チベット訳大蔵経中には、

『妙法蓮華註』（Dam paḥi chos puṇḍarīkaḥi ḥgrel pa 東北 No. 4017）という一書が伝えられているが、これは漢文からチベット文へ翻訳したもので、おそらく唐の窺基《きき》*の『妙法蓮華経玄賛』（二十巻、大正、三十四、No. 1723）が原本である（東北目録）。

これで知られるように、『法華経』がインドでひろく研究された証拠は出てこないのであるし、したがって、それを中心とした「法華部」という部門が大蔵経の中に独立しなかった理由もわかるのであるが、しかし、『法華経』が、インドにおいて孤立無縁の特殊な経典であったかといえば、そうばかりもいいきれない。

まず、法華類似の経典がインドにおいて一、二ならずでき、それが今日、『法華経』の周囲に収められていることが何よりの証拠であろう。その中には、『不退転法輪経』（大正、九、No. 286, 大谷 No. 906）、『大薩遮尼乾子所説経』（大正、九、No. 813, 大谷 No. 813, 東北 No. 146）、『金剛三昧経』（大正、九、No. 273, 大谷 No. 803, 東北 No. 135）など、チベット訳の現存する重要経典も少なくない。

さらに、八世紀の大仏教学者シャーンティデーヴァ（Śāntideva 寂天《じゃくてん》）の著わした仏教概論、『大乗のぼさつの教え』（Śikṣāsamuccaya, ed. by C. Bendall, Bibl.

窺基《きき》（六三二―八二）唐代の法相宗の高僧。十七歳で玄奘の弟子となり、玄奘を助け大慈恩寺で訳業に参加した。とくに『成唯識論』は彼と玄奘の合議によるものであった。身長八尺、容貌魁偉で頭頂に玉枕ありと伝えられる。慈恩大師、大乗基・霊基などといわれ、『成唯識論述記』、『大乗法苑義林章』のほか著作多く、世に百本の論師の称で知られている。

Bud. 1, 1897 — 1902, Reprint, I.I. R, ł s Gravenhage 1957, Tr. by W. H. D. Rouse : Śikṣāsamuccaya, A Compendium of Buddhist Doctrine, Indian Text Series, Calcutta 1922)、漢訳『大乗集菩薩学論』*（大正、三十二、No. 1636）の中にも、『法華経』は前後三回引用されており、四世紀すぎの成立と見られる『金光明経』の中にも、『法華経』の思想や表現が重要な影響を及ぼしている跡を指摘することができる。そのほか、『開元釈経録』（巻九）によれば、唐の義浄が景雲二年（七一二）に訳した『法華論』五巻というものがあったとされ、『大智度論』（二世紀）、『入大乗論』（堅意、四・五世紀）にも引用されている。

また、ネパールで「九つの法の宝」（Navadharmapa-ryāya）の一つに現存し、現に完全なテキストの伝えられていることも、インド大乗仏教の、少なくとも一派の法華経評価を反映しているものと見なければならない。

したがって、『法華経』を、ただ中国・日本だけでもてはやされた特殊な経典と見て、インドでは異端児であったと断定することはできないが、これほど珍重され、世に用いられる第一の経典としたのには、やはり、中国・日本の事情があったと見なければならず、「法華部」の独立は中国・日本等、東北

> 大乗集菩薩学論　インドの中観派の学者シャーンティデーヴァ（七―八世紀）。の著作。大乗仏教を求める菩薩の学ぶべきことがらを諸経典を十九章（漢訳は十八章）に亙って集成した金言集。六波羅蜜、ことに戒波羅蜜を中心に構成され、同じ著者による他の二書、『経集』（Sūtrasamuccaya）。と『入菩提行論』（Bodhicaryāvatāra）と軌を一にする。『荻原雲来文集』四六―四六八頁に詳しい紹介あり。

智顗《ちぎ》（五三八―九七）天台宗の第三祖。天台大師・智者大師の名で知られる。父母を喪い十八歳で法緒の下で出家し、広く律・諸大乗経を学ぶ。のち天台山に修禅寺を創し、諸方で法華・大論・般若等を講じた三大部を著して天台の基礎を作った功績は大きい。寺塔を建立すること三十六所、仏像を造ること八十万体、大蔵経を繕写すること十五蔵、度僧一千余人、伝法の弟子三十二人あった。

法華三大部《ほっけさんだいぶ》　天台大師智顗によって著わされた三部六十巻の法華経研究書。天台宗の開かれる基礎となった。まず『妙法蓮華経玄義』（『法華経玄義』二十巻、大正、三十三、No. 1716）は、法華経の経題を詳しく注解してその奥義（玄義）を明かし、『妙法蓮華経文句』（『法華文句』二十巻、大正、三十四、No. 1718）は全文の通釈で、前半十四品（品）を迹門《しゃくもん》（準備的議論）、後半十四品を本門（本論）としたのはここに始まる。最後は『摩訶止観《まかしかん》』（二十巻、大正、四十六、No. 1911）で、天台宗の実践、冥想を説く。

アジアの特別な事情としてよい。その理由は、一つにはクマーラジーヴァ（Kumārajīva 鳩摩羅什《くもらじゅう》 三五〇―四〇九）のようなよい翻訳者にめぐまれて、中国社会への流通に幸したこと、隋の智顗《ちぎ》*（天台大師五三八―九七）のような大家が出、法華三大部*のような良注釈書が出て、他派を圧する力をもったことなどが考えられる。中国の影響を受け、『法華経』自体の経典崇拝者（bibliolator）に、その行者としての日蓮に対する個人崇拝の傾向を加えて行ったのが、日本の日蓮宗教団であるが、これについては問題は別であろう。

法華経の原典

中国では、すでに二世紀に『法華経』の翻訳を行なっており、三世紀の翻訳は現存しているが、『法華経』の原典で五世紀より古いものは今のところ見出されていない。

この最古の原典は、中央アジアで発見された僅かの断簡《だんかん》（一部分）であり、われわれが今日、『法華経』の梵本として最もよく参照する二種類の刊本は、いずれもネパール発見のテキストを底本とし、十一世紀を遡るものではない。

『法華経』の原典としては、この中央アジア系、ネパール系のほかには、カシミールのギルギット系があるだけで、この三系統の中で更に細かい異同がある。現存するチベット語訳は、ネパール本と大体内容が一致するが、漢訳三種の原典は、現存梵文原典のどれともちがうテキストだったと考えられるから、『法華経』のテキストは、長い間に、広い時期に、さまざまな形でひろまって行ったものと考えなくてはならない。『法華経』のテキストがようやく、今日出揃ってきたところであるから、思想上の難点が、整然とした文献学上の根拠をもって解決されるのも、まさに今日からといわねばならず、その準備なしに、中国・日本の宗乗だけで優劣の判断をすることは学問的には意味があるとは考えられない。

『法華経』の原典は、いま仏教学者の間で、もっともホットな論議の的でもあり、また日本の既成、新興の大宗団の幾多が『法華経』に立脚して宗義を樹てているのであるから、ここに、三系統の原典のおのおのについて紹介しておくこととしよう。

(1)ネパール系梵本

十九世紀の初頭、ホジソン、ライトの二人が、ネパールにおいて多大の努力を払った結果、多数の梵文仏典を発見し、これを本国及びヨーロッパの外国学者に送った。コレジ・ド・フランスの教授ビュルヌフ*は、その中から、特に芸術的香気の高い一篇『サッダルマ・プンダリーカ』(Saddharma-puṇḍarīka)を見出し、このフランス訳を完成した(E. Burnouf : Le lotus de la bonne loi, Paris 1852 再刊 Nouv. éd, Paris 1925 2v. Bibliothèque Orientale. Tom. 9, 10)。これを日本でいえば、嘉永五年、ペリーが浦賀に来た前年に、すでにヨーロッパの学界は、東洋の代表的宗教の代表的典籍を、二重・三重の翻訳でなくして知っていたのであった。これは、大乗仏教の原典がヨーロッパにおいて知られた最も古い例で、東アジアにおいて幸運だった『法華経』は、近代のヨーロッパにおいても幸先よいスタートを切ったのであった。

次いで、マクス・ミュラー*の『東方聖書』(The Sacred Books of the East)の刊行が開始されるや、『法華経』はその一つに択ばれ、オランダのケルン*がその業を畢えた(The lotus of the true law, S. B. E. vol. 21, Oxford 1909)。かくて気運熟して、その梵文原典が、ケルンと日本の南条文雄*との校訂を経て出版されたのは、その九年後、帝制ロシア最後の大事業である『仏教文庫』中の一巻としてであった(Bibliotheca Buddhica, N0. 10, St. Pètersbourg 1908 — 12 再刊、東京山喜

ビュルヌフ　Eugéne Burnouf(一八〇一—五二)フランスの梵語学者。一八三七年、ホジソンより、その蒐集にかかる梵語仏典写本百七十余部をおくられ、これにもとづいて不朽の名著『インド仏教史序説』(Introduction à l' histoire du Bouddhisme Indien, 1844)を著し、諸大乗経典をヨーロッパに紹介すると共に、梵語仏教研究の基礎を確立した。マクス・ミュラー、スナールなどはその門下である。

房仏書林、昭和二八年)。こののち、河口慧海*が、チベットのシャール・ゴンパ（Shaḥ lu dgon pa）寺から贈られた貝葉のコロタイプ版を池田澄達と共に編集し、学者に頒布した（『貝葉梵文法華経』、梵文法華経

マクス・ミュラー　Friedrich Max Müller（一八二三―一九〇〇）イギリスに帰化したドイツの東洋学者・宗教学者・言語学者。ドイツのデッサウに生まれ、ライプチヒ、ベルリンの諸大学を経、パリのビュルヌフの下にリグ・ヴェーダを学び、のちこれを出版（Rig-Veda-sanhitā, the sacred hymns of the Brahmans, together with the commentary of Sāyanācharya, 7 vols. London 1849―75)。一八五〇年よりオックスフォード大学に奉職し、没するまでその職にあった。この間の講義で、言語と宗教の研究に比較方法をもちこみ、それぞれ近代の学問としての「言語学」「宗教学」を生み出した功績は不朽である。ヨーロッパと東洋の東洋学者を動員して『東方聖書』（The Sacred Books of the East）五十巻を刊行し、仏教のみならず、ひろく東洋の諸宗教の原典翻訳を世に紹介した。南条文雄、姉崎正治、高楠順次郎はその門下である。

ケルン　Johan Hendrik Caspar Kern（一八三三―一九一七）オランダの仏教学者・インド学者。ジャヴァに生まれ、ウェーバー（A. F. Weber）についてサンスクリット語を学び、ライデン大学教授となる。インドの古詩、天文学、劇作の研究・翻訳のほか、仏教研究に力を尽し、名著『インド仏教史』（一八八一―二）、『本生鬘』の校訂（一八九一）、『法華経』の英訳と出版（一九〇八―一七）などを世に発表した。

南条文雄（一八四九—一九二七）日本の梵文仏典研究の開拓者。大垣の東本願寺派の寺に生まれ、若いときから宗乗・余乗を学ぶ。明治九年笠原研寿と共にイギリスに渡り、マクス・ミュラー、マクドネルらについて梵語、仏教学を学ぶ。この間『大明三蔵聖教目録』を英訳し、Nanjio Catalogue として未だに欧人学者で仏典を読むものを稗益している。阿弥陀経・無量寿経の梵文和訳、同法華経、入楞伽経。校訂出版に金光明経、入楞伽経など。わが国最初の仏教留学生であり、最初の文学博士授与者であり、わが国に梵語仏典研究の種子を蒔いた功績は大きかった。その留守中の研鑽と、師マクス・ミュラーとの交流は、前嶋信次「西欧仏教東流史話——美しき師弟——」（『大法輪』昭和二四年十月より昭和二五年二月まで）に、正確に、且つ美しく描き出されている。

河口慧海（一八八六—一九四五）わが国はじめてのチベット入国僧で、チベット学の開拓者。大阪府堺の生まれで、はじめ黄檗宗で得度したが、のち僧籍を返上。釈雲照について律を学ぶ。三十二歳まで仏教学、パーリ語の学習をつづけ、インドに入って梵語、チベット語を学び明治三三年ついにチベットに入った。以後、チベットに往来すること二度、インドに数度、多数の梵本、チベット大蔵経を将来した。その多くは現在東京大学、東洋文庫にあり研究せられつつある。その伝記としては河口正『河口慧海』、（昭和三六年、春秋社）が簡にして要をえている。

頒布会、大正十四年）。これもまたネパール系梵本と見て差し支えないという（本田義英『仏典の内相と外相』、四六七頁）。

さらに広く利用されている『法華経』梵本として、

荻原雲来、土田勝弥が、漢訳・チベット訳と校合して出版した『改訂梵文法華経』（Saddharma-puṇḍarīka-sūtram, romanized and revised text of the Bibliotheca Buddhica Publication, 1934—5 大正大学聖語研究室）も、やはりネパール本を底本としている。

以上見て来たように、ロシアで出版された一種と、日本で出版された二種の何れもがネパール本に基づいている。ケルン・南条本は戦後日本で復刊されたので入手し易くなった利点があり、荻原・土田本は三分冊で出た、第一・第二分冊は最近まで比較的入手し易かったためと、荻原一流の厳密なローマナイズを経たものであるため、初学にも専門家にも歓迎されていた。

さらに最近、インドのダルバンガにある「ミティラ研究所」（The Mithila Institute of Postgraduate Studies and Research in Sanskrit Learning）の『仏教梵語文献』（Buddhist Sanskrit Texts）の第六としてヴァイディヤ氏（Dr. P. L. Vaidya）が刊行している（1960）。

これは、ケルン・南条版、荻原・土田版、N. Dutt 版（デーヴァナーガリー文字で出版。前二版の外、ギルギット本を参照。Calcutta 1953）の三版の co-ordinated edition である。

これらの刊本のほか、その底本となった各種写本の多いことはいうまでもない。本田義英（前掲書）によれば、大英博物館に一部、ロンドン・アジア協会に一部、ケンブリッジ大学図書館に五部、パリ国民図書館に二部、ベンガル・アジア協会に三部等が数えられる。

東大にも、完本・不完本併せて八種のテキスト（Matsunami ; Nos. 408—15）あり、ネパールのビル図書館のそれとの対比がなされている（Bir. No. 207）。

(2) カシミール系梵本

一九三一年（『梵語仏典の諸文献』九四頁、岩波文庫『法華経』上、四〇四頁では一九三二年六月）、カシミールのギルギットの北方約二〇キロの地点にあるストゥーパの址から発見された多量の仏典の写本は、「ギルギット写本」として一世を驚かせたが、その中に『法華経』の原典があり、一九三二年、レヴィ（S. Lévi）によって、一九三八年、バルフ（W. Baruch）によって、早くもその一部が、主としてネパール本との対比において発表された。一九五九年（昭和二九年）には、竜谷大学の小島文保教授が、その五葉について発表・紹介した（『竜谷大学論集』三四七号）。

ギルギット発見の梵文『法華経』は、ギルギット仏典を整理公刊中のダットによれば（op. cit. pp. XI-XIV）、葉数約百五十で、全体のテキストのほぼ四分の三、多量の断簡というよりは、むしろ完本に近い。その本文はネパール本に近いものといわれる（同前）が、書体は五、六世紀のものと見られ、ネパール本と対比して考えらるべき多くの点が存する。そのごく一部の写真版が、昭和二四年（一九四九）頒布された（『西域出土梵文法華経』八三—六頁、本田博士還暦記念梵文法華経刊行会）。近年平川彰教授がインド政府の好意によりギルギット法華経完本の写真を将来し、目下渡辺照宏氏の手でその校訂が進められており、ローマ字化と注と併せての校刊が霊友会法華経原典刊行会より行なわれるという。

(3)中央アジア系梵本

新しい写本の多い（河口本の五、六世紀説は今日では誤りとみられ十一世紀を遡らずとされる（W. Baruch））ネパール本とちがい、また、それと系統的に近いギルギット本ともちがい、写本・系統の上で古型を示すとみられる、重要な別系統の『法華経』梵本は中央アジアで発見された各種の写本である。そのうち、

①カシュガルで発見された一種をのぞいては、②カダリク本（Khadalik 本、スタイン収集本）、③ファルハード・ベッグ本（Farhād-Beg 本、同前、共にコータンの近く。両者併せて『法華経』全体の約五分の一ほど＝本田義英『仏典の内相と外相』四七五頁）、④マンネルハイム本（G. Mannerheim 男爵将来本）、⑤トリンクラー本（E. Trinkler 本、コータンより将来）、⑥トゥルファン本（Turfan 本、Grünwedel と Le Cop がコータンより将来）、⑦大谷本（西本願寺大谷探検隊将来のもの。断簡二七一＝『新西域記』下巻付録とも、五六＝N. Mironov : Buddhist Miscellanea, TPAS, 1927 ともいわれ、もと旅順博物館にあったが、現在は所在不明。五世紀から七世紀に至る四種の写本から成り、ネパール本に比し簡略な文体より成り、形容詞的語句が少ないという。真田有美『印仏研』5）はいずれも断簡（または所在不明）であるから、ここでは詳しくは触れない。

ただ、中央アジア系『法華経』梵本で、もっとも完全にそろっている⑧カシュガル本について注意しておこう。

これは、ロシアのカシュガル総領事ペトロフスキー（N. Th. Petrovski）が一九〇三年に入手したもので、このため、カシュガル本ともペトロフスキー本ともいわれている。ソヴィエトのレニングラードにある「ソヴィエト連邦アカデミー東方研究所」の所蔵。一九五五年（昭和三〇年）十月、同研究所から、わが国の清田寂雲氏にそのマイクロフィルムが寄贈され、清田氏や真田有美教授の手で徐々に、その特色が研究・紹介されるようになった。清田氏によれば（『印仏研』九）、元来は四五九葉、書体は大谷本などと同じく直立グプタ式、七世紀または八世紀の写本という。西域系『法華経』梵本のうち、大谷本の発見されていない今日、量・質ともにその白眉である。最近、この珍宝も比較的多くの学者に入手・目睹できるようになったらしく、渡辺照宏氏はじめ、これを参照しての研究が見られるようになったことは慶ばしい。この梵本は重複を除き七九三枚のマイクロフィルムとして清田氏のもとにおくられ、余人は見られなかったものであった。

さて、以上、ごく簡単にではあるが、『法華経』の梵本について紹介した。これによってわかるように、『法華経』の原典は、ネパール、カシミール、中央アジアの三系統があり、しかもそのおのおのから、完本乃至それに近いものがあることに気づくはずである。

したがって、今後『法華経』を基本的に研究しようとするならば、どうしても、この三大本は見較べて行かなくてはならない。仏典解読の真の方法論を示そうとして、厳密な「詳解・新訳法華経」を継続発表された渡辺照宏氏（『大法輪』に昭和四一年一月号より連載。のちに『法華経物語』として刊行）も、漢訳、チベット訳のほか、ネパール系刊本に、ペトロフスキー本（P本と名付けている）、ギルギット本（G本）を常に参照しておられる。今後の『法華経』研究が、どのような宗教的関心や、「思想」的必要からなされるにせよ、少なくもこのような成果に無知なままで進められることはナンセンスであるというべきであろう。

これ以上詳しい、『法華経』原典の解題を希むものは、山田竜城『梵語仏典の諸文献』九二―四頁、岩波文庫『法華経』上、岩本裕教授の解題、三九五―四〇五頁、本田義英『仏典の内相と外相』、四六一―五三一頁等の解説を参照されるとよい。

法華経の翻訳

『法華経』の梵文原典やチベット文からの、直接的な批評的・近代的翻訳は後で述べるとして、古典訳について先に述べよう。

【1】漢訳

すでに、現存する五―十一世紀の原典に、種々の系統の認められるように、漢訳にもまた異同のあることは当然である。『法華経』の漢訳（現存三本）の異同を、ただ翻訳・訳者の相違とみるべきでないこと、テキストの時代と系統に由るとみるべきことは、今日では学界の常識であるが、このことは中国の翻訳家や、護教家でさえ充分に気づいていたことだった。竺法護訳の『正法華経』と、クマーラジーヴァ訳の『妙法蓮華経』とを対比し、後者を補訂した、ジニャーナグプタ（Jñāna-gupta 闍那崛多《しゃなくった》）、ダルマグプタ（Dharmagupta 達磨笈多《だるまぎった》）訳の『添品《てんぽん》妙法蓮華経』の序には、次のように、前二訳の依拠するテキストのちがいを見抜いて述べている。

〝二経を考験するに定めて一本に非ず、護は多羅葉に似、什は亀茲文に似たり。余、経蔵を検して備《つぶ》さに二本をみるに、多羅は則ち正法と符会し、亀茲は則ち妙法と共に允に同じ〟

これによれば、『正法華』は多羅葉、すなわち多羅樹（tara）の樹葉（Pattra）で作った写本に基づいており、『妙法華』は、中央アジアの亀茲国《きじこく》、すなわちクチャから齎《もた》らされた梵本に基づいているというのである。

また『法華伝』にいう。

〝今長安に伝うる所は四本同じからず。一は五千の偈、正無畏の伝うる所これなり。二は六千五百の偈、竺法護の伝うる所これなり。三は六千の偈、

鳩摩羅什の伝うる所これなり。四は六千二百の偈、闍那崛多の伝うる所これなり。三本はこれ多羅葉、什本は白氎《びゃくじょう》なり〃

これによれば、長安に四種の梵本が伝えられており、その材質も多羅葉と白氎《びゃくじょう》*の二種のちがいがあり、偈数も四本みな異なることをみることができる。これらの記事や、現に漢訳にも広・略種類の多いことからして、学者は『法華経』の梵本にも広・略数種の本のあったことを推定する。さらに細かく考えて、現に行なわれている『法華経』の梵本を「常恒《じょうごう》本《ほん》」とし、以下、「大本」「広本」「略本」の四を考える人もある（清水梁山「法華三部開題」、『国訳大蔵経』経部一、八―九頁）が、ここではその考察は止め、現存の漢訳について紹介しよう。

全本の『法華経』は中国の仏典翻訳史を通じて六回訳され、そのうち三つが現存し、三つは散佚した。

白《びゃく》氎《じょう》　白い木綿の布のこと。氎とはこまかいおりもの。織って作った布、ことに木綿をいう。地理書『広輿記』に〃雲南永昌軍民府、出縹氎、即白氎布、堅厚細密、頗類紬。〃とある。つむぎに似た厚くて強い布地であることが知られる。

これを『法華経』の三存三闕《さんそんさんけつ》といっている。次の六つのうち（※を数字の上に付けた）(3)、(5)、(6)の三部が現存の経である。

(1)『法華三昧経』六巻、魏の正無畏《しょうむい》訳。甘露《かんろ》元年（二五六）又は五鳳《ごほう》二年（二五五）。

(2)『薩芸芬陀利経《さつうんふんだりきょう》』六巻、法護訳、前涼の太始元年（二五五）。

※(3)『正法華経《しょうほけきょう》』十巻（あるいは七巻）、法護訳。西晋の太興七年（二八六）。

(2)、(3)の訳者法護（竺《じく》法護 Dharmakṣetra）は燉煌のひとで、中国仏教翻訳史の初期を飾る大家である。八歳で出家し、インドの沙門竺高座《じくこうざ》を師とし、ひろく西域諸州を巡り、異言《いごん》三十六種を学び、のち梵本を齎して燉煌に帰り、盛に翻訳の業を興し、この『正法華』および『光讃般若』以下百七十五部、三百五十四巻を訳出《やくすい》した。時の人は尊んで燉煌菩薩・月支《がっし》菩薩・天竺菩薩などと称した（『梁高僧伝』巻一）。

(4)『法等法華経《ほうどうほけきょう》』五巻、支道根訳。東晋咸康《かんこう》元年（三三五）。

この第四出《しすい》は第三出《さんすい》と同本という（『開元釈経録』巻三）。

※(5)『妙法蓮華経』八巻、鳩摩羅什《くもらじゅう》訳。後秦の弘始八年（四〇六）。

訳者鳩摩羅什（略して羅什あるいは什公。Kumārajīva 訳して童受）についてはすでに触れた。ここでは、ただ、この『妙法華《みょうほっけ》』が七巻二十七品か、あるいは八巻二十八品かについて一言触れておく。いま第五巻にある「天授品」（「提婆達多品《だいばだった》」）を増加するか否かで差ができるのであるが、これについて、はじめから羅什の訳であったが、宮中に蔵して出さず、のち出して加えたという説（天台『文句』）と、西域の沙門達磨摩提《だるままだい》（Dharmamati 法意と訳す）が楊都の僧法献の得た梵本で共訳したという説（『開元釈経録』巻六、巻十一等）の二つがある。その何れが正しいかについては、長く疑問が持たれ種々に議論が重ねられて来たが、今日の批評的研究では、後者が正しいとみられている。その時期は、天台智者大師が金陵（南京）へ赴いた（五六七）以後のことであろうという（布施浩岳『法華経成立史』三三〇頁）。

しかし、梵本の用語は本文と一致している（同、三二五―九頁）のであるから、梵本自体の成立過程にはなお論ずべき問題が残るだろう。

いずれにせよこの「提婆達多品」は『法華経』内においても、仏教思想史・仏教教団史全体の中においても極めて特殊な位置に立つ。冒頭の記述によれば、提婆達多（デーヴァダッタ）は、前生においては阿私仙《あしせん》（アシタ）という仙人であり、釈尊に『法華経』の存在を教えた恩人であったという。デーヴァダッタは釈尊の伝記に出る悪人で、釈尊のいとこでありながら、新しい仏となることを願い、マガダ王アジャータシャトル（阿闍世王《あじゃせおう》）を頼んで種々釈尊に敵対したひとである。その物語の委細は、のちの大乗経典――例えば『観無量寿経《かんむりょうじゅきょう》』など――にも描き出されている。しかし、彼を異端者・反逆者と呼ぶのは仏教の正統教団の判断であり、歴史的事実としては、インドには、釈尊が仏陀であることを承認せず、特別の戒律を守るデーヴァダッタ派の仏教が後世まで存在していたとみるべきである。法顕は五世紀にネパールの国境近くで、玄奘は七世紀にベンガール地方で、デーヴァダッタ派の実状を見て来ている。こういう特殊な派との結びつけを見せるのが、この「提婆達多品」であり、この点からしても『法華経』が正統派の仏教とは別の方面で成長したことが推察される（渡辺照宏『日本の仏教』一八四頁）。「提婆達多品」は、しかし、デーヴァダッタ自身の成仏については、後世の注釈家のいうようには、何も述べていない。こののち智積（Prajñākūṭa）、文殊師利（Mañjuśrī）という二人の菩薩を登場させ、竜宮の竜王の女が「忽然《こつねん》の間に変じて男子と成って、菩薩の行を具して、則ち南方無垢世界《むくせかい》に往き」成仏することを述べて終っている。この一品の趣旨が女人成仏にあることは明らかで、また法華経グループが女人成仏に積極的な傾向をもっていたことを想像させる。

※(6)『添品《てんぼん》妙法蓮華経』七巻（あるいは八巻）闍那《しゃな》崛多《くった》、達摩笈多《だるまぎった》訳、隋の仁寿元年（六〇一）。闍那崛多（Jñānagupta 志徳と訳す）は北インド、ガンダーラの人。達摩笈多は南インド、ララ国の人。この『添品法華』が、この二人の共訳かどうかについては異説もあるが、今は通説である共訳説に従った。

この『添品法華』は、(5)の『妙法華』を本とし、その欠文《けつもん》を補って、「薬草喩品《やくそうゆほん》」の後半の偈と、「提婆品」の文と陀羅尼《だらに》とを添加している。添品といわれるのはこのためである。このほか、字句の改訂等もあるが、そのさい参照されたのは『正法華』であった。

さて、以上の六種が『法華経』の完全本（全本）であるが、このうち、中国・日本でもっとも代表的な経典は(5)の『妙法華』で、ふつう東アジアで『法華経』といったときはこれを指す。しかし、『法華経』のテキストに実にさまざまな流れがあり、この『妙法華』も僅かにそのうちの一つであることは知るべきであろう。

これらの全本に対して、そのうちの一巻、あるいは一品、あるいは一品中の幾分かを抄出して翻訳したものがある。全本に対して支本という。九部あり、年代順に挙げると、

(1)『仏以三車喚経《ぶついさんじゃかんぎょう》』一巻、支謙《しけん》（?—二二三—二五三—?）訳。「譬喩品」中の三車出宅《さんじゃしゅったく》の一節。欠本。

(2)『法華光瑞菩薩現寿経《ほっけこうずいぼさつげんじゅきょう》』三巻、失訳。失訳（失訳人名《しつやくにんみょう》。すなわち訳者の名が不明）なので、訳年も不明であるか、魏（二二〇—六五）・呉（二二二—

―八〇）の間とみられる。欠本。一説に『正法華』の抄本という。

(3)『光世音経《こうぜおんきょう》』一巻、法護（二三一頃―三〇八頃）訳。『正法華』から出る（『衆経目録』巻二）。

(4)『薩曇芬陀利経《さつどんふんだりきょう》』一巻、失訳。西晋（二六五―三一六）代の訳で、「宝塔品」、「天授品」少しずつ。現存。

(5)『観世音経』一巻、鳩摩羅什訳。『妙法華』よりの抄出か。

(6)『法華三昧経』一巻、智厳《ちごん》（?―四二七―?）訳。六巻本の全本(1)とは別本。現存。

(7)『妙法蓮華経提婆達多品第十二』一巻、達磨摩提訳。蕭斉の武帝の永明八年（四九〇）。全本の(5)ですでに述べた。

(8)『妙法蓮華経普門品重頌偈《ふもんぼんじゅうじゅげ》』一巻、闍那崛多訳。「観世音菩薩普門品」（『観音経』）の偈（「世尊偈」）のこと。これは本来の羅什訳にはなかったものが、のちに添加された。この偈は本来、普門品の本文（長行《じょうごう》＝散文の部分）とは別だったものが添加されたとみられる。

(9)『法華経薬王菩薩等咒《やくおうぼさつとうじゅ》』六首、玄奘訳。大唐の永徽《えいき》年間（六五〇―五）。

以上の九部は、明らかに同系統の『法華経』原本からの「支本」であるが、このほか『法華経』系の別本あるいは同系経典に至ってはさらに範囲が広くなってくる。『法華三部経』の中の『観普賢経』をはじめとし、次のごとき新・旧の諸経はいずれも『法華』系の経典とみられるものであり、『法華』思想の分布と存続をうかがわせるものである。

(1)『広博厳浄不退転輪経』六巻、智厳訳。

(2)『大法鼓経《ほっくきょう》』二巻、求那跋陀羅（Guṇabhadra）訳。

(3)『大薩遮尼乾子所説経』十巻、菩提流支《ぼだいるし》(Bodhiruci)訳。
(4)『金剛三昧経』一巻、失訳。
(5)『成就《じょうじゅ》妙法蓮華経王瑜伽観智儀軌《おうゆがかんちぎき》』一巻、不空訳。
(6)『法華十羅刹法《じゅうらせっぽう》』一巻。同前。
(5)、(6)の二部は密教の時代に入ってからの『法華経』で、真言陀羅尼・印契の類を含む。

【2】チベット訳

チベット訳『法華経』は冒頭に述べたように何れの版においても「諸経部」に編入されており、「法華部」として独立してはいない（大谷 N0. 781, 東北 No. 113)。『影印北京版西蔵大蔵経』においては、三十巻　一頁―八四頁（北京六八筴 chu 1 ― 205A）に収められている。

経題を〝Dam paḥi chos pad ma dkar po (shes byabatheg pa chen poḥi mdo)〟すなわち『正法の白き蓮華（と名づくる大乗の経）』という。梵題は〝Saddharmapuṇḍarīka (nāma mahāyāna-sūtra)〟。訳者はインドの親教師スレーンドラボーディ（Surendrabodhi）で、大校修訳官尊者ナルナム（sna-nam）の人イェシェデ（Ye śes sde）が校閲・校訂・刊定に当っている。八世紀末から九世紀初めの翻訳とみられる。

全篇二十七品で、内容は大体ネパール梵本と一致し、漢訳では羅什訳の『妙法華』に近い。この蔵・漢・梵三本の品別の対照が、『大谷目録』(pp. 282 ― 4) になされているから、対読の参考になる。

【3】その他の翻訳

蒙古語訳、満洲語訳の『法華経』は、それぞれの大蔵経の経部（bkah hgyur）の中に全本が存する。

蒙古文『法華経』は、題名を〝Cagan linghua neretu

degedu nom yehe hulgen sodor〟（白い蓮華と名付ける上法の大乗経）といい、十三巻二十七品より成る。そこにあげられている梵語題名、チベット題名は、チベット訳のそれと一致する。内容に及んだ研究は発表されていないが、チベット訳との親近性は、まず第一に考えられなくてはならない（Louis Ligeti : Catalogue du Kanjur Mongok Imprime, vol. 1, Catalogue, Budapest, Société Körösi Csoma, 1942. P. 225）No. 868（1）。分量は表裏合せて一二三四枚（Tome 66, Eldeb VII. 1 — 234r N Poppe, L. Hurvitz, H. Okada : Catalogue of the Manchu-Mongol Section of the Toyo Bunko, 1956, P. 25, No. 25）であるから、この点からも、ネパール系梵本、チベット訳と類似していることがみられる（cf. Aalto, p. 88, H3522 ; Farquhar, p. 168, No. 7&c.）。

なお、別訳も伝えられている（Toyo Bunko Catalogue, p. 23, No. 26）。題名を〝Hotog-to dege-du nom-to cagan lingho-a ner-e-tu yehe kulgen sodor orosibai〟（聖妙法白蓮華と名づける大乗経）という。

満洲語訳『法華経』については未見であるが、東洋文庫には『妙法蓮華経観世音菩薩普門品合璧』（ibid, p. 294. No. 503 ; Man. title, guwan ŝi in pu sa men pin ging）があり、漢・満対訳となっている。満洲語訳大蔵経一般の特質として、蒙古語訳のそれよりも、漢訳との深い関係がここに露呈している。そしてこれは、おそらく『法華経』全本の満洲語訳についてもいえるのではないかと想像される。

このほか、ウイグル語訳、西夏語訳、朝鮮諺文訳などがあり、この経の全アジア的普及をうかがわせる。この点では『金光明経』との一致をみせるのであるが、これら諸訳に関する文献的整理は、今ようやく緒についたばかりであり、『法華経』の全貌解明は正に今後の課題であるといわなくてはならない

(cf. 山田竜城『梵語仏典の諸文献』p. 95, n. 4, p. 194 補註 95. 1. 6, 1. 10)。

法華経の研究

仏典の近代研究の基礎をなすものが、厳密な校訂出版とその翻訳であることは、『法華経』においても例外ではない。ことに、『法華経』のように長い成立過程をもち、各時期・各地方によって異なるさまざまのテキスト群をもつ経典にあっては、テキストを固定させ、その翻訳を完成することは、何より大切である。近代の批評的翻訳が、梵・蔵テキストの校勘につれ出版されている。

【1】梵文の翻訳

(1)フランス語訳

E. Burnouf : Le Lotus de la Bonne Loi, traduit du sanscrit, accompagné d'une commentaire et de vingt et une mémoires relatifs au Bouddhisme. Tom 1&2, Paris 1852. Nouvelle édition avec une préface de S. Lèvi, Paris 1925, Bibliothèque orientale. Tome 9 & 10.

梵本出版に先だってビュルヌフが翻訳したもの。『法華経』最初の翻訳であるのみならず、ヨーロッパ人が大乗の仏教経典に接したはじめである。

(2)英訳

H. Kern : The Saddharma-pundarīka or the Lotus of the true Law, Oxford 1909（S. B. E. vol. 21）

南条文雄と共に『法華経』原典を校刊したオランダのケルンの英訳。その原典出版に際しては、早くもペトロフスキー（N. F. Petrovski）が将来したコータン出土の写本の断簡を参照し注記したほどであり、この訳文は今日でも参照の必要のあるものである。しかし、その注記に混乱のあることはすでに指摘されており（W. Baruch）多くの写本の利用できるようになった今日、訂正さるべき点の少なくなった点も認めなくてはならない。その委細は渡辺照宏訳の注記に詳しい。

(3)日本語訳

南条文雄・泉芳璟訳『梵漢対照新訳法華経』、京都平楽寺書店　大正二年。

岡教邃訳『梵文和訳法華経』、大正十二年。

いずれもケルン・南条刊本にもとづいて和訳したもので、訳語はできる限り、羅什の訳語を踏襲している。後者については、荻原雲来の書評がある（『荻原雲来文集』一〇二〇—四頁）。

坂本幸男・岩本裕訳『法華経』上・中・下、岩波書店、昭和三七、三九、四二年。

坂本教授がクマーラジーヴァ訳の『妙法蓮華経』を、岩本教授がケルン・南条本の梵本を和訳されたものである。それぞれの訳註のあるほか、上巻で梵文原典につき、下巻で漢訳原典について両教授が解題を加えておられるのが有益である。なお、前述の渡辺氏の新訳は、この岩本訳に対する批判が多くなされつつ進行している。なお、長尾雅人教授の書評（「『法華経』の刊行を喜ぶ」岩波書店『図書』一九六二年、九月号、第一五七号、四六—七頁）がある。

第三章　大集経

仏教の宝庫

『法華経』や『華厳経』のような脚光を浴びたこともなく、『無量寿経』や『大日経』のように、それによって一宗が興ったということもないけれども、『大集経《だいじっきょう》』は重要な大乗経典の一つとして見のがすことができない。

　この経典は詳しくは『大方等大集経《だいほうどうだいじっきょう》』という。「方等」とは、広く一切衆生の救われるべき「方」と、均しく諸教を説く「等」の意をもつと解釈されることばで、ひろく初期・中期の大乗経典に冠された形容詞であった。『大方等陀羅尼経』とか、『大方等大雲経』とか、五世紀ごろ、中国に数多くこの種の経典が伝来している。天台大師の五時の教判*に従えば、方等の時は、華厳・阿含に続き、般若・法華に先立つ第三の説法時とされる。

　『維摩経』・『思益経』・『楞伽経』・『勝鬘経』等が、この方等教を示すとされる。この方等時の諸経を一群とみなして「方等部」という大蔵経の分類が『閲蔵知津』*以来仏教学者の間で用いられて来たが、今日では、この「方等」の概念は、歴史的にも、理念的にも把握しにくい点があるとして、これを一つの分類の基準とすることは見られないようになって来た。手近かな所では、例えば、『大正新脩大蔵経』なども、「方等部」を立てることなく、「経集部」等へ肩代りさせている。

この「方等部」の諸経中、『大方等大集経』は別立して、「大集部」として一つに見られている。大正新脩大蔵経でいえば、第十三巻全巻がこの大集部に充てられている。これによってわかるように、『大

五時の教判　天台の教判で、釈尊一代の説法を年次の上から五つの時期に分けたもの。『法華経』「信解品」の譬にもとづく。華厳・阿含・方等・般若・法華涅槃の順をいう。このほか宋の慧観《えかん》（三五四?—四二四?）の立てた涅槃宗の五時教でいうと、阿含（三乗別教）、般若（三乗通教）、維摩・思益（抑揚教）、法華（同帰教）、涅槃（常住教）の五をいい、劉虬《りゅうきゅう》（四三八—九五）の五時教においては、提謂経（＝律＝人天経）、阿含経（有相教）、般若・維摩経（無相教）、法華経（同帰経）、涅槃経（常住経）の五を指す。

歴史的順序とは全く関係ない、一つのドグマであるが、今日でもこの教判（教理・経典の判別法）で経典を撰ぶ宗団が少なくない。

閲蔵《えつぞう》知津《ちしん》　四十八巻。明の永応八年（一六五四）天台宗の学僧智旭（一五九九—一六五五。霊峰藕益大師・始日大師）の著した仏書の解説辞典。経・律・論・雑の四部に分け、一千七百七十三部の仏典が解説せられている。「方等部」に密教経典を入れたり、ただ品名だけあげ解説のない経典もあり、今日ではほとんど用いられることがないが、一八八三年にわが国でも刊行されて以来、最近までよく読まれていた仏書解説辞典であった。

集経』は、初期・中期の大乗仏教の基本的性格（方等経）と、そこから特に区別される特殊な性格（大集経）とを併せもった経典であることが察せられるのである。

では、その特殊性はどこにあるかといえば「集」「大集」という所に看過しえない特性がある。「大集」とは何をいうかといえば、経の中に「悉来大集」とか「悉巳大集」（巻二）といわれるように、すべてのものののことごとく集り来ることをいう。この場合、すべてのものとは、すべての仏・菩薩（無量仏集＝巻二十、無量諸仏菩薩集会、是大集時＝巻二十二）の集りでもあり、すべての教えの集り（如来所説大集妙典＝海慧菩薩品、大集妙典＝無言菩薩品、大普集経＝虚空蔵菩薩品、大集法門＝宝幢分第五品）の双方を意味している。

これは、いみじくもこの経典の特色をいいあらわしている。一方において、大集経は無量の仏・菩薩・天・魔等の登場する、初期・中期の大乗仏教神話の宝庫となっていると共に、他方においては、相互に連関性の見出しにくい初期・中期大乗仏教の教義をよく、「法数」によって集結し、一貫した経典群とするのに成功している。従来脚光を浴びること少なかった『大集経』は、諸仏・諸菩薩の研究が進めば進むほど、最後にはこの経典にまで遡らなければならないことが判って来た。例えば、四天王についでは、第九宝幢分の第十一品「四天王護法品」、第十五月蔵分の第九品「諸天王護持品」などに詳説され、地蔵菩薩については、第十六須弥蔵分の第二菩薩禅本業品に、地蔵菩薩が禅定を修習して「一切法無語言三昧」を得ることが記述されている。

四天王といえば『金光明経』、地蔵菩薩といえば『地蔵本願経』『地蔵十輪経』によって研究されるのが通例であったが、『大集経』の各品には、それに先立っての形態が残されているのに気付くのである。この他魔王の波旬*や曠野の鬼などが、仏教に帰依して行く過程（第十五月蔵分・第十諸魔得敬信品、第九宝幢分・第十二曠野鬼品など）を描く章もあり、大乗仏教が、ひろくインドの民間の信仰に調和し滲透して行った経過が明瞭に指摘できる箇所もある。従来研究されることが少なかっただけに、『大集経』は、仏教神話の宝庫であるといってよいと思う。

大集経の構成

『大方等大集経』が、ニュアンスの異なるいろいろな部分から成り立っており、それが「法数」によって、いわば辛うじて統一されていることは、すでに今までの話でもお察しいただけたかと思う。

まさにその通りで、『大集経』は、十七分六十巻より成り立っている一大叢書なのである。この六十巻という巻数は隋代（五八一―六一八）に招提寺の沙門僧就が編んだのに始まるのであるが、隋代以前における『大集経』は三十巻内外であったことは多くの経録の一致して伝えるところである。

この十七分、六十巻の『大集経』は、明らかに前半と後半との二つの部分に分けられる。前半とは、

魔王《まおう》波旬《はじゅん》　悪魔（Māra）の王の波旬（Pāpīyas）のこと。ハーピーヤスは悪者・殺者を意味し、仏や仏の弟子を惑乱させる魔王である。仏が菩提樹の下で悟りをえようとするとき、その眷属の魔や三人の娘、可愛・可喜・喜見と共に仏に迫り却って降伏された。これが「降魔《ごうま》」である。のちの解釈によれば、欲界第六天の他化自在天、あるいは大自在天（湿婆《しば》）を指すとされる。

第十二の「無尽意菩薩品」までの三十巻をいい、後半は第十三分の「日密分」から第十七の「十方菩薩分」までの三十巻をいう。

何がゆえに、この二つの部分に分けることが許されるか。一つは訳者による。第十二分までの各品は、最後の無尽意菩薩品が宋の智厳と宝雲訳とされるほか（実際は法眷訳か）、すべて北涼の曇無讖の訳とされていることである。このうち、第八の「虚空蔵品」は、河南乞仏寺の沙門聖賢の訳と見られるが、いずれにせよ、曇無讖の手により、これら十二分が整理され、『大集経』の各章としてまとめられたことは明らかである。

これら前半の各章は、すでに指摘されているように（『国訳一切経』大集部一、蓮沼成淳解題、十二頁）、編集による以外に、一つの経典としての内的連関性に極めて乏しいものなのである。

第一に、形式からみて、これらの各章はおのおの単独の一経を成しており、現に左表に見られるように、それぞれに対応する別訳の独立経をもっている。その多くは西晋の竺法護の訳であり、これによって、三世紀には、すでに中国においては『大集経』各品の別訳や、その部分訳が行なわれていたことを知ることができるのである。

このことから、第二の特色が考えられる。これら各品は、他の大乗諸経典にみられるように、各品相互に物語の連続があるわけでもなく、そこに説かれている教理にも、一章から一章へという連絡があるわけでもない。この各章間の統一は、ただ法相・法数を説く点にのみ基礎を置いているわけで、その統一は、曇無讖という一人の編集者によって行なわれたものとみるほかない。

〈大集経各章対照表〉

	大集経章名（巻数）	訳者	別訳（大正蔵No.）訳者〔別行名〕	北京版チベット蔵経No.
1	瓔珞品（1）	北涼曇無讖	大哀経（398）西晋竺法護	814
2	陀羅尼自在王品（1—4）		〃	〃
3	宝女品（5—6）		宝女所問経（399）〃	836
4	不眴菩薩品（7）			
5	海慧菩薩品（8—11）		仏説海意菩薩所問浄印法門経（400）宋惟浄等	819
6	無言菩薩品（12）		仏説無言童子経（401）竺法護	
7	不可説菩薩品（13）			
8	虚空蔵品（14—18）		大集大虚空蔵菩薩所問経（404）唐不空	815
9	宝幢分（19—21）		宝星陀羅尼経（402）唐波羅頗迦羅蜜多羅	
10	虚空目品（22—24）			
11	宝髻菩薩品（25—26）	宋智厳等	宝髻菩薩所問経（宝積経四七会）	
12	無尽意菩薩品（27—30）		阿差末菩薩経（403）竺法護	842
13	日密分（31—33）	北斉那連提耶舎		923
14	日蔵分（34—45）		〔大乗大方等日蔵経十巻〕	〃
15	月蔵分（46—56）		〔大方等大集月蔵経十巻〕	
16	須弥蔵分（57—58）		〔大集大集経須弥蔵経二巻〕	
17	十方菩薩品（59—60）		〔明度五十校計経二巻〕	896

この前半に対して、第十三日密分以後の後半は、隋の僧就によって付け加えられたものとみられている。このうち第十三の日密分は、次の第十四日蔵分の抄訳で、これだけが曇無讖訳とされるほか、他はすべて北斉の那連提耶舎の訳出とされている。これらは、前半の各章とちがって、別行の単訳経をもたず、むしろ一つ一つが独立の経としての名をもっている場合が多い。そのうち、最後の「十方菩薩品」は古く後漢（二五—二二〇）の安世高の訳とせられる記録もあり、後半の各章も含めて、『大集経』の一部分乃至大部分が紀元一世紀から三世紀にかけてすで

に存在していたことを知ることができるのである。

大集経の成立地

『大集経』は、「大集部」を代表する十七分の経典が、隋代に僧就が編集したことは今まで見たとおりであるが、その編集が、まったくインドに根拠なく、中国において始めて行なわれたかというと、そうばかりはいえないような事情もある。先の対照表にも見られるように、チベット大蔵経の中には、(1) 瓔珞品、(2) 陀羅尼自在王品、(3) 宝女品、(5) 海慧菩薩品、(8) 虚空蔵品、(9) 宝幢分、(12) 無尽意菩薩品、(13) 日密分、(14) 日蔵分、(16) 須弥蔵分の十分に対して相応する経をもっている。これらはすべて「諸経部」(mdo ma tshogs) に属し、おのおの独立した経典であり、順序も漢訳六十巻本とはまったく関係なく、訳者もそれぞれ別である。

それでは、『大集経』という一つの集合名詞は中国だけでできたものかといえば、そう簡単には断定できない。『大集経』に相当する梵題 Mahā-sannipāta-sūtra および、それに該当するチベット題号 ḥdus-pa chen-po を冠した経典は、先に挙げた経の中にも見られ（第九宝幢分相当 No. 815　第十六須弥蔵分相当 No. 896）、ことに、第十六須弥蔵分に相当するチベット訳は梵題を Mahāsaṃnipātād mahāyānasūtrān tathāgata śrīsamaya nāma mahāyāna sūtram（大集大乗経中如来吉祥三昧耶大乗経）というほか、内題として〝ḥdus-pa chen-po theg-pa chen-poḥi mdo bcvolna-pa riḥi sñiṅ-poḥi leḥu（大集大乗経第十五須弥蔵品）〟とあり、この一群の経典の編集が必ずしも中国に止まらないことを示している。このことについては今後、チベット訳各経と、発見された梵文断簡との比較が進むにつれて、成立地が徐々に明らかにされて行くであろう。

大集経の内容

先にも述べたように、『大集経』の内容は雑多で統一がなく、法数の羅列が多く、興味をもって通読する経典としての魅力に乏しい。

しかし、全体の構成上共通していることは、仏が十方の仏・菩薩を集めて大乗の法を説くという形をとっていることで、その説法の基調も空の思想に在るということができよう。また、従来学者によって指摘されているように（蓮沼成淳国訳解題、藤謙敬『新・仏典解題事典』九五頁）、密教的要素も濃厚である。しかし、ここにいう「密教的要素」は、いうなれば、「雑密」的要素であり、教理の中枢に及ぶ「純密」的要素は検出しがたい。

この「雑密」的要素の一つが、先に触れた諸仏・諸菩薩・天・魔の神話の宝庫となり、他の一つが「日蔵分」や「月蔵分」にみられる。インド、中央アジア、東北アジア全域に亘る天文星宿の説の集大成という結果を産んでいる（善波周「仏典の天文暦法について」『印仏研』四―一、「大集経の天文記事」『日仏年』二二）。

しかし、『大集経』の内容は、これらの土俗信仰や中世的偽似科学の検出以外にも、仏教思想史上注目すべき幾多の問題を含んでいる。

六十巻とは別行の『大方等大集経賢護分』（Bhadrapāla 大正、十三、No. 416 北周闍那崛多訳）五巻は『般舟三昧経』（Pratyutpanna-sūtra, 大正、十三、No. 418 後漢支婁迦讖訳）三巻の別訳であるが、これの一部に当る梵文の断片が東トルキスタンで発見されている。この経典中の記述に従えば、この経典は紀元前後から一世紀ごろにかけての成立と見られ（紀野一義『新・仏典解題事典』九六頁）、「般舟《はんじゅ》」（pratyutpanna＝対して近くに立つ）の三昧を得ると、十方の仏がその人の前に立つのをみることができるという意味であることが理解される。この点、この経典はたしかに浄土教経典の先駆的意義をもっている。『大集経』の基本的性格の中には、この、集会せる仏・菩薩と人との邂逅という問題が色濃く流れており、これを「密教」という理解に附会せず、虚心に科学的に観察して行くところに、今後の課題があるのではなかろうか。

第四章　宝積経

宝の積み重ね

『大集経』と内容上も近く、分量のさらに大きい一大叢書に『大宝《だいほう》積経《しゃっきょう》』がある。『大正新脩大蔵経』では、「宝積部」（十一巻＝上、十二巻＝下）、チベット訳『カンギュル』*においても「宝積部」（dkon brtsege 北京版・大谷760, 1—49　デルゲ版、東北 No. 45—93）に収められ独立しているが、古来の分類に従えば、「方等部」の経典であって、『大集経』と同性質の経典群であり、事実、本経の終りに近い第四十七会の「宝髻菩薩会」は『大集経』の第十一会「宝髻菩薩会」と同本なのである。

本経は四十九種百二十巻の経典群から成り立っている。これら四十九種類の経典はそれぞれ独立であ

カンギュル　チベット語 bkah-hgyur の音写で中国では甘疎爾の字を当てる。仏の経・律（教勅＝bkah）の集成（hgyur）の意味で、漢・巴三蔵の「経蔵」「律蔵」にあたる。これに対して「論蔵」はテンギュル（bstan-hgyur 丹殊爾）といい、この二蔵で、チベット大蔵経の全てを網羅する。蒙古語訳大蔵経、満洲語訳大蔵経もこの形に従う。

り、互いに微弱な共通性はもっているが、はじめから一つの意図によって編纂乃至執筆されたものではない。

強いて全体を一貫するテーマを求めれば、菩薩の修行の法と、人の成仏の授記（仏になるという約束）を説く経典ということになろうが、その説き方も千差万別であって、むしろその一つ一つの説き方の異なるところに、この経典の面白味があるといってもよいほどである。

『大集経』と同じく、この経典も、このような、いろいろな教え、さまざまな物語を、仏教の尽きせぬ宝として積み重ねた経とみることができよう。

大宝積経という名

『大宝積経』の原名は「宝の積み重ね」(Ratna-kūṭa)であるが、竜樹の『大智度論』、『十住毘婆沙論』などに引用されている『宝頂経』(Ratna-koṭi)と密接な関係にあること（天野宏英「宝頂経について」『印仏研』八、一五七—八頁）を思うと、この経の原名も果してどちらであったか一概に決定しえない。しかし、現存の漢訳、並びにチベット訳の標題に掲げる梵題が共に『大宝積経』(Mahā-ratnakūṭa-dharmaparyāya-śatasāhasrikā-grantha)であり、『シクシャー・サムッチャヤ』などに引用する本経の一節も『ラトナ・クータ』であることなどより、少なくともインドにおける通称は『ラトナ・クータ』であったことが察せられる。

大宝積経の中心

現存の『大宝積経』は、四十九会・七十七品・百二十巻ででき上っている。その梵本は既に玄奘三蔵が大部分インドから将来したものであった。（現存しているものは菩提流支の将来）唐の皇帝も多くの弟子も、玄奘自身による翻訳の完成を望んだのであったが、すでに『大般若経』六百巻の大訳業を終え、精根尽き死期の近いことを知った玄奘は、敢えて訳筆をとらず、その仕事を後の人にゆだねて世を去った。その仕事を承け継いだのが、ボーディルチ*（Bodhiruci 菩提流《ぼだいる》支《し》五六二?—七二七）であった。

彼は、彼以前に訳されていたもので、梵本とよく一致する二十三会はそのまま採用し、十五会を重ねて訳し、さらに十一会はまったく新たに翻訳し直して、四十九会百二十巻の『大宝積経』として完成した。これは、唐の神竜二年（七〇六）から先天二年（七一四）に至る九年間の事業であった。

チベット訳も、漢訳と順序・内容ともよく一致するが、法成*（Chos-grub）による漢訳からの重訳（大谷 Nos. 760—7, 11, 13, 14, 18, 20, 40）も含まれ、漢訳に併せて編纂が行なわれたものと考えられる。大部分が九世紀の人ジナミトラ（Jinamitra）、スレーンドラボーディ（Surendrabodhi）、ダーナシーラ（Dānaśīla）の訳

ボーディルチ　Bodhiruch（五六二?—七二七）菩提流支と音訳する。覚愛の意。南インドの人で、はじめ外道で出家し、六十歳で仏門に入る。長安に招かれたのは百三十余歳のときだったといわれる。『大宝積経』等を訳し、没したときは百六十六歳だったという。開元一切遍知三蔵という。

法成　Chos-grub　チベットの訳経僧。大体八三〇—六〇のころ、東部チベットにおいて多くの経典をチベット語訳から漢訳し、漢訳からまたチベット語訳した。『金光明最勝王経』のチベット訳その他が伝えられている。石浜純太郎「法成について」（『支那学』第三巻第五号）、羽田亨『敦煌遺書第一輯解題』等。

であるが、その他の人の訳本もあり、漢訳の場合と同じく、従来からあった訳本の上に、新訳を加えて四十九会の形式をととのえたものと考えられる。

この四十九会(四十九種類)の『大宝積経』経典群が、何経を中心とし、どのように増大されて行き、いつ、どこで一つの『大宝積経』となったかは、まだまだ未解決の問題である。

しかし、『大宝積経』の中核をなす、いくつかの経典がインドにあり、しかも、それらが相応じて一つの経名——『大宝積経』——のもとに統一されようとしていたことは推察にかたくない。

とくにその重要な一経として、第四十三会、第百十二巻の「普明《ふみょう》菩薩《ぼさつ》会」に当る梵文『カーシャパ・パリヴァルタ』(Kāśyapa-parivarta 迦葉品《かしょうぼん》)を挙げることができよう。

この一経は、もともと秦代に訳者名を失ったまま、『大宝積経』一巻として翻訳されていた経典を、ここでボーディルチが採択編入したものである。仏が迦葉のために菩薩の智慧、福徳、中道、出家者の心、戒などを説き明し、これによって大衆は益を得、増上慢に陥った比丘を救い、さらに普明菩薩のためにこの経を学ぶには定相のないことを明して結んでいる。漢訳は、このほかに三つの翻訳がのこされている。

①仏説遺日摩尼宝経一巻、後漢支婁迦讖訳(大正、十二、No. 350)
②仏説摩訶衍宝厳経一巻、失訳人名、(大正、十二、No. 351)
③仏説大迦葉問大宝積正法経五巻、宋施護訳(大正、十二、No. 352)

以上の三種がそれで、これらの四種の漢訳の間にはかなりの出入があり、徐々にこの経典が増広加上されていった過程がうかがえる。このことは梵文原典についてもいえることで、この経典の原典『カーシャパ・パリヴァルタ』の刊本と、『シクシャー・サムッチャヤ』や『中辺分別論』、『中論釈』等に引用される梵文『ラトナ・クータ』との間には異同が見られ、成立の長い過程をうかがわせる。

このように、インドの諸論書で多くの引用をみていること、その引用が『ラトナ・クータ』の名で行なわれること、漢訳の種類の多いことなどは、この一経が、『大宝積経』の中核的な部分であることを示唆するのであるが、スティラマティ（Sthiramati 安《あん》慧《ね》 四七〇―五五〇?）の作と伝えられる四巻の大注釈書がこの一経に対して作られ、その名が、『迦葉経』または『普明経』の名を用いることなく、そのまま『大宝積経論』としてあるところからも、この一章が『大宝積経』の中心であることを思わせるのである。

この「普明菩薩会」が、『大宝積経』の中核部分、乃至は最重要部分であることは、はやくから学者の注目をうけ、すでに幾多の基礎的研究が進められてきた。

梵文 Kāśyapa-parivarta は、中央アジアのコータン地方から、ソヴィエトのペトロフスキーによって蒐集され、レニングラード学士院に蔵されていた。ネパールその他からはまだ発見されていないが、これに、前記の漢訳四種とチベット訳とを参照して、ホルシュタイン男爵が一九二六年に出版した。Baron A. von Staël-Holstein ; The Kāśyapa-parivarta, a Mahāyānasūtra of the Ratnakūṭa class, ed. in the original Sanskrit, in Tibetan and in Chinese, Shanghai 1926（鋼和泰著『大宝積経』迦葉品梵漢蔵六種合刊・上海商務印書館）。ホルシュタイン男爵の掲げるチベット文と北京版のそれとの間にも字句の相違、位置の顛倒もあり（大谷目録 p. 254,

No. 43, n. 3)、漢訳とも必ずしも一致しない。施護訳に最も近いといえるが、チベット訳もさらに検討を要する。蔵・漢の注釈も出版されている（Baron A. von Staël-Holstein; A Commentary to the Kāśyapa-parivarta, ed. in Tibetan and in Chinese, Peking 1933, cf. F. Weller : Index to the Tibetan translation of the Kāśyapaparivarta, Harvard Sino-Indian Series, No. 1)。ここにいう蔵・漢の注釈とは、先述のスティラマティの『大宝積経論』で、漢訳（四巻、菩提流支訳、大正、二十六、No. 1523）とそれに相応するチベット訳（東北 No. 4009 Ārya-Mahā-ratnakūta-dharmaparyāya-śatasāhasrika-Kāśyapa-parivarta-ṭīkā）である。

この経典の成立過程は、引用経典・論書との比較のもとに、すでに幾つかの研究があるが（久野芳隆「西域出土仏教梵本とその聖典史論上の位置（上）」『仏教研究』一―四〇頁、塩見徹堂「竜樹所引の大乗経典の二三について」『宗教研究』新第九巻第六号、九二―八頁、長谷岡一也「十住毘婆沙論に於ける Kāśya-paparivarta の引用について」『印仏研』四、二〇〇―三頁）、今後の研究によって、『大宝積経』全体における位置や、『大宝積経』自体の構造が明らかになって行くかも知れない。

大宝積経の構成

『大宝積経』四十九会の一々について触れることはできないが、その構成上の特色について、一、二注意しておく。

まず、本経の異訳経について注意しておく必要があろう。

『大宝積経』四十九会がボーディルチの編集にかかり、それ以前の翻訳のあるものは多くそのまま、あるいは重訳された上で採択されたことはすでに述べたが、そのほかになお、単独に一経として現存に伝えられたものも少なくない。その一々は、『大正新脩大蔵経』の目録に No. を打って示してあるほか、長井真琴博士の国訳解題（二一—三頁）に一一具名を示してあるが、それらによれば、別に異訳経をもたない「会」は、次の十五種に過ぎないことがわかる。

（上の数字は『大宝積経』の会数）

(2)無辺荘厳会
(4)浄居天子会
(7)被甲荘厳会
(8)法界体性無分別会
(11)出現光明会
(17)富楼那会（菩薩蔵経、大悲心経等ともいう）
(20)無尽伏蔵会
(22)大神変会
(23)摩訶迦葉会（摩訶迦葉経）
(26)善臂菩薩会
(34)功徳宝花敷菩薩会
(35)善徳天子会
(40)浄信童女会
(44)宝梁聚会
(45)無尽慧菩薩会

これらの単訳の経にも(43)普明菩薩会のように重要なものも含まれているが、別訳をもつ他の三十五種の経が、一般にひろく関心をもたれていたために度々翻訳せられたこともまた疑うべくもない。

その翻訳年次も、異訳別行のものまで考慮に入れると、曹魏（二二〇—六五）から唐（六一八—九〇七）を経て宋（九六〇—一二七九）までの千年に及んでいる。このうち翻訳の最も盛んだったのは、西晋（二六五—三一六）、北魏（三八六—五三四）、唐の間に集中しているから、『大宝積経』の中国への伝来は、一応、三世紀から七世紀にかけてがピークであったと見なければならない。また、インドにおける諸論書の引用から見ても、このころが、インドにおける

『ラトナ・クータ』の活躍の頂点であったともいえるようである。

　このような長い成立過程をもつ経典群は、当然のことながら、多岐・複雑な思想系統の経典を内蔵している。

　授記成仏に関する経典が中心に集められていることは前に述べたとおりであるが、その他の内容も極めて多岐にわたっている。その主なものを挙げれば、

(1)小乗の戒律について述べるもの＝第十四会「仏説入胎蔵会」

(2)小乗の教説を説くもの

①第十三会「仏為阿難説処胎会」、入胎の因縁、胎中三十八の七身、身中の八万戸虫、四百四病などの説明。異訳は『胞胎経』一巻。

②第十四会「仏説入胎蔵会」。異訳は根本説一切有部毘奈耶雑事巻十一、十二。

③第二十九「優陀延王会」、優陀延王が舎摩夫人の嚮導によって、仏の所に来、女人の過ち、男子の過ちによって、男女の過ちのおこることを知り・三帰を受けることを説く。異訳二種あり。

④第四十九会「広博仙人会」＝仏が広博仙人のために布施の功徳、布施の種類を説けるもの。異訳は『毘耶婆問経』三巻。

(3)律に関するもの＝第二十三会「摩訶迦葉会」第四十三会「普明菩薩会」

(4)密教的な内容をもつもの

①第七会「被甲荘厳会」＝仏が無辺慧菩薩に対し、菩薩の身に着くべき無相無名の大甲冑の意義を説き、進んで法界印三昧、ならびに阿字等の諸三昧印等を説く。

②第十一会「出現光明会」＝仏が月光童子に対し、

如来の光明の原因と作用を説き、進んで陀羅尼の功徳を説く。
③第二十四会「優婆離会」＝末法の世に出現すべき菩薩、滅罪等を説明。異訳二種あり。

(5)般若経の別出＝第四十六会「文殊説般若会」。唐玄奘訳『大般若経』第七会、「曼殊師利分」(大正、七、fasc.574—5) および梁の僧伽婆羅訳の『文殊師利所説般若波羅蜜経』一巻 (大正、八、No. 233) と同本である。

(6)大集経の別出＝第四十七会「宝髻菩薩会」。『大方等大集経』第十一会「宝髻菩薩品」と同本。仏が宝髻菩薩のために、菩薩の種々の行を説き、宝髻菩薩は髻中の珠を仏に献じて発願し、授記を得ることを記す。
第三十一会

(7)浄土思想を述べるもの。
第五会「無量寿如来会」がそれであるが、これについては、次のところで述べることとする。

浄土教経典

「無量寿如来会」の異訳は『無量寿経』、『阿弥陀経』となり、中国および日本の浄土教徒の所依の経典となった。

この二つの経典に相当する梵本が、それぞれ大小の『極楽荘厳経』(Sukhāvatīvyūha) である。このテキストはマクス・ミュラーによって、わが国の南条文雄と共著の形で刊行された (F. Max Müller & B. Nanjio : Sukhāvatīvyūha, Description of Sukhāvatī, the Land of Bliss, Anecdota Oxoniensia, Aryan Series, vol. I, Part II, Oxford 1883)。この刊本の底本には、日本から送った安永二年 (一七七三) 刊の『梵文阿弥陀経』が用いられていることも興味ぶかい。

この刊本による、英訳、和訳は枚挙に堪えないほどあらわれたが、梵文・チベット文のテキストその和訳・英訳を集大成したものとして、『浄土宗全書』別巻「梵蔵和英合璧浄土三部経」（昭和六年、浄土宗典刊行会）があり、北京版チベット文本文写真版とその和訳、漢訳を対照したものが『蔵漢和三体合璧仏説無量寿経・仏説阿弥陀経』（寺本婉雅訳註、昭和三年、丙午出版社）が刊行されている。

　これらの翻訳の掉尾を飾るものが中村元、早島鏡正紀野一義訳註『浄土三部経』（岩波文庫、上、昭和三八年、下、昭和三九年）であった。チベット文も対照され、殊に巻末の文献解題は有益である。この翻訳に対する書評として、岩本裕「Sukhāvatīvyūha に於ける若干の問題――中村元、早島鏡正紀野一義訳註『浄土三部経』を読んで――」（京都大学西南アジア研究 No. 13、五九―七〇頁、一九六四年）がある。

　なお榊亮三郎将来の写本による Sukhāvatīvyūha の梵本は近時、京都大学の足利惇氏教授により、マクス・ミュラー・南条刊本、京都大学所蔵写本、河口刊蔵記などと対比され、ローマナイズされて出版せられた。

A. Ashikaga : Sukhāvatīvyūha, Kyoto, Librairie Hozokan 1965

同教授の「石山寺所蔵阿弥陀経梵本について」（『印仏研』六、十―十七頁）掲載の梵本も対照さるべきである。

　この二つの Sukhāvatīvyūha を、ふつう『大経』『小経』といいならわしているが、その漢訳はそれぞれ次のごとくである。

(1)大経

『仏説阿弥陀三耶三仏薩楼仏檀過度人道経』（呉の支謙訳二巻）（大正、十二、No. 362)

『仏説無量清浄平等覚経』（後漢の支婁迦讖訳四巻）（大正、十二、No. 361）

『仏説無量寿経』（曹魏の康僧鎧訳二巻）（大正、十二、No. 360）

『大宝積経』「無量寿如来会」（唐の菩提流支訳二巻）（大正、十一、No. 310〔5〕）

『仏説大乗無量寿荘厳経』（宋の法賢訳三巻）（大正、十二、No. 363）

『仏説大阿弥陀経』（宋の王日休校輯二巻）（大正、十二、No. 364）

(2)小経

『仏説阿弥陀経』（姚秦の鳩摩羅什訳一巻）（大正、十二、No. 366）

『称讃浄土仏摂受経』（唐の玄奘訳一巻）（大正、十二、No. 367）

(3)観経

『仏説観無量寿仏経』（劉宋の畺良《きょうりょう》耶舎《やしゃ》訳一巻）（大正、十二、No. 365）

日本の浄土教、殊に法然上人による浄土宗では、ことにこの経典を重んじるが、原典もチベット訳も見つかっていないため、インド成立の経典かどうかについては疑問が持たれている。大谷探検隊*がもって帰った断片中にウイグル文の観経の断片一葉があるが、梵文から直接ウイグル文に訳されたものか、漢訳からウイグル文に重訳されたものかについては学界の説が一致していない（春日井真也「観無量寿仏経に於ける諸問題」『仏教文化研究』第三号）。漢訳者であるカーラヤシャス（畺良耶舎）は西域の人であり、経典自体も西域でできた可能性もある。

浄土教経典の成立には、いくつかの予備段階があったことが学者によって指摘されている。それを要約した次の五点（渡辺照宏『お経のはなし』）は重要である。

(1)釈尊が生れた地方には古くから過去仏の信仰があり、彼は比較的近い系列のうちの第七番目と信じられていた。

(2)釈尊の弟子のうちで若くして世を去ったマイトレーヤ（弥勒《みろく》）が次に出現する未来仏として期待された。

(3)他方の諸世界にもそれぞれ仏陀が出現するという信仰が発生した。それらの世界の構成は民間信仰の神話的世界観に準じて構成された。

(4)多くの仏国土のうちで、はじめは東方のアクショービヤ（阿閦《あしゅく》）仏のアビラティ（妙喜）国が優勢であったが、やがて西方のアミターバがそれに代った。

(5)アミターバ（無量光）仏はやがてアミターユス（無量寿）仏となり、その不死性が強調されるようになった。

阿弥陀仏の背景にどのような思想があったか、この仏の本名が一体アミターユス（無量寿）であったのか、それともアミターバ（無量光）であったのか、

大谷探検隊　明治三五年（一九〇二）から大正三年（一九一四）にかけて三回派遣された西本願寺大谷光瑞門主の企画による中央アジア探検隊白堀賢雄、橘瑞超、野村栄三郎、吉川小一郎などのひとびとがこれに参加し、燉煌はじめ仏教東漸のあとを明らかにし、多くの仏典をもち帰った。「西域探検紀行全集』9（昭和四一年、白水社）にこれらのひとびとの紀行が収められており、『西域文化研究』五巻（法蔵館、昭和三七年）に資料と研究が収められている。

について逆の見通しを立てている学者もある（以下岩本裕『極楽と地獄』三一書房、昭和四〇年）。

この学説の提唱者である岩本教授は、まず『阿弥陀経』梵本をみると、阿弥陀仏が何故に無量寿といわれ、無量光といわれるかという理由を説明する箇所のほかは、すべて無量寿の名だけが記され、無量光の名は記されていないという事実に注目する。さらに、『無量寿経』の梵本を見ても、無量光の説明は長々と記されているのに対し、無量寿の説明は全く見られない点にも注意を払われる。要するに、この二つの経典によるかぎり、無量寿と無量光との関係はたどれない。

この難点を解決するために、岩本教授は他の経典に注目する。それは『法華経』であり、この経典は①「化城喩品」②「薬王菩薩本事品」③「普門品」の三箇所に阿弥陀仏が登場して来、①ではアミターユスの名は出るが極楽の名は出現せず、②はアミターユスの極楽が③はアミターバの極楽が説かれている。いま、『法華経』の成立史をみると、①は第二期の成立で西暦一世紀ごろに属し、②と③は二世紀の中ごろで第四期の成立と見られ、③の部分はことに後世の附加と見られる。これらの資料から、岩本教授は、次のように結論される。

まず、アミターユス（無量寿）仏の名はあったが、その国土の名はまだ決定していなかった。このころ阿閦仏とその国土妙喜世界の名は成立していた。それから一世紀ほど経て、無量寿仏の国土の名（スカーヴァティー＝極楽）が決定した。ところが、それから暫くして、スカーヴァティー世界に君臨する仏の名はアミターバ（無量光）と変えられたという経過をたどったのであった。

このように結論される岩本教授は、その仏名と仏

	西暦一世紀ごろ	西暦二世紀中ごろ	西暦二世紀中ごろ似後
仏名	アミターユス	アミターユス	アミターバ
国土名		スカーヴァティー	スカーヴァティー

国土名の成立年代の関係を次のように図示しておられる。

このように、阿弥陀仏信仰の背景として無量寿の信仰の上に無量光信仰の加わったことをみる岩本教授は、それが西北インドに流行したミスラ信仰のもつ光明思想が影響したものと見られる。このゆえに、阿弥陀仏がこのような異教的な環境の中に登場し、異教的な要素を帯びていることが多く、したがって阿弥陀仏信仰には異教的な要素が種々な面で表面に出てくるのである、とされる。

三部経*のそれぞれは特色があり、相互の関係も認められるが、よく内容の知られている経典であるから、その紹介は割愛し、三者の関連だけを図示することとしよう。

(1)大経　世自在王如来のとき、法蔵（ダルマーカラ）という比丘が、仏陀になろうとして多くの仏国土（十四名前が挙げてある）をめぐり歩き、その長所をとって自分の理想の浄土を建てようとする誓願を立てた。その願は、日本や中国でよく知られるようになったもの（魏訳と唐訳）では四十八あるが、古い漢訳、呉訳では半分の二十四、新しい宋訳では再び三十六と減っている。この願に応じて、その理想の浄土（極楽国）の有様を述べるのが、この大経の主要部分で、ついでその法蔵がアミターバ仏陀となったのちの寿命、どうして、ひとびとがその浄土に往生するかという問題が述べられる。

(2)小経　「極楽浄土の宮殿は、瑠璃の瓦を青く葺き、真珠の垂木を造りなめ、瑪瑙の扉《とぼそ》を押し開き」と『梁塵秘抄』にあるような、極楽世界の細かい描写が小経に展開される。七宝池、八功徳水、金沙、車輪のように大きい青黄赤白の蓮華というようなよく知られた描写もみなここに出てくる。アミターバの名号を聞いて一日乃至七日のあいだ一心不乱に唱えると臨終のとき、アミターバたちに迎られ、その極楽国に往生することができる、という来迎思想もここに述べられている。種々な点から、『小経』は、ある程度の発展段階に達した『大経』を要約したものと考えられる（渡辺照宏）。

(3)観経　前に述べたように、『観経』の成立地はインドではないかも知れない。しかし中国、日本など東アジアの浄土教にとって最も日常よく読まれる経典となったことは確かである。

この経典は、明らかに『大経』を予想している。その証拠として文中に「法蔵菩薩の四十八願」というようなことばも見え、魏訳を知っていたことが知られるのである。

この経典は導入部分に、マガダ国の王ビンビサーラ（頻婆沙羅《びんばしゃら》）とその王子アジャータシャトル（阿《あ》闍世《じゃせ》）との間におこった父子相剋の「王舎城の悲劇」を描き、この点でも好個の説教の素材を提供した。

三部経　一つの宗派、一その目的に沿う経典三部を一つにして三部経として尊崇することは広くわが国で行なわれた。有名なものだけ見ても、①浄土三部経。②法華三部経〈無量義経・法華経・観普賢経〉。③三部秘経〈大日経・金剛頂経・蘇悉地経〉。④弥勒三部経〈上生経・下生経・成仏経〉。⑤護国三部経〈法華経・仁王経・金光明経〉。

後半が主要部で、この相剋に苦しむ王妃ヴァイデーヒー（韋提希《いだいけ》）が釈尊に救いの道を問い、釈尊がこれに応えて、西方極楽国の存在と、そこに生れるための「三福」「十六観想」を教え、王妃も五人の侍女も、そろってこの仏国土に往生することを願ったというところで全篇を閉じている。『観無量寿経』という経の題号も、この無量寿仏を観想するというところからその名を得ている。

以上でわかるように、この三部の浄土経典は、大体、この順序（大経→小経→観経）という順序で成立し、相互に補って、中国、日本で大きな宗教的発展を遂げた。法然が、その精神上の師曇鸞・道綽・善導とともに『観無量寿経』の説をよりどころとし、親鸞が『大経』の第十八願を強くみたことはよく知られているが、このような、膨大な教説の一部を捉えて、宗教の全体に拡大解釈する傾向は、日本の鎌倉時代のいわゆる新仏教に共通した傾向であると共に、これら三部経自体のもつ相互に矛盾する教説の当然受けるべき解釈でもあったのであろう。

第五章　華厳経

蓮華の荘厳な世界

法華経が一般の信仰にひろく浸透したのに対して、華厳経の知名度は今日では問題にならない。その高い哲学と深い宗教性は内外の学者の旺盛な学的好奇心を呼んでいるが、宗派として、中国においても日本においても成立した「華厳宗《けごんしゅう》」はとうとう民間に根を下した宗教とはならないで終ってしまった。

そのことの理由はいろいろに考えられるが、一つには『華厳経』のもつ膨大な分量が『法華経』のように簡単な読誦とはちがって、信者の負担しうるところでなかったこと。第二には、その内容が、高度に熟達した思弁と、長い洗練された用語に達した人でなくては近づきえなかったこと。第三には、その綜合的・包括的な世界観が、一面従前のもろもろの哲学を吸収合併して行くことを可能にした反面、その綜合性のゆえに、のちの真言の哲学のうちに合併され、後者のすぐれた実践性の中に埋没して、ついに実際の勢力になりえなかったこと、などがあげられよう。このことは、『八宗綱要』を書いた凝然《ぎょうねん》*（一二三〇—一三二一）のようなすぐれた全宗派的学者を出しながら、民間の宗教にのびた高僧を出しえなかった歴史的事実の中にもハッキリとあらわれているのである。

この経典の内容は、一般に、仏陀が迷いを離れて成道した、そのさとりの内容をそのままに表明したものといわれている。華厳という名は、この仏陀の住む世界――蓮華蔵世界――の荘厳さということにほかならない。

いま、六十巻本の翻訳で、この世界の説明を見てみよう（石井教道『華厳教学成立史』同博士遺稿刊行会、昭和三九年、一九六―七頁）。

蓮華蔵世界は、全世界の人たちが悟りの境地にはいれるようにと願われた盧遮那仏（Vairocana）の大きな願望が成し遂げられた結果、荘厳された浄土で、その基盤は、十重の風輪であり、その最上の風輪が一切の香水海を支えている。その香水海の中に大蓮華があり、蓮華蔵荘厳世界海を支えている。またこの蓮華蔵荘厳世界海は金剛山に囲まれ、この中の大地は堅固でその大地にまた無数の香水海がある。そしてその無数の香水海の周囲には無数の香水河がある。また、その中の一つの香水海に蓮華があり、その上に世界があり、この世界の上に無限の世界を過ぎて仏国があり、またその仏国の上に無限の世界を過ぎてまた仏国があり、同じようにして十一の仏国がある。そしてこの仏国の上に香水海があり、その

凝然《ぎょうねん》（一二四〇―一三二一）華厳宗の学僧。ぎょねんともいう。伊予の生れで、十五歳で出家し・律・密・禅・法相・浄土および孔老百家の学をおさめた。唐招提寺、東大寺にあって講説し、『八宗綱要』はじめ一千百巻余の著作をのこした。

中に世界があり、その上にまた香水海があり、同じようにして六つの香水海があり、六つ目の世界の上にまた世界があり、その上に無数の香水海と世界がある。以上は一つの世界のみについてのことであるが、同じことが無数の世界についてもいわれる。そしてこれらの無数の世界は、盧遮那仏が常に説法しておられるところなのである。

次に、無限の時間を過ぎてまた世界海があり、中に世界があり、その中にまた無限の世界があり、この中に香水海があり、いろいろに荘厳されている（大正、九、四一二a―一八a）。

このような表現は、「無限の時間の中で、空間が無限に関係し合い、無限にひろがってゆくありさまをインド人的感覚で文学的に表記したものといえよう。（狭川宗玄「東大寺大仏蓮華弁毛彫蓮華蔵世界」『古美術』二一、昭和四三年三月刊、六三頁）

一般に、「想像力の横溢ということはインド的思惟の顕著な特徴であるが、それは自然界の時間的空間的規定を無視するという状態にまで至っている。大乗経典やプラーナ聖典において特に著しい」ことが指摘されている（中村元『東洋人の思惟方法』第一部、みすず書房版、昭和二三年、二三一頁）が、『維摩経』、『法華経』などと共に、『華厳経』はまさに、この種経典中の最なるものというべきであろう。

東大寺の大仏

東大寺の大仏である盧遮那仏が、このような大世界を表現したものであることは明らかなのであるが、より精確にいうと、それが『華厳経』の「蓮華蔵世界」を表現したものであるのか、『梵網経』の「蓮華台蔵世界」をあらわしたものであるのかは、学者の間で説が分かれている。『梵網経』の「蓮華台蔵世界」の説は、『華厳経』の「蓮華蔵世界」の説に影響されて作られた後世の説で、また、『仁王般若経』からヒントを得たものといわれている（望月信亨『仏教経典成立史論』四七〇頁）。狭川宗玄氏は（前掲論文、六三頁）、これらの論説をまとめて、東大寺大仏は

(1)『梵網経』の所説によるもの。
(2)『華厳経』の所説によるもの。
(3)『梵網経』『華厳経』両経の所説によるもの。

の三つとし、

(1)は小野玄妙氏（『仏教之美術及歴史』）、
(2)は橋川正氏（『綜合日本仏教史』）、
(3)は家永三郎、境野黄洋、大屋徳城の各氏であるとしておられる。

この三説のどれに、今すぐ軍配を挙げていいかは決断しにくいところであり、この二つの経典の背後に、これら経典の教学の基礎学であった『倶舎論』の三界説*があったことを知り、この大世界像が、当時のインド的・仏教的世界観の総和であったことを知ることの方が、より本質的な理解に連なるものであろう（狭川、前掲論文、六六頁）。

このような、いくつも存在する大世界の総和とし

三界説　凡夫の生死し往来する世界を三つに分ける説で、欲界・色界・無色界の三つをいう。欲界は、婬・食の二欲に住するこの現象世界。carnal world と訳される。色界は、その二欲を離れ、殊妙精巧の物質のみなので色界という。ethereal world と訳される。無色界は、まったく物質のない、心のみの禅定世界で、spiritual world と訳される。この三つは、禅定による心の浄化の過程をあらわすものと考えられる。

ての蓮華蔵世界の構想は、現在の天文学説との間に共通した考え方があるという指摘（鎌田茂雄「華厳の世界」『在家仏教』昭和四二年八月号、七―八頁）にも注意すべきものがある。

〝蓮華蔵世界とは何か。これは一つの世界があって、その世界のまんなかには毘盧遮那仏が安坐している。その回りには普賢菩薩だとか、文殊菩薩だとか、あらゆる菩薩が囲んでいる。ところがもう一つの世界があって、そのまん中にも仏さまを中心として菩薩が囲んでいる。そういう世界が無数に結合して蓮華蔵世界が成り立っているのである。たとえば、太陽系の宇宙は、太陽を中心に地球とか水星とか、いろいろなものがあるわけで、それで一つの世界をつくっている。ところが銀河系の宇宙のなかには、太陽系だけでなくていろいろな宇宙があって、それぞれ世界をつくっている。ところが銀河系以外にも大宇宙があるという天文学の説があります。とにかく、そういうように仏さまを中心に、あちらでもこちらでも囲んでいる。それがまた大きく一つの世界をつくっている〟

華厳経の構成

『華厳経』の構成を、六十巻に訳された『六十華厳』で簡単に見てみよう。

『華厳経』は前に述べたように、仏陀のさとりの広大な世界を述べた経典であるが、『六十華厳』によると、それが「七処・八会・三十四品」に亘って展開されている。

七処というのは七つの説法の場所をいい、八会は八度びもたれた説法の会合（会座《えざ》）をいい、三十四品は三十四章という分節を指している。

八会とは次の八つの会座をいう。

(1)寂滅道場会
(2)普光法堂会。この二つは地上である。
(3)忉利天会
(4)夜摩天宮会
(5)兜率天宮会
(6)他化自在天宮会

以上はすべて天上に説法の場所がうつされており、しかも、仏教の世界観において、次第に低い天界から高い天界に及ぶという構成をもっている。そしてふたたび、最後の二つの会座は地上にうつされる。

(7)普光法堂会
(8)逝多林会。第七の普光法堂会は第二会にもどったわけであるから、説法の会座としては八回（八会）、説法の場所は七ヵ所（七処）ということになるわけである。最後の逝多林《せんたりん》は祇園精舎（Jetavanānātha-piṇḍada-ārāma）のことである。

(1)第一会は、仏陀が摩掲陀《まがだ》国にあって、そのさとりを完成したところからはじまる。このときの仏陀は、『華厳経』の教主である毘盧遮那《びるしゃな》仏（Vairocana）と一体であることが説明されている。歴史上の仏陀が、歴史を超えた仏陀のあらわれであることが強調されているわけで、これが本経の重要な思想の一つであると共に、『法華経』はじめ大乗仏典のすべてに共通する仏陀観と同じ線に立つものであった。

このあと、多くの菩薩・金剛力士・道場神・竜神・地神・樹神・薬草神・穀神・河神・海神・火神・風神等々の神々、王、天子、天王等、五十五衆《しゅう》といわれる多くのひとびとが、その座に連なって、道場・説法衆・聴衆の三者が三共に円満であることが示される。これが第一の「世間浄眼品」の布置で、第二の「盧遮那品」では、普賢菩薩が教主となり、「一切如来浄蔵三昧」という冥想に入って、その冥想から出て盧遮那仏の十蓮華蔵世界の荘厳を詳説する。

(2)第二会は普光法堂において開かれる。第一会において所信の境地が明かされたのに対して、ここでは能信の行が説明される。「名号品」「四諦品」「光明覚品」「菩薩明難品」「浄行品」「賢首菩薩品」の六品がこれに属する。文殊菩薩が、仏の名号、四つの真理（四諦）、仏の不可思議な働きが二十五重の放光となることを説く。

以上が最初の三品で、つぎの三品にうつり、まず「明難品」において、「縁起甚深」から「仏境界甚深」に至る十種の甚深の義が説かれ、「浄行品」においては、百四十の願によって自分・勝利の二行が完成されることが説かれ、「賢首品《げじゅぼん》」において、賢首菩薩が文殊菩薩の問に応じて、甚深の行と広大の徳とを偈文で明して、第二会を終る。

(3)第三会から、説法の場所が天上にうつる。

ここには、「昇須弥頂品」「菩薩雲集説偈品」「十住品」「梵行品」「初発心菩薩功徳品」「明法品」の六品が属している。はじめの二品は序品で、須弥山の頂上に昇ったことを示し、多くの菩薩が雲のごとく集まり、因徳の円満したことを明かす。

次の四品が正説で、はじめの三品は行の徳を説く。「十住品」では菩薩の十の心の在り方が説かれ、「梵行品」では十種の清浄行が、「初発心菩薩功徳品」では、菩薩の初発心の功徳の広大なことが、最後の「明法品」では、行の実体とその徳とが説かれ、功徳が未来に及ぶことを明かして第二会を終る。

(4)第四会は、夜摩天宮における説法で、前の会が行を解の面から観察したのに対し、行自体の観察に入る。序説として「昇夜摩天宮品」「菩薩雲集讃仏品」が説かれ、「十行品」「菩薩十無尽蔵品」の二品で、十種の行法と、十蔵無尽の行相が説明される。

(5)兜率天における十廻向の説法で、真実に向う大願を明かす。「仏昇兜率天宮品」「菩薩説偈品」、「十回向品」の三品がこれに属す。

(6)第六会は他化自在天宮における説法で「十地品」といわれる。前の三会が住・行・向の三つの境地(三賢《げん》位《い》)を明かし、行の完成(加行方便成満《けぎょうほうべんじょうまん》)しているので、ここでは証《さとり》の境地にはいること(入証成果《にゅうしょうじょうが》)が説きあかされる。ここではじめて、三乗(声聞乗・縁覚乗・菩薩乗)と一乗(一仏乗)の教えの間に浅深の差のあることが示される。

この第六会には、「十地品」「十明品」「十忍品」「阿僧祇品」「寿命品」「菩薩住処品」「仏不思議法品」「如来相海品」「仏小相品」「普賢菩薩行品」「宝王如来性起品」の十一品が属している。

このうち、はじめの九品は、修行の進行過程による変化(縁修差別の因果)をあらわし、あとの二品のその結果がもたらされる本来の平等(性徳平等《しょうとくびょうどう》)をあらわすといわれる。

最初の「十地品」は、このうちでももっとも重要な一章で、偈文と散文とから成る完全なサンスクリット原典がのこっている。ここでは、菩薩の修行の発展が、その五十二の段階の最後の十の段階(十地)について説かれている。十地とは次の十をいう。

①歓喜地《かんぎじ》(pramudita-bhūmi)　中道のさとりの眼が開か

れ大きな慶《よろこ》びにつつまれている境地。
②離垢地《りくじ》（vimala-bh—）人間の世界にあって、仏教道徳の完成されている境地。
③明地《みょうじ》（prabhākarin-bh—）他の訳では発光地ともいい、明らかで浄らかな智慧の光の発する境地。
④炎地（arciṣmati-bh—）智慧の光いよいよ増して焔のごとく輝く境地。
⑤難勝地（sudurjaya-bh—）無知（無明《むみょう》）はすべてなくなり、もはやいかなるものによっても苦悩をうけることがない。
⑥現前地（abhimukhin-bh—）世のすべては虚妄で、ただ心の働きによりそれが現れることを知ると、真実の寂かな本然の姿（寂滅不二の相）があらわれてくる。
⑦遠行地《おんぎょうち》（dūraṁgama-bh—）中道をまもって、涅槃にも生死にも出入自在となる。
⑧不動地（acala-bh—）無相の慧に安住してしかもその働きは自由。
⑨善慧地（sādhumati-bh—）善く巧《すぐ》れた智慧によって仏陀の不生不滅の法性を忍知する。
⑩法雲地（dharmamegha-bh—）この境地に来れば、もはや仏の境地と同じで、無数の如来加法の雨を降らしても自由に受けとめることができ、その慈悲・智慧は法界を覆う大雲のごときものとなる。

以上の十地全体を通じ、菩薩は、みずからさとりに向う修行に励むことが示されると共に、他のものを導いてさとりに向かわせるというもう一つの面、すなわち、自利と利他の二面が共に示されていることをみることができる。

(7)ふたたび普光法堂に説法の場がうつり、いままでの修行を要約して「六位の行法」とし、広く二千の行法を完成することを明かす。「離世間品」一品がこれに属す。

(8)シュラヴァスティー（舎衛国）のジェータヴァナ林（祇園重閣《ぎおんじゅうかく》）において説法の座は開かれる。前の会で二千の行法が完成されたので、ここでは、仏の世界（法界）へ自分の証入して行くことが明かされる。

前会と同じく一品ででき上っている。「入法界品《にゅうほっかいぼん》」がこれである。しかし、内容はすこぶる膨大で、『華厳』一経の約四分の一の分量を占めている。唐の貞元十一年（七九五）に般若三蔵（Prajñā）の翻訳した四十巻の『華厳経』（四十華厳または貞元経という）は、この一章だけの別訳単行本である。

この一章は、梵文の原典が現存し『華の荘厳』（Gaṇḍa-vyūha）といわれている。大きく本と末の二会に分れる。本会は盧遮那仏を教主とする会座の有様で、そこに連なる舎利弗・目連等の十大弟子はじめ五百人の声聞たちが、法身盧遮那仏の荘厳をみることも聞くこともできないありさまが述べられる。

これに対して末会は、このような不思議の法界に次第を追って入って行く（漸入《ぜんにゅう》）過程を示すもので、「摂比丘会」「摂竜王会」「摂善財会」の三つの部分に分れる。主な部分を占めるのは最後で、文殊菩薩のすすめをうけた善財という童子が五十三人の善知識をたずねて行き、ついに文殊に再会し、最後に普賢菩薩にあって法界の法門に入ることが明かされる。『華厳経』のうち、もっともよく知られた「善財童子の求道譚」で、東大寺にも、この善財童子が合掌して求道の旅に出る姿のかわいい彫像がのこされている。

また、東海道の五十三次の宿駅も、この『華厳経』の五十三善知識を求めての旅になぞらえてのものといわれている。いろいろな宿を経て都へ上る旅は、いろいろな階級、老若男女の善知識を順にたずねて行く善財の求道の旅と似通うもののあることは確かといえよう。

いずれにせよ、『華厳経』最終のそして最大の圧巻が、この「入法界品」一章ということができる。

華厳経のテキスト

「七処八会」といわれる『華厳経』のうち、第六の「十地品」と第八の「入法界品」の二章だけが梵文原典が現存している。すなわち、

(1)十地品

Daśabhūmīśvara（『十地自在』）または Daśabhūmika-sūtra（『十地経』）

つぎのような出版と和訳がある。

> **長行《じょうごう》**　偈頌《げじゅ》に対して、散文で書かれた経論の文をいう。このことばの原語は不明である。散文を意味する梵語としては、gaṅgha, hāraka などがあるが、これが原語とは考えられない。
>
> **頌《じゅ》**　śloka（首盧迦と音写する）の訳。インドでは詩の一節に当る三十二音節を一つの単位としてシュローカというが、散文もこの単位で量って分量を示す。『般若経』『金剛頂経』『法華経』などの原本も、このシュローカによって量を呼ぶ。

①ラーデル長行《じょうごう》*刊本

Daśabhūmika-sūtra et Bodhisattvabhūmi Chaptre Vihāra et Bhūmi, publies avec une Introduction et des Notes (Prose Portion) par J. Rader, Louvain 1926

②ラーデル・須佐頌《じゅ》*文刊本

長行を刊行したラーデル教授が日本の須佐晋竜氏

と共に、韻文の部分のみを出版したもの。

The Gāthās of the Daśabhūmika-sūtra, ed. by J. Rahder and S. susa, The Eastern Buddhist Vol. V, No. 4 — vol. VI, No. Kyoto 1931 — 2.

③近藤完本

大正大学梵文学主任教授であった近藤隆晃教授が、偈文と長行とを併せて刊行したもの。竜山章真氏の批評的紹介がある。「新梵文十地経について」(『仏教研究』一—二、昭和十二年、一二〇—四頁)。

Daśabhūmiśvaro nāma Mahāyāna sūtram, revised and edited by R. Kondo, Tokyo 1936

デーヴァナーガリー文字で美しく印刷されており、この活字はこのためにわざわざボンベイから購入せられたものであった。最近(昭和三七年)再版せられ(中山書房)入手できるようになった。

④和訳および研究

ラーデル本に基づく全訳が竜山章真氏によって刊行されている。

竜山章真『梵文和訳十地経』、(破塵閣、昭和十三年)。

漢・和・梵・蔵の索引がついている。

近藤本による全訳として、

川瀬光順『大乗道の実現』、(富山房、昭和十三年)。

訳者は、まず①及び②によって訳稿を準備し、③の出現を鶴首して待ち、訂正増補して完成した。字傍に附した原典の頁数も近藤本のそれをあてている。巻末の梵→漢、漢→梵の語彙集は殊に初学者には役に立つものである。

ラーデル教授の梵・蔵・蒙・漢の索引も、十地経の比較研究には不可欠のものである。

J. Rahder : Glossary of the Sanskrit, Tibetan, Mongoliand and Chinese Versions of the Daśabhūmikasūtra, Paris 1928

(2)入法界品

①鈴木・泉刊本

The Gaṇḍavyūha Sūtra, ed. by D. T. Suzuki and H. Idzumi, 4 vols, Kyoto 1934 — 37 Rep. 1949

②普賢行願讃

「入法界品」の最後は、普賢菩薩の十大願を述べる文句で終るのであるが、この部分のみの梵文が渡辺海旭によって刊行されている。

Bhadracarī-praṇidhānarāja, ed. by. K. Watanabe; Die Bhadracarī, eine Probe buddhistisch-religiöser Lyrik, untersucht und herausgegeben, Leibzig 1912.

右の和訳が研究と共に、泉芳璟によって

『仏教研究』九—十一（昭和三年）

『大谷学報』十—十一（昭和四年）

『マユーラ』No. 2（昭和八年）等にある。

Vaidya 刊本（BST.S）1960

足利惇氏「普賢行願讃の梵本」（『京都大学文学部五十周年記念論文集』、昭和三一年十一月、一—十六頁）参照。

(3) 漢訳

『華厳経』の完全な翻訳は左の二本である。

①『六十華厳』、東晋のブッダバドラ（Buddhabhadra 仏駄跋陀羅＝覚賢 三五九—四二九）訳（大正、九、No. 278）。

②『八十華厳』、唐のシクシャーナンダ（Śikṣānanda 実叉難《じっしゃなん》陀《だ》＝学喜 六五二—七一〇）訳（大正、十、No. 279）。

このほか、先に述べたとおり、「入法界品」の別訳として、

『四十華厳』、唐のプラジニャー（Prajñā 般若 ?—七八一—?）訳（大正、十、No. 293）。

このほか、これらの完本以外に、一部分のみの伝訳されたことは枚挙にいとまないほどで、この経典

の盛行を知るに充分なものがある。『華厳伝』に記されたものが三十五部もあるが、そのうち現存するものだけで二十一種、それ以外の支分経を併せると実に三十種の『華厳経』が現存しているのである(衛藤即応国訳解題『国訳大蔵経』経部第五巻、三―四頁。および、『大正新脩大蔵経』Nos. 277―309 うち No. 278, 279, 293 を除く)。

漢訳された註釈のうち、注意すべきものとして、

①世親造、菩提流支訳『十地経論』十二巻(大正、二十六、No. 1522)。

②竜樹造、羅什訳『十住毘婆沙論』十七巻(大正、二十六、No. 1521)。

の二著は注意さるべきものである。前者は『十地経全体』に対する、後者は、その初地・二地に対する注釈である。

(4)チベット訳

「華厳部」(phal-chen)として、デルゲ版、北京版にそれぞれ同種の完本が収められている(東北 No. 44. 大谷 No. 761)。分量からいえば『八十華厳』にもっとも近いが(一一九巻)、品数も異り(四十五品。『六十華厳』は三十四、『八十華厳』は三十九)、内容も全部一致するわけではない。

『華厳経』は、題名自体さえ何と云ったか論議があり(荻原雲来「華厳経題目の研究」『荻原雲来文集』四八二―九三頁。渡辺海旭「華厳経の梵名に就きて」『壺月全集』上、三三〇―五頁等)、ネパールの「九大法宝」でも、「十地品」と「入法界品」はそれぞれ二つの経として崇拝されていることからもわかるとおり、もともと、今日みるような一つの経典として著わされたものではない。

その成立年代の最も古いものは「十地品」で、一世紀か二世紀のころと見られ、漸次増大し、『華厳

経』として成立したのは四世紀のころ、場所は中央アジアであったろうと推察されている。その中核部分になったのが、先にみた「入法界品」や、『シクシャー・サムッチャヤ』(Śikṣāsamuccaya 大乗集菩薩学論)の中に引用される「ラトナウルカー・ダーラニー」(Ratnolkā-dhāraṇī 宝炬陀羅尼＝「賢首品」と一致)や、「ヴァジラドヴァジャ・パリナーマ」(Vajradhvaja-pariṇāma 金剛幢廻向＝「金剛幢廻向品」と一致)などであったと考えられている。

本経の中国・日本における伝流、研究については、今は省略する。川田熊太郎教授監修の『華厳思想』(昭和三五年、法蔵館)において、その思想史的意義(中村元)、華厳経に見られるインドの初期大乗教徒の宗教生活(平川彰)、華厳哲学の根本的立場、典籍及び研究文献(鎌田茂雄)が述べられているから参照されたい。

第六章　金光明経

金光明経の位置

「護国の三部経」の一つとして、『法華経』・『仁王般若経』と共に、わが国では長い間親しまれて来た『金光明経』も、経典の整理の上での位置はなかなかむずかしい。

今日の『大正新脩大蔵経』では「法華部」「華厳部」「宝積部」「涅槃部」「大集部」等等のどれにも入れられない他の経典と一緒に、「経集部」という所に入れられている（Nos. 663―5）が、チベット大蔵経では、北京版（Nos. 174―6）、デルゲ版（Nos. 555―7、ほかに「雑部」sna-tshogs No. 4379 に抄訳）とも「秘密部」（北京版は「秘密部」（rgyud）デルゲ版は「十万タントラ部」（rgyud-hdum）に配当されている。漢訳の配当でも、古来ずっと「方等部」に配属されていたのであるから、『金光明経』の位置は決定にむずかしいものがあったといわなくてはならない。

金光明経の密教性

『金光明経』に密教的な特色が顕著であることはすでに、渡辺海旭が次の五つの理由を挙げて強調した。

①この経典が、教主釈迦牟尼仏をめぐる仏として、

密教の胎蔵界の四方四仏を証誠の主尊として挙げている こと。
②密教のいかなる修法においても重要な、四天王の呪を説いて、もっとも詳密をきわめていること。
③弁才天の呪法供養が、ほとんど本経に限り説かれていること。
④堅牢地神や散脂大将の呪法、さらには大吉祥天の供養法は、この経のみが本拠となっていること。
⑤インドの修法家が神秘とする三十二味の香薬法も、この経に明示するほか、他に求めることができない。

この五つの大きな理由から、渡辺海旭は、本経が従来何の疑問もなく「方等部」に配属されていることに大きく疑問をなげかけ、この経典を「純然たる秘密経と見做して毫も遜色なきのみならず、寧ろ遙に小部の密経に勝るものがある」としておられる（「純密経としての金光明経」『壺月全集』上、七二八頁）。

しかし、『金光明経』が密教経典であるか否かは、その密教的部分が経典全体で不可欠中核の部分になっているかどうか、そしてその密教的部分はただ「密教的」であるだけでなく、従来の大乗から百尺竿頭一歩をすすめた「密教」の教理に基づくものであるか否かにかかっている。

この点、この、一から五に指摘される、多くの密呪や供養法、仏身論は、他の大乗経典や雑密諸経典中のそれと比較して分量の多いことは認められるけれども、純密経典のそれのように、これらの宗教的実践が全篇の中心となり、全体の構成に不可欠な位置にあるとは認めにくい。いうなれば、密呪や供養法の増加は、相対的な量の問題であって、絶対的な質の問題にまで高められているとはいいえないのである。たとえば、比較的後期の「純密」経典である

『般若理趣経』には、各段の種子（bīja）は説かれているが、一言のダラニも登場していないのも、その一例ということができよう。

護国の経典

『金光明経』の盛名は、まず護国の経典としての長い歴史に由るところが多かった。『法華経』、『仁王般若経』と共に、この経典が、いつごろからわが国において護国の三部経と数えられるようになったかは明らかでないが、その信仰が奈良朝以前の古くからあったことは明らかである。

本朝最初の寺として由緒を誇る四天王寺はこの経典に基づいて創建された。四天王寺という寺号自体が、この経典の「四天王護国品」という章の名前に基づいている。

全国の国分寺は、必ずこの経典一部を備えて金光明四天王護国寺といった。薬師寺にはじまる最勝会、一条天皇（在位　九八六―一〇一一）の清涼殿にはじまる最勝講などは、いずれも古代の日本において、この経典が国家的規摸において迎えられ信仰されたことを物語っている。

この「鎮護国家」的性格が、少なくもわが国におけるこの経典の表看板だったということはできそうである。

しかし、この経典が古代王朝の権威を確立するうえに、はたして十分応えうるほど忠実な王権の代弁者であったかどうかは、はなはだ疑問である。この経典の国王論は「王法正論品」に展開されるのであるが、梵文原典とチベット訳においては、この一章は単なる梵天（ブラフマ）の所説であるものが、漢訳においてはその前に序説を挿入して「仏の所説」に改めており（拙稿「金光明経の帝王観とその中国・日本的受容」『仏教史学』第六巻、第四号)、そのほか原典において、帝王たると否とは民を守るか否かによるのであって、種姓(ゴートラ＝生れ素性)の貴賤によるのではない、としている点などは表現をおだやかにするような改変が加えられている(中村元『宗教と社会倫理』、岩波書店、昭和三四年)。

こう見てくると、『金光明経』を護国の経典として尊崇するわが国仏教徒の態度には、この経典の本来の姿からかなりかけ離れたところで行なわれていた点があったようである。この経典がおそらく北インドで四世紀ごろに成立した背景には、集権的なグプタ王朝(三二〇—五〇〇頃)の巨大な圧力が存在していたにせよ、なおこの経典は大乗仏教の王法理論をもってこれをリードしようとする意欲のあったことは疑いえないところといわなければならない。

金光明経の諸テキスト

『金光明経』を厚くおおっている古代的、君権神授的ヴェールを取り除いて、さらに、方等的・密教的といわれる思想史上の位置を定めるに当っても、この経典のいろいろなテキストを洩れなく用意して文献学的に、思想史的にその真の姿を決定する必要のあることは明らかである。

①漢訳　五回、中国における翻訳が行なわれ、そのうち、二本は散佚し、三本が現存している。

(1)北涼の元始元年から十年(四一二—二一)に至る十一年間に、曇無讖《どんむしん》*(Dharmakṣetra)が訳して四巻としたもの。『金光明経』と名づける。梵本よりも、他のいかなる翻訳経典よりもこの経典の古型を保存するものと認められる(大正、十六、No. 663)。

(2)梁の承聖元年(五五二)までに、真諦三蔵《しんだいさんぞう》*(Paramārtha)

が七巻二十二品に訳出したが、これは(4)に挙げる経の中に引かれる部分の他は散佚してしまった。

(3)北周武帝の代（五六一—七八）、耶舎崛多《やしゃぐった》（Yaśogupta）が、『金光明更広大弁才天陀羅尼経』五巻二十品として訳出。現存していない。

(4)隋の開皇十七年（五九七）、沙門宝貴が、本経の諸訳を合わせて完全なものとしようと志し、沙門彦《げん》琮《そう》、学士費長房らと協力して、従前の翻訳を統合して『合部金光明経』七巻二十四品を作り、曇無讖訳に欠くところは、真諦・耶舎崛多の両訳に照らし、主として前者によって欠を補った。われわれが大翻訳家真諦の『金光明経』の訳文をみることができるのは、一にこの『合部金光明経』の引文に由るわけである。

(5)唐の則天長安三年（七〇三）、大翻訳家であり、二十年のインド旅行から帰国（証聖元年、六九五）

曇無讖《どんむしん》（三八五—四三三）Dharmakṣetra の音写。どんむせんとも訓む。法豊と訳す。中インドのひと。はじめ小乗、のち大乗を学び、中央アジアを経て北涼の姑蔵に入る（四一二）。河西王蒙遜の知遇を得、『大集経』『大雲経』『金光明経』『悲華経』などを訳し、さらに原本の欠けた所を補って『涅槃経』を訳了した。のち、『涅槃経』の後分を求めて旅に出たところ、出奔と疑われ、蒙遜の刺客に殺された。

真諦《しんだい》（四九九—五六九）Paramārtha の訳名。西インドのウディヤーナのひと。梁の武帝に招かれ、中国に来た（五四六）。折しも梁末の国難に遭い南北を流離したが、その間に『金光明経』『起信論』『摂大乗論』『倶舎釈論』等、六十四部、二百七十八巻を訳出した。四大訳家の一人として、摂論宗の開祖として、後世への影響は大きい。

したばかりの義浄*（六三五―七一三）が、自身でインドから持ち帰った梵本によって、十巻の『金光明最勝王経』として訳出した。「最勝会」の経典、「金光明最勝王護国寺」の所依として用いられたものは、みなこの義浄の新訳である。法成によってチベットに重訳もされており、和訳も渡辺海旭のすぐれたものがある（『国訳大蔵経』経部第十一巻）。しかし、この経典の成立史の上からすれば、いちばん新しいものであるから、より古いテキストとの比較が重要な意味をもつことを忘れてはならない。

②チベット語訳

チベット大蔵経の中には、『金光明経』が三部現存している。

(1)『聖金光明最上勝経王大乗経』（東北 No. 555, 大谷 No. 174）。法成（チョエ・ドゥプ 八三〇―六〇頃訳）により、漢訳の『金光明最勝王経』十巻より重訳されたもの。ノーベルは、チベット訳を出版するに当ってわざわざこの重訳本を刊行した（J. Nobel : Suvarnaprabhāsottama sūtra, Itsing's chinesische version und ihre tibetische übersetzung, Leiden, E. J. Brill, erster Band 1958, zweiter Band 1958）。義浄訳のドイツ訳を第一巻に、機械的に対応するチベット訳を第

義浄（六三五―七一三）唐代の訳僧。幼時出家し、法顕・玄奘のあとをしたって早くから西遊の志あり三十七歳のとき（六七一）死を決してインドに向い、在留二十余年、多数の経典と、仏舎利を齎して帰国（六九五）した。『華厳経』『金光明最勝王経』等の訳経五十六部二百三十巻、求法の旅行記として『南海寄帰内法伝』四巻、『大唐西域求法高僧伝』二巻がある。

二巻に当て、漢訳とチベット訳の対訳読が可能なようにしている。これに先立って刊行した〃die tibetischen übersetzungen mit einem Wörterbuch, Leiden 1950〃は、その梵蔵語彙（Suvarṇaprabhāsottama sūtra. die tibetischen übersetsungen, mit einem Wörterbuch, Leiden 1944）の第二巻をなすもので、併せてこの経典の原典解読に資すること大なるものがある。

(2)『聖金光明最勝帝王と名づくる大乗経』（東北 No. 556, 大谷 No. 175）。ジナミトラ、シーレンドラボーディの二人のインド人翻訳家とチベットのひとイェ・シェ・デの共訳。九世紀前半の王レパチャンのころのひとだから、法成の翻訳と年代的に大差あるわけではない。東北目録はこれに該当する漢訳として『合部金光明経』を挙げ、大谷目録は『金光明最勝王経』を挙げているが、実はそのどちらとも直接の対同はむりなようである。ただはっきりいえることは、現存のネパール系梵本とは品数、内容ともに合わず、むしろ中央アジア出土の梵本（Hoernle : Manuscript Remains of Buddhist Literature found in Eastern Turkestan. vol I, p. 110）に近いもののあることである。『合部』、『最勝王』との対同よりも、むしろ、第三の原典からの翻訳と考えるべきではなかろうか。

(3)『聖金光明勝経帝王と名づくる大乗経』（東北 No. 557、大谷 No. 176）。この訳だけが翻訳者名不明である。章節の区分と分量が、四巻本の曇無讖訳と梵文原典に一番近いため、『金光明経』の梵・蔵・漢比較というと、かならずこの訳本がとり上げられるが、訳文はむしろ義浄訳に近く、場所によっては合部経に合うところも多い（『大谷目録』p. 72, n. 5）。おそらく、その梵文原典は、他のそれと異なるものであろうと思われる。なお梵文原典は

Nobel 刊、Leipzig, 1937 がある。

以上を通じて考えると、『金光明経』のテキストは、かなり幾通りかあったことが想像される。いまのところ発見されている原典がネパール系のものだけなので、他にどのようなテキストがあったか想像のほかないが、漢訳もチベット訳も、単なる訳文の相違以上の発想法・表現法の相違のみられることは、その原典間の相違と考えなければ解釈がつかない。その成立の歴史に長いものがあったことから考えられるように、テキストは各地方でそれぞれ少しずつ異なる発展をみせたのではなかろうかと考えられる。

③その他の翻訳

『金光明経』は中央アジアの多くの民族のことばに翻訳せられている。

(1)ウイグル語訳

ウイグル語に翻訳せられた『金光明経』は、マクス・ミュラーによって蒐集整理され、一九〇八年公刊されている（F. W. K. Max Müller : Uig-urica, Berlin 1908. S. 10―35）。筆者は、この『ウイグリカ』に発表せられたウイグル文『金光明経』は未見であるが、予報によれば、正しく義浄の十巻本を、ビシュバリクのシンクサリ都統なるものが重訳したという跋語を有するもので、序品からほとんど経末までを現存する完本のようである。

ウイグル語訳『金光明経』はもう一本あり、甘粛でロシアのマーロフが得たもので、一九一三年から十七年にかけて、『仏教文庫』（Bibliotheca Buddhica）の十七として公刊された（Suvarṇaprabhāsa, tekst' Uigurskoi, V.V. Radrov i S. Ye. Malov, I ― IV, Sankt-Peterburg 1913 ― 17）。これは康熙二六年（一八二六）、同じく義浄本から複訳された完本である。

(2)満洲語訳

満洲語訳の『金光明経』は、その大蔵経中に収録されている。現存の満洲語訳大蔵経は、清の高宗が六十歳の高齢に達したとき、漢訳大蔵経からの複訳を計画し、二十年を経て完成したもの（乾隆三七―五五　一七七二―九〇。望月信亨『仏教経典成立史論』、昭和二一年、八五頁）である。しかしながら、満洲語訳大蔵経は、このほかにも、清の世宗雍世帝の初年に、京師の黄寺を主管した第一世土観呼図克図《とがんほとくと》（Blo bzaṅ Chos kyi Ñima）が勅を奉じて、満・蒙・蔵三体合璧の甘殊爾を訳出した事実があるから、この方まで同じく、漢訳を重訳したものであるかどうかは知りにくい。

『御訳大蔵経目録』または、『衛蔵通志』第六十六所収の『金光明最勝王経』十巻は、前の漢訳大蔵からの重訳（石浜純太郎『金字蒙文金光明経の断簡に就いて」『支那学』第四巻第三号、昭和二年、五七頁）で、題号・巻数から義浄訳からの重訳であることは明らかである。

(3)蒙古語訳

蒙古語訳の『金光明経』は、満洲語訳と同じく、その大蔵経の内に収められてあり、三種が現存している（Ligeti Cat. Nos. 176―8, Hurvitz, Okada Cat. Nos. 35―7）。『金光明経』の蒙古語訳は、満洲語訳やウイグル語訳とちがって、十二世紀以来長い時間をかけての翻訳で（拙稿「金光明経の蒙古語訳」『日本仏教学会年報』昭和三二年度）、底本はチベット訳であるが、そこには、梵語・シリヤ語・ウイグル語の語彙や語法も見られ、蒙古語訳成立のひろい中央アジア的背景を知ることができるのである（同前）。

(4)ソグド語訳

ソグド語訳は、フランスのペリオ（P. Perlliot 伯希和）の蒐集（Journal Asiatique, Série XI, Tome IV. p. 147）、カルマク語訳のものは、日本（鈴江万太郎『蒙古文範』一五一―二頁）ロシア（Pozdoneev. Kalmuskaya Chrestomatiya, Izdanie treté. Petrograd 1915, p. 171）に知られている。これは十七世紀の半ばに、チベットの高僧ジャヤ・パンディタ（Jaya-paṇḍita）が、チベット語からカルマク語に翻訳したものという。

第七章　楞伽経

楞伽経の原典

『楞伽経』もまた、重要な経典の割には研究の進んでいないものの一つである。その理由はむずかしいの一点に尽きよう。内容も複雑を極め、文章は梵文原典・漢訳・チベット訳ともに難解である。しかし、本経は、ネパールの仏教にあっては九部の法宝の一つであり、中国・日本においては『大乗起信論』*の産みの親と見られ、大乗仏教哲学の代表的経典として遇されていた。殊に禅宗では『金剛般若経』と並んで、文字に依ることと少ないこの宗教にあって、数少ない重要経典であった。さらに瑜伽行唯識派も、この経の所説はすこぶる重視するところがあったのである。

近代に至って、このような宗義の伝統を離れても、この経の重要性は早くから注目せられた。十九世紀の半頃、イギリス人ホジソンが、外交官としてネパール国の首都カトマンズに在任中、偶然発見した大部の梵文仏典の中に、この『楞伽経』の梵本も存在していた。このため、本経原典の存在は、『シクシャー・サムッチャヤ』などに引用されている部分に加え、この完本の存在が早くから、東洋・西洋の学者たちに知られていた。一九〇〇年、すでにインドのダージリンの仏教聖典協会から本経の一部が出版せられた（Śarat Chandra Dās & Satis Chandra Vidyābhūṣan : Laṅkāvatāra Sūtra, Darjeeling 1900）が、ロンドン・アジア協会の写本を底本とし、ケンブリッジ大学図書館所蔵の写本その他を校合して、これに漢訳チベット訳をも参照して完本を出版したのは、わが国の南条文雄であった。大正十二年のことで、わが国における梵文原典出版の最初の事業であった（Bunyu Nanjio : The Laṇkāvatara Sūtra, Bibliotheca Otaniensis. vol. 1 Kyoto 1923 昭和二八年再版。山口益序女を加う）。

この梵文原典の校刊は、この種の大乗経典中わが国最初の梵文刊行物ではあるが、さすがに南条文雄の厳密な校正が活きている良心的な成果である。前記二種の写本のほか、ダージリン刊本も参照し、河口慧海師蒐集本、高楠博士蒐集本等を参考し、漢訳はすべて参考し、チベット訳よりの補正は荻原雲来によって行なわれた。一頁十数行の大きなデーヴァ・ナーガリー活字で組み、異同を脚注で示している。この体裁はのちに、同じく大谷大学から出版された『梵文金光明経』と同じ型式であった。

大衆起信論　ただ『起信論』ともいう。真諦《しんだい》（パラマールタ）訳（一巻）と実叉難陀《じっしゃなんだ》（シクシャーナンダ）訳（二巻）の二種の漢訳があるのみで梵本・チベット訳ともにない。中国撰述説のある所以である。一心（衆生心）を二門（真如門・生滅門）に分け、一心の表現を体大・相大・用大の三大とする。真如と三宝を信ずる四信を挙げ、布施・持戒・忍辱・精進・止観の五行を挙げる。この一心・二門・三大・四信・五行は、すべての大乗に通ずる教えであるため『大乗通申論』ともいう。著者は馬鳴《めみょう》（アシュヴァゴーシャ）といわれるが明らかでない。

数年ののち、この刊本に基づいて、南条自身と泉芳璟によって和訳が発表された（『邦訳梵文入楞伽経』、京都、南条博士古稀記念祝賀会発行、昭和二年）。

原典がこのように早くから学界の陽の目を見、その和訳さえ出版されているのに、なおこの経典の研究が他の経典ほどに活溌でないのは、内容の難解に加えて、梵語の連語法（compound）の用い方が、ほとんど極端と考えられるほどに応用せられており、各語間の文法的関係をどのように判定すべきか、取捨の困難なことがしばしばだからである。漢訳の『楞伽経』が難解とされるのも、梵・漢比較してみれば、ほとんどこの原文の晦渋な構文によっていることの多いことがわかる。このため、このような難解の箇所を読破するには、いきおい読者各自の知識と了解力に頼ることとなり、その人の立場が唯識哲学にあるものは、どうしてもこの経を無著や世親の系統に近づけようとし、華厳の立場に立つ人は、「性相交徹・鎔融無礙」というように理解しがちである。天台・禅の宗風を承ける人に、それぞれの色合いのでるのは尚更のことといわなければならない。

原文の厳密な文法的理解の困難なところが、このような「思想的」理解によってのみ補なわれるのが学問的でないことは、すでに鈴木大拙博士も歎じておられるところである（「楞伽経」『鈴木大拙全集』第五巻、昭和四三年、岩波書店、四九二頁）。鈴木博士のいわれるように、「偈文であれば、ただ暗示的な文字を並べておいて記憶の便りにするも結構だが、この短簡術を長行の上にも応用せられては、後世の人は全くよわらされる」のである（同前）。この難点を解決するには、「始めから経文に附属した註釈があって、これは六合釈*のどの連結法であるという塩梅にきめておいてくれたらよかったであろう」（同前）。

六合釈　サンスクリット語の文法において、合成語を理解する六種の方法。ṣaṭsamāsā の訳。
(1)並列合成語＝相違釈 dvaṃdva ＝二語並列して一語をなすもの。たとえば pāṇi-pādam（手と足）
(2)決定合成語＝合成語の前分が後分に格または形容詞の関係をもつもの。これに三種あり、①依主釈 tatpuruṣa 前分が後分に対し格をもって望むもの。例えば rāja-putra（王の子、前分が属格で後分に望んでいる）。Indra-gupta（帝釈に守られたる、前分が具格で後分に望んでいる）②持業釈 karma-dhāraya 前分が形容詞的副詞で後分に望むもの。例えば nilotpala ＝ nila-utpala（青き蓮華）③帯数釈 dvigu 前文が数詞 tri-ratna（三宝）
(3)所有合成語　後分が名詞あるいは名詞状形容詞で、全体が「……をもてる」の意味を示す形容詞の働きをなすもの。有財《うざい》釈（bahuvrīhi）という。例えば、dīrghabāhu（長き臂〔をもてる〕）cintāpara（智慧最上〔をもてる〕）
(4)副詞合成語　前分が不変詞で後分が名称詞で、全体が副詞の働きをなすもの。隣近釈（avyayībhāva）という。玄奘なども、この隣近釈については、苦しい解釈をしているが、インドの解釈は右の通りである。例えば yāvaj-jīvam 生涯の間。yathā-iccham 欲するままに。

そのような経文と同時成立の註釈書が求められないとすれば、その欠を補うのは、少なくともインドで成立し、本経の直系と見られる思想家によって作られた註釈書でなければならない。そのような註釈書は、梵文のまま、あるいは、漢訳された形では残っておらず、チベット大蔵経のうちに収められている。

楞伽経の註釈

チベット大蔵経「論部」の中には、『楞伽経』の註釈書が二つ収められている。

(1) Ye śes dpal bzaṅ po : Ārya-Laṅkāvatāravṛtti（東北 No. 4018、北京 No. 5519' vol. 107）

(2) Jñānavajra（中国）: Ārya-Laṅkāvatāra-nāma- mahāyāna-sūtravṛtti-tathāgata-hṛdayā-laṃkāranāma（東北 No.4091 北京 No. 5520、vol, 107）

このうち、(2)は中国で成立した註釈の翻訳であるから、原典理解に役立つのは(1)だけである。この(1)はインド仏教の末期に製作せられたと見られる（山口益「鈴木大拙全集第五巻につきて」『同月報』八頁）から、紀元四—五世紀のころに経典としての形態をととのえたとみられる本経とは数世紀のへだたりがあるけれども、原典理解に不可欠なこと、この註釈の右に出るものはあるまい。従来、これを参照した研究が出なかったのは不思議なほどであったが、最近東洋大学の菅沼晃氏がこの註釈を通読して原典研究を進めておられるから、従来むりに会通させていた原文の読み方にも正しい訂正がなされるようになるだろう。

楞伽経の翻訳

『楞伽経』は現在、漢訳が三種類伝えられている。求那跋陀羅《ぐなばどら》(Guṇabhadra) 訳『楞伽阿跋陀羅宝経』四巻・劉宋四四三年訳（大正、十六、No. 670）、菩提流支《ぼだいるし》(Bodhiruci) 訳『入楞伽経』十巻・北魏五一三年（大正十六、No. 671）訳、実叉難陀《じっしゃなんだ》(Śikṣānanda) 訳『大乗入楞伽経』七巻・唐七〇〇—四訳（大正、十六、No. 672）の三本がそれである。このうち、もっともよく読まれ、形も整っているのは、十巻本（魏訳）と七巻本（唐訳）であるが、経の原初の形を伝えているものは四巻本（宋訳）とみられる。これに対して、魏訳・唐訳および梵本・チベット訳は「羅婆那王勧請品《らばなおうかんじょうぼん》」(Rāvaṇadhyeṣaṇā)、「陀羅尼品《だらにぼん》」(Dhāraṇī)、「偈数品《げじゅぼん》」(Sagāthakam) の三品を有している。このうち、最初の「羅婆那王勧請品」は楞伽島 (Lankā) の王ラーヴァナが、仏陀にそのさとりの境地を説法されんことを請う一章で、『楞伽経』全体の序章の形となっているが、経典成立史から考えれば、経の内容をまとめて入門の役割に充てた章であることは明らかである。鈴木大拙博士が、問題が多岐に亘り、経の眼目のつかまえにくい『楞伽経』の大意を、この第一章によって把握し説明されているのもこのためである(前掲全集、四九八頁)。

この三品は、宋訳と魏訳の原本の間に経過した百年足らずの間に附加されたものと推定されている(柏木弘雄)。

漢訳は、以上の現存する三本のほかに、北涼の曇無讖(Dharmakṣetra)(四一二—三三在中国)によって『楞伽経』四巻として翻訳されたことが伝えられているが、これは現存しない。これが初訳であるから、中国では、最初の翻訳から最後の翻訳まで、およそ三百年あまりの間であったことがわかる。

漢訳三種はおのおの特色あり、しかもその特色は単なる翻訳の相違を示すものでなく、原典の相違から来ている点が少なくないから、今急にその優劣を論ずることはできないけれども、七巻本が、インド・中国の一流の学者たちの共同作業であることを想えば、これがこの経典の漢訳中最良のものであることは明らかである(鈴木、前掲書、五一八頁)。しかも、原典成立史的研究上重要な、梵本との比較においても、分章についても、梵本はこの唐訳と全く一致しているのである。しかし内容の詳細な検討の結果は、むしろ梵本は、十巻本(魏訳)との一致を示しているから、梵文原典と魏訳は原典成立史の上からは後代の編纂に属し、かつ重要なことは、魏訳の中には大なる程度において、覚書と私註とが混淆して入っていることを認めざるをえない。そして、この事実が、魏訳の十巻本を、唐訳の七巻本よりも一・四パーセントあまりを拡大せしめたことになったものと考えられるのである（鈴木、前掲書、五二四頁）。

　次に、『楞伽経』のチベット訳をみると、これには二種が伝えられている。

①北京・デルゲ・ナルタンの各版本とも「経部」(mdo-sde)に属する点では一致している。すなわち、hphags-pa laṅ-kar gśegs-pa theg-pa chen-poḥi mdo（聖入楞伽大乗経、大谷 No. 775, 東北 No. 107)。

②hphags-pa laṅ-kar gśegs-pa rin-po cheḥi mdo-las saṅs-rgyas thams-cad-kyi gsuṅgi sñin-po shes-bya-baḥi leḥu（聖入楞伽宝経中一切仏語心品、大谷 No. 776. 東北 No. 108)。

　この二つのチベット訳につき、デルゲ版・ナルタン版はともにチョエドゥプ（chos-grub）が漢訳から重訳したとしている。後者は、北京版にもそのように記してあり、また実際文章を比較研究して漢訳からの重訳であることを知ることができるのであるが、前者はそうではないようである。

　まず、前者は、ナルタン版、デルゲ版ではチョエドゥプが「中国本」（Rgyaḥi dpe）より訳したとしているが、「河口目録」「チョーマ目録」（Alexandre Csoma, Léon Feer : Analyse du Kandjour 1834 — 81 = Narthan Catalogue）には訳人の名を出さず、デルゲ版の目録（fol. 124a）にも、インド語から訳したが訳人の名は不明としてあるという。さらにこれは、現存の梵本ともよく一致し、決して漢訳からの重訳ではない、というのが諸学者の一致した意見であるから、チベット訳を参照しての『楞伽経』研究では、まず第一に注意すべき点であろう（鈴木、前掲書、五二〇頁。大谷目録 p. 277. No. 775n.）。

第二のものは、確に宋訳（四巻本）の漢訳をチベット語に重訳したものである。チョエドゥプがペルラツェンポ王（dpal lha btsan po）の時、「中国のウェンヒ（Wen-hpi）の作った注釈と較校して訳」したとしている。このウェンヒなる中国の学者について、鈴木博士は「文慧（?）」と復原し、この人の注釈とは何を指すか明らかでない（五二〇頁）としているが、その後の研究によれば、これは八世紀前半の人で『倶舎頌疏』の作者たる大雲寺沙門円暉という人の『楞伽経疏』という書物で、中国には伝わらなかった珍籍であった。矢吹慶喜の『鳴沙余韻』の図版第三にその図が掲げてある。この円暉は現今中国音 yüan-hui であるから、チベット訳の識語にいう Wen-hpi は文慧でなく円暉であることは疑いない。

しかも、疏の中経文の左側にはチベット文を併記してあるのだから、チョエドゥプが敦煌にあって多くの経文を漢訳から重訳しつつあったさい、この疏を傍らに置いて参照したことは確かである。このチョエドゥプ（漢訳名法成）は九世紀の初頭、甘州の修多寺、沙州の永唐寺などにあって、漢訳の経典を多くチベット訳に重訳したのみならず、原典からの漢訳にも多く従事し、現に敦煌発掘の漢訳仏教経典中には、訳者として彼の名を止めているものが十余りもある（鈴木、前掲書、五二〇頁）。『金光明最勝王経』十巻なども彼の訳のチベット訳が現存し、ノーベルは、数あるチベット訳の中からこれを撰んで校刊したのであった。このチョエドゥプについては次のような諸研究があるから、中国チベット仏教交渉史の一断面として研究する人は参照されるとよい。

① M. P. Pelliot : Notes à propos d'un catalogue du Kanjur p. 35 (Journal asiatique Juillet-Août 1914, p. 143)。
② 石浜純太郎「法成について」（『支那学』第三巻第五号）。
③ 羽田亨「書後」（同前）。
④ 同氏『燉煌遺書第一輯解題』。

楞伽経の内容

鈴木博士がいみじくも指摘されたように、『楞伽経』全体は、まさしく無組織に縫合された覚書きの聚集である。したがって、こういうメモの集合を、ある特別の題名の下に、節また章（parivarta）の名の下に区分しようとする試みは無益の業ということになる。その意味で、この経の原初の形を伝えると思われる四巻本（宋訳）が、本経全体を単なる一つの共通の章名（というよりも題名）「一切仏語の心」(Sarvabuddhapravacanahṛdaya)と名付けたのは、まさに「賢明の至で」あった（鈴木、前掲書、五二五頁）。

この一つのメモが唐訳、チベット訳、梵本等で六章乃至七章に分けられて行き、更に、魏訳においては細分されて十五章となっているのは編纂技術の問題であるといわなくてはならない。そしてこの中も仔細に観察するときは、成立当初からあった章と後世の付加の部分とのあることを知るのである。「断食肉品」（māṃsabhakṣaṇa）などは、肉食を断つことを勧める、仏教経典の中でも珍しい一章であるが、これも明らかに後世の付加に成るものとみられている。

このように複雑な成立の経過をもつ『楞伽経』ではあるが、その全体の大意は魏訳の第一章「請仏品第一」および唐訳の第一章「羅婆那王勧請品第一」にほとんど洩れなくまとめられている。これは本来、宋訳にないことからも察せられるように、『楞伽経』

の「主要部分」が完成してから、全体の解説・入門のための序章として後から書き加えられたものだからである。

その全体の筋書きを追って『楞伽経』の大意をみること（鈴木、前掲書、四九八―五〇七頁にみられるように）も一つの適当な方法であるが、ここではそれを更に要約して『楞伽経』の大意と問題点を書き抜いてみよう。

或る時、仏は大海のほとり、摩羅耶《まらや》山の頂上に建つ楞伽城で、大比丘衆と大菩薩衆と一緒におられた。これらの菩薩衆はいずれも、五法・三性・諸識・無我の理に通達しておられた。五法とは名（事物の仮名）・相（事物の色相）・妄想・（分別虚妄の想念）・正見（正見の智）・如如（不変不異の真如）の五つの認識上のカテゴリーをいい、三性とは、在らざるものを有りとみる妄計自性、すべては因縁により生起することを知る縁起自性、分別を超えればものはあるがままに真如なることを知る円成実性の、三つのものの見方をいい、諸識とは意識の八つの在り方、感覚的意識五つ（眼識・耳識・鼻識・舌識・身識）とそれらを統括する意識、その底にある心（意《マナス》）、これらすべての根拠にある覆蔵意識（阿頼耶識・蔵識）をいい、無我は人《ひと》と法《もの》の二つの無実体性をいう。そしてこれらの項目が実はそのまま、この経の内容なのである。

これによって、かなりこの経の思想史上の位置を知ることができる。

すなわち、『楞伽経』においては、心の観察が中心の課題になっていることがそれであろう。これをのちの教学との関連で整理するとおよそ次の五つの点にまとめることができよう。

①いまの箇所から知られるように、『楞伽経』の主要部分は唯識の用語とその解説で占められている。この『楞伽経』の唯識は、とくに、後世の護法（ダルマパーラ）流の唯識思想に影響を与えている点が注目される。

②しかし、これらの唯識の教学が『楞伽』一経の宗趣であるかといえば決してそうではない。

〝菩薩摩訶薩は諸聖教には分別有ること無きにより、独り閑処に処して、観察し自覚す。他に由りて悟らず、分別の見を離る。上上昇進して如来地に入る。かくの如く修行するを自証聖智の行相と名づく〟

とあるように、いろいろな手段（他）によって観察しつつも、最後に目ざすところは「自己自身による聖なる智慧のあり方、働き方」に到達するにある。この認識上の能働・所働（能覚・所覚）を離れた「無二分別」こそ『楞伽経』のめざす世界であり、そのため「独り閑処に坐す」ことが崇ばれるのである。この経典が殊に禅家に在って珍重されたのもこの点にあったということができる。

③上記のような境地は、しかし、勤めて自分を矯めてするというのではなく、自由に自然に現われる功徳であらねばならない。このような境地を「遊《ゆ》戯《げ》三昧《ざんまい》」という。この境地に達すれば、人びとの心の望めるところに応じて、菩薩はどのような形で自分を表現することも可能となる。こういう「変化身《へんげしん》」の象徴として登場してくるのが、『楞伽』一篇の主人公である大慧（マハー・マティ）菩薩なのである。

④右の境地は、実際の日常生活の上においても、いわゆる「無量三昧」として自由な修行の功徳を発揮するものであるが、経は進んで、「愚夫所行禅」

「観察義禅」「攀縁如禅」「如来禅」の四種禅の区別を教える。これはインドにおける禅の思想史上注目すべきものである。

⑤如来蔵の考え方と阿頼耶識の考え方とを結合させ、のちの『起信論』思想の先駆をなしたこと。

唐の西明寺の僧、法蔵は、七巻『楞伽』の翻訳にも参加した人であるが、その『入楞伽心玄義』（大正、三十九、No. 1790）一巻で、十門に分けて『楞伽経』を註釈し、その第六の「所詮宗趣」というところで、『楞伽経』の内容を概括的に叙述している。主な内容を十挙げているが、右に見たほか注意すべき見方として、『楞伽』の宗とするところは、その宗のないところ（十門の第六）、外道と二乗の僻見を破して大乗の妙理を発揮しているところ（十門の第九）などを挙げているのは重要なところであろう。

『楞伽経』のような多様な思想をメモ風に、経典本文と註釈の区別さえも明確でないような形でまとめられた経典は、急速にその思想をまとめて述べるよりも、まずできるだけいろいろなテキストを比較し、原初の形から増広・発展して行った成立史的あとづけを正確に辿ることが急務であろう。

第八章　密教部の諸経典

密教とは

密教とは秘密仏教の略称であり、仏教中の秘教、あるいは秘教化した仏教をいう。

古典的な学説に従えば、仏教がその内なる生命力を失い、その更生の力を外に仰ぐようになった時が密教の始まりで、その外的影響力が頂点に達し、仏教内での消化が完全に終了したときが、すなわち、密教の成立の時であったという。この定義に従えば、密教とは余物にあらず、要するにヒンズー的仏教のことに外ならないこととなる。

この考え方は歴史的・実証的な考え方の帰結のように見えて、実はもっとも観念的・図式的な先入主の披瀝である。歴史的に表現すれば、「初期仏教→後期仏教」へという推移は、背後に「純粋→堕落」という図式が強固に前提となって働いている。

このような考え方は、まず「初期仏教＝純粋仏教＝根本仏教」というプリミティヴな発想に基づく、しかしそれだけに「後期仏教＝堕落仏教＝（大乗）宗派仏教」という現実にあきあきしていた明治維新直後のわが国の「新生」仏教学界に異常な興味と歓迎をもって迎えられた。この間には、あの痛烈な、明治維新の廃仏毀釈という事件もあり、更に、日本仏教の「堕落」を根本的・理念的に衝こうとする欧化主義者・合理主義者、あるいは神道者流からも、逆にそれらの攻撃を反撃し、より根本的・普遍的な立場から日本仏教の再生をはかろうとする真摯な仏教徒の間からもおこっていた、日本仏教を超える、あるいはその母胎として根本的な仏教への期待があったのである。ここに奇しくも、仏教を攻撃するものにとっても、仏教の再生を希うものにとっても、均しく日本の仏教（＝宗派仏教・大乗仏教）の対極にあるものとしての「根本的な仏教」への志向が強く働く事情があった。そして、この「根本的な仏教」への志向は、当時の合理主義的・主知主義的思弁に導かれ、「根本仏教＝初期仏教＝理性的仏教」という図式で定型化して行ったのである。

このような図式に従えば、当然、わが国の大乗仏教諸宗派は払拭さるべき、余りにも多くの「不純」な要素をもちすぎている仏教であり、ことに密教に至っては、仏教以外の要素によって成り立っていると見た方がよいくらいの純粋ならざる仏教である。今日でも堂々たる大学者の間でそのような見解が披瀝されることは稀ではないし（例えば、五来重教授の宮坂宥勝等著『生命の海―空海』に対する書評、『朝日ジャーナル』、昭和四四年二月二三日号。及びそれに対する渡辺照宏氏の反駁、同三月九日号等を見よ）、民間の密教理解などもこの線に沿って、さらに次元の低いものである（例えば『折伏教典』の「真言宗」の項などがそれの典型的なものの一つであろう。そこには、真言密教のもつ呪術性に対する表面的な観察と、開祖空海・弘法大師に対する、むしろ個人的憎悪ともいうべき感情表白が繰り返し説かれているばかりであって、およそ学的批判などは見当らない）。

これらの、嗤うべき、しかし愁うべき傾向については、遠くは渡辺海旭が、釈尊の教説中にすでに密教的諸傾向のあることを指摘され（『壺月全集』上、七三九頁以下）、近くは、渡辺照宏氏、宮坂宥勝教授などが、その原始仏教・大乗仏教・密教に関する諸論考の中で縦横に論じておられるところである。さらに、とくにこのことの仏教学的・方法論的意義を積極的にとり上げた論文としては、佐伯真光教授の「『根本仏教』神話の非神話化と密教」という問題意識の旺盛な、論述の正確な名論がある（『六大新報』昭和四三年一月一日特集号四二―五頁。のち「明治仏教百年の錯誤」『大法輪』昭和四三年四月号に一部改稿再録）。これらの新しい、本来の意味で新しい仏教研究の指し示す方向は一つである。それは、仏教の純・不純は決して歴史的に初期・後期という順序に併行するものではない。むしろ人間のうちにはつねに合理的な面と並んで非合理的な面は存するのであり、真摯な思索家はつねに両者の関係、あるいは両者に共通する基盤を追求しつづけて来たのである、ということになろう。

かくて、密教の真正な理解の方向を規程する、学者の次のような警告は、もっとも敬聴に価するといわなければならない。

〝はじめから本質的なもの、本来的なものを規定し、それ以外の形態をすべて純粋でないもの、非本来的な夾雑物とみなすヨーロッパ的な宗教観をもって、仏教を規制する愚かさから、われわれはいち早く脱却せねばならない〟（松長有慶『密教の歴史』昭和四四年、平楽寺書店、サーラ叢書19）。

アーリヤ性と非アーリヤ性

インド文化の進歩した研究によれば、征服民族であるアーリヤの文化と、被征服民族である非アーリヤの文化は、われわれの想像以上に早い時期に密切に影響し合い、混淆し合っている。その混淆の形跡は、種々のウパニシャッド、ブラーフマナのようなバラモンの祭祀・哲学の書物においてはもちろんのこと、より根元的にはヴェーダ文献の中にさえ指摘しうるのである。

最も古いその例としては、よく『アタルヴァ・ヴェーダ』が挙げられる。この文献は古くは『アタルヴァ・アンギラス』（Atharva-aṅgiras）の別名を有していたが、これは「アタルヴァン」と「アンギラス」という二つの呪文から成り立っている。「アタルヴァン」は幸運をもたらす呪文で、息災（śānta）、増益（pauṣṭika）ともいわれる。これに対して「アンギラス」は敵対者《てきたいしゃ》の除去を目的とするもので、「調伏」（ābhicārika）とも呼ばれている。

このような種々の修法・呪法のどこからどこまでがアーリヤ的であり、どこからどこまでが非アーリヤ的であるかを学問的に明らかにすることは必ずしも容易ではない。しかし、その混淆が意外に古く、根の深いものであることは知っておく必要があろう。

『アタルヴァ・ヴェーダ』のこの三つの修法は密教の経典にほとんどそのまま取り入れられた。『蘇悉地経』や『大日経』でいう三種法はその名称も内容もそのままであり、『金剛頂経』では、それに「敬愛」（vaśīkaraṇa, vaśya）と「鉤召《こうちょう》」（ākarṣaṇa, ākarṣaṇī, aṅkuśin）を加えて五種法とする（松長、前掲書、一九頁、渡辺照宏「インド思想史から見た真言密教」『智山学報』六、一〇頁以下）。

密教がヒンズー化した仏教だというような不正確ないい方をするよりも、密教、さらに遡れば大乗仏教の中に、アーリヤ的なものと非アーリヤ的なものが混在しており、そのことは、もっともアーリヤ的と考えられるヴェーダ文献でも例外でないことを知るべきであろう。だから、われわれとしては、仏教の興起する以前の中インドの文化はアーリヤ性と非アーリヤ性がお互いに色濃くからみ合っていたこと、アーリヤは不可避的に非アーリヤに影響され、それをとり入れ、非アーリヤの側も同様の傾向が急速に進行していたことをみることができる。シュリニヴァス（Srinivas）教授のいう土着民のアーリヤ化、梵語化（Sanskritization）の外に、アーリヤの土着化、周辺民族の準アーリヤ化（vrātya化）の問題が急速におきつつあったのである。

そして、すでに学者がたびたび警告しているように、釈尊の出生地たるカピラヴァストゥ（Kapilavastu）の周辺は、このような準アーリヤとアーリヤの文化の接触の接点だったのである（岩本裕『仏教入門』、渡辺照宏『新釈尊伝』など参照）。密教の問題は、すでに釈尊に始まる問題であることがここに改めて痛感される。

釈尊の密教

釈尊が呪法に対し厳しい禁戒の態度をとり、神通力の濫用をいましめていることは古い経典・律典によってたしかめられることであるが、同時に、釈尊の伝説・伝記に釈尊が呪法に達し、超越的な能力の所有者であったとするものの多いこともたしかである。前者が歴史的な事実であり、後者が伝記作者の空想であったと断定し去るにしても、何がゆえに、そのような空想がなされたか、あるいは、空想の形をとって、釈尊に対しそのようなイメージが仮託されたかは推察する必要がある。「降魔」の説話、ガンジス渡河の伝説、迦葉（カーシャパ）教化の際の三千大通の神変譚などは、決して一部派の伝承でなく、南北通じて記されている記述で、製作年代も、呪法を禁じた戒律の製作年代を遡るものも少なくないのである。こういう「空想的叙述」が、「後世の仮託」であるというような「学説」がいかに学問的根拠に乏しいかは明らかであろう。

　このことの理由は、決してただ、歴史的な先後関係や、伝記作者の動機忖度で解決されるべき問題ではなく、もっと人間・宗教の核心に触れるところにその理由を置いている。

　想うに、釈尊が六年の止息《しそく》（āsphānaka）と断食《だんじき》の苦行をすてて、ぼだい樹の下の金剛座において三七《さんしち》日（二十一日）の冥想で成道されたことは、決してただ、仏教が理性的な宗教であり、苦行主義と無縁なことの例証にのみ解釈さるべきではなかろう。これは、理性と逆にではなくても、少なくとも同時に、釈尊の冥想は、六年の苦行という過程を経たのちに成道された例ともなるのである（『荻原雲来文集』七五二頁）。その冥想が、先に述べた「降魔」伝説や「三明・六通*」の初夜・後夜分の心の高まりを経て叙述されていることも、この間の事情を裏書きしている。

　ヨーガ・アーチャーラ（瑜伽行）の名で呼ばれる全身的冥想が釈尊当時からはじまり、仏教の最後の段階にまで及ぶ実践であったことは、近年、権威ある仏教学者、宗教学者の一致して認めるところであり（cf. M. Eliade : Le Yoga, Immoralité et Liberté, Librairie Payot, 1954）、釈尊の宗教を、このような冥想や修行

三明・六通　仏・菩薩がもつ三種、あるいは六種の無礙・自在の通力をいう。三明とは天眼通・宿命通・漏尽通の三つをいい、六通とはこれに天耳通・他心通・神足通が加わったもの。『仏本行集経』などによれば、仏はこれを成道の夜の中夜分においてえられたという。

と無縁な理性のみの産物と解することは、宗教典籍の読み方からも、宗教理解の方法からも、根本的な誤りを犯しているといわなければならない。

釈尊の生涯の描写のうちにうかがえる、合理を超えた世界への参加を抜きにしたら、「解脱」を語ることも、「涅槃」を語ることも、したがって「仏教」を語ることもその本来の意味を失ってしまう。密教とは畢竟、このような宗教性の再確認であり、それは大乗仏教にも、原始仏教にも、さらには部派仏教のうちにも強く志向されていた基本的要求なのであった。この意味で、渡辺海旭が、仏陀のうちに密教があったとみる見解は尊重されなければならず、より根本的、より広汎に理解をひろげるべきであろう。

密教的要素の増大

仏教の本質にひそむ本来の宗教性は一貫して否定できないにせよ、その実際の実践にあらわれた非日常的・非合理的な修法――密教的な要素は時代と共に増大して行ったことが看取される。

雑呪に対する禁令は依然として続けられていたが、戒律も後になるに従って、護身のための呪文は徐々に黙認されるようになっていった。『十誦律』四十六（大正、二十三、三三七b）、『四分律』二十七（大正、二十二、七五四b）、三十（大正、二十二、七七五a）、パーリ広律『比丘尼戒』四十九及び五十（栂尾祥雲『秘密仏教史』六―七頁、松長、前掲書、二四頁等）等にみられる種々の呪（paritta）がそれである。

これらの呪は、その性質に従って、四種呪・五種呪・六種呪などに分けられるが、蛇に対する慈悲を説く犍度《けんど》呪（Khandha-paritta）を説く古い経典『犍度本生経』などは、のちの各種『孔雀経』に連なるものであることが証明されており（伊原照蓮「小乗呪と密教経典」、

『智山学報』六、二四―三七頁)、おそらく仏教の主舞台が都会から農村へと広まり、移るにつれて、古来からの蛇説話、信仰などが積極的にとり上げられて行かざるをえなかったことが想像される。

さらに密教的要素のうち、質的にも量的にも顕著になって来たものとして、本尊としての諸仏諸神の信仰と、修法・修学の要件としてダラニの信仰を挙げなくてはなるまい。

法身思想が純化されるに従って、その具体的表現として報身・応身のさまざまな形が考えられ、欧米学者のいう「汎神論」的諸仏(Th. Stcherbatsky : Pantheistic ― Buddhist Nirvāṇa)日本の学者のいう「宇宙神」的な諸仏(姉崎正治 Cosmotheistic ― "Nichiren")になっていった。

この潮流にあって、どのような具体的な形で仏の力を擬人化するかは、実際の信仰、日常の願望が大きく反映するのであるが、それは当然、先ほどから述べているアーリヤ的・非アーリヤ的土壌に咲いたさまざまな生活意識が生みの親となるのである。呪文による除災の祈願対象として、初期の仏教教団で、過去七仏の信仰と四天王尊崇が行なわれていたが、それは大乗仏教の最盛期には盛んな諸神崇拝におされて一時退潮したとはいえ、しかも、密教の最盛期にも依然として民衆の間に根強く信仰されていたことが明らかにされている(松長、前掲書、三二頁、三六頁注(4))。

密教の忿怒尊、不動明王をはじめとする大明王の形態が非アーリヤ系のものであり、具体的にはドラヴィダ人の家内奴隷・使者に起原をもつことは疑問の余地はない。そのほか、インダス文明との関係が想定される金剛夜叉明王、非アーリヤ起源であることの明らかな毘沙門天(Vaiśravaṇa)、大元帥明王

(Āṭavaka)、竜王(Nāga)など、密教を具体的に形成して行った個々の礼拝対象は、森や林や川や家々に充ち満ちていた古代から中世にかけてのインドの民衆の血のしたたるような、香煙にむせぶような生ま生ましい面影を宿していないものは一つもない。

その点では、理念的には釈尊をもっとも正統的に継承しつつ、歴史的には、やはり極めて生き生きと中世の進展を具現化していたのが密教だったということはできよう。

呪蔵の成立

このような礼拝対象に、信者が捧げた修法がヨーガであり呪であった。一般的な修法としてのヨーガが徐々に広い形で、大乗経典のうちに滲透して行ったのに対し、ダラニの増大・呪蔵の成立は仏滅後三百年ころから、めだつ傾向となって行った。このころ上座部系の化地部より分派した法蔵部では呪蔵が独立した(松長、前掲書、三二頁)。彼らは、経・律・論の三蔵に加えて、呪蔵と菩薩蔵とをたてたのであって、この点、法蔵部は大乗仏教と密接な関係をもっていたことが想像される。

独立した呪蔵と別に、個々の経典のうちにあって一章または一節の形で呪(ダラニ)を説くことは、大乗経典にあっては普通のことになっていった。

従来の未熟な密教研究で、ひたすら密教経典の特色と考えられていた、呪術的傾向、神秘的傾向は、むしろ大乗仏教の経典が散発的・非体系的にとり入れていた要素によることの方が多い。

このような、仏典に徐々に登場し、ついで独立して制作されるようになった初期の密教経典を、中国・日本の密教家はのちにふりかえって「雑密《ぞうみつ》」の経典・時代と呼んでいる。

初期密教の経典

「雑密」とは、「純密」に対することばであって、純密が純粋な密教、他の一般大乗と明瞭に区別しうる独立した特性を有する密教であるのに対して、一般大乗経典中にも散説され、それぞれの経典の陀羅尼品《だらにほん》（ダラニすなわち呪文を述べる章）などの中にまとめられているようなものをいう。

中央アジアと密接な交流の開けたクシャーナ（Kuṣāṇa dynasty 一―二〇〇）時代には、その地方の遊牧民族の呪術的な傾向が影響して、呪術的な傾向を帯びた大乗経典が少なからず製作され、多くの時を隔てず中国に伝訳されている。

また、すこし前南インドに成立したアンドラ王朝（Andhra dynasty 紀元前二三二―紀元後二二五）の治下においても、バラモン教が保護され、純インド的な文化が確立されていった。こういう雰囲気の下で、大衆部系統の部派が栄え、それとの密接な関係の下で大乗仏教が形成される素施が作られて行った。『般若経』もその体系化に努めたナーガールジュナ（Nāgārjuna 竜樹）にこの南インドで成立し、出生した事情を考え直す必要があろう。

聴聞・読誦・書写の功徳を説く『法華経』・『般若経』・『金光明経』などは、大乗経典であると同時に密教経典であり、さらに発想の形式はプラーナ的でさえある（特に『法華経』に収められた「観世音菩薩普門品」のプラーナ性についてはM. Winternitz）。このような、「大乗密呪」・「方等秘密」についてはすでに学者の注目をうけている（渡辺海旭「純密経としての金光明経」『壺月全集』上、七二八頁以下）が、今後さらに多角的に掘り下げてゆく必要があろう。

大乗経典中に説かれた密呪は、『瑜伽論』四十五や『大智度論』五などで四種の法門に分科され、その他、『華厳経』「十地品」や『大宝積経』「無尽意菩薩会」などで菩薩の学ぶべき十種の陀羅尼などが挙げられているところをみれば、相当の質と量に達していたことは明らかである（田久保周誉『真言陀羅尼蔵の解説』、昭和三五年、豊山教育財団、二九頁）。

　これと並んで、儀軌は急速に整備され、五世紀後半から六世紀にかけて、多くの『密教儀軌』が形づくられていった。

　六世紀後半に耶舎崛多《やしゃくった》によって漢訳された『十一面観世音神呪経』では『金光明経』に説かれていた弁才天法が増広され、十一面観音法がはじめてあらわれ、その尊形・壇法が規程され、以来さまざまな変化観音があらわれ、その儀軌が定められて行く。

　七世紀の半ばごろには、造壇、結印、画像法をはじめとする密教の儀軌はほとんど完成し、諸尊法、（本尊観、字輪観、種子、三昧耶形等は精緻を極めるに至る（松長、前掲書、四六頁）。

　はじめて速達成仏を説いた『千眼千臂観世音陀羅尼神呪経』、観法を発達させた『観自在菩薩怛嚩多唎随心陀羅尼経』、文殊菩薩はじめ諸尊の儀軌を体系化した百科事典『文殊師利根本儀軌経』などは、初期の密教経典の代表的なものとして挙げるべきであろう。

　これらの初期密教経典は、中国・日本では「雑密」といわれていることは前述の通りであるが、それはインド、チベットにおいてする経典の分類法である『作タントラ』（kriyā tantra, bya ba）に相当し、以下に述べる『大日経』は『行タントラ』（caryā, spyod pa）に、『金剛頂経』は『瑜伽《ゆが》タントラ』（yoga, mal hbyor）に、後期の『金剛頂経』は『無上瑜伽タントラ』（anuttarayoga, mal hbyor bla na med pa）に相当する。

　初期の密教経典である、雑密＝行タントラの経典は、その多くが漢訳され、大正新脩大蔵経の第十九巻に収められているほか、相当チベット訳も多く、梵文の残っているものも少なくはない。

「雑密」から「純密」へ

これらの雑密諸経典にも、初期のものと後期のものとを区別することができる。正純密教にくらべて、双方共に教理上の独立性が乏しく、儀礼に関する叙述が大部分を占めることが共通しているが、前期のものは、儀礼の方法も比較的簡単なものが多く、後期のものはよく整備され、教義上の説明も積極的に整備せられたものが多い。この、雑密経典に前期・後期の区分を立てること、また立てるとしたら、どこに基準を立てるかは、そもそも雑密経典はじめ密教経典の成立時期に不明な点の多い今日、一概に断定のできないところであるが、仏典を整理する上の、ごく大まかな目安でいえば、四・五世紀までに中国で翻訳されたものは、前期の雑密経典と解すべきものが多く、六世紀以後のものは雑密経典でも後期のものが多い。中国に仏典が伝来した年代、すなわち、仏典漢訳の年代は、多くの場合、その訳者の名と共に銘記されてあるから、雑密経典の新古もこれによって大きな区分を立てることはできる。

前期・後期の雑密密教経典のうち、主なものの名前と特色とを挙げるだけでも容易なことではない。また、このことについて、すでに従前の主な研究を網羅して紹介した優れた綱要書（松長、前掲書、三八—五二頁）もあるので、実際はそれに譲ることとし、ここでは、各時期の特色の一斑だけを示すこととしよう。

三二〇年にチャンドラグプタ一世（Candragupta）によってグプタ王朝がおこされた。ガンジスの中流、昔のマガダ国の領域を拠点としてインド全土に勢力範囲を広げたこの王国の出現をもって、インドにおける中世の開始とみる学者は多い（中村元『インド古代史』等）。彼らの中央集権は強力であり、バラモン教は国教となり、その使用語であるサンスクリット語は公用語となって行った。社会的にはバラモン教を理念とする村落共同体が、古い氏族制を継承しつつ社会の中心勢力となろうとしていた。

初期（四—五世紀）の雑密経典、および、それと時期を同じくする大乗経典の成立した時期とは、実に、このようなバラモン文化、インド中世化、保守化の時期であったことを忘れてはならない。したがって、そこでは、一方において、仏教における大乗教理の体系化が、マイトレーヤ（Maitreya 弥勒）、アサンガ（Asaṅga 無著）、ヴァスバンドゥ（Vasubandhu 世親）等の大宗教家・大学者たちによって進められ、バラモン哲学の体系化（六派哲学）と共に完成に近づく一方、バラモン文化がリグ・ヴェーダの昔から保ち、土着の非アーリヤ（anārya）や非純粋アーリヤ（vrātya）の儀礼や諸神崇拝をとり入れて育てて来た、ヒンドゥー的諸型態に、包摂され、消化されて、バラモン的文化圏にあるひとびとへの積極的接近を示すようになる。

仏前に香華を供養する供養法などの歴史はすでに二世紀に始まるとみられるが、その他の供養法、僧侶のさまざまな段階に行なわれる認証儀礼としての灌頂法、儀礼を行なうための道場を設定する結界法、牛屎を地に塗り芥子を火に焼く護摩法などは、大体、三世紀から四世紀までに成立している（松長、前掲書、三九頁）。

さらに、個々の願望に応じての、個々の修法——澡浴・浄衣・断食等が細かに規定され、その目的に適った諸尊が説明されるようになったのもこのころからである。この諸尊を選び崇拝するという考え方の背後には、もちろん、諸尊がすべて一尊（本尊・中尊）の応化身であるという仏身論の理解が一貫しているわけであるが、それが現実化した背後にほ、ヒンドゥー教の本尊観（好みの神 iṣṭa-devatā として信仰する）のあることも否定できなかろう。

この願望達成の手段と方法は、バラモン教のそれをとり入れ、ついにはそれを凌駕する規模と内容とに増大して行く。農業儀礼としての請雨法、止雨法、治病儀礼としての種々な医療法のおどろくべき量産はこれを物語っている。仏図澄につづいて中国に渡った帛尸梨蜜多羅《はくしりみとら》（Śrī-mitra）や曇無蘭《どんむらん》（Dharmarakṣa）が翻訳した経典群は、まさにこの時期の代表的産物である。『大灌頂神呪経』、『時気病経』、『呪歯経』、『呪目経』、『呪小児経』、『請雨呪経』、『止雨呪経』、『薬呪経』、『呪毒経』等がそれであり、この時代の密教を、学者が「呪術密教」と名づけたのは当を得ているといわなければならない（栂尾祥雲『秘密仏教史』昭和八年、高野山、八二頁）。

呪術を基調とする密教が、このように四世紀の南北中国に浸透したのは、一つにはインド国内の右に述べたような事情もあったであろうが、一つには、中国古代末期の南北動乱という国際的環境によるものであって、のちのインドの学者で、密教経軌（タントラ）の起源を国外、ことに中国に求めようとする立場を生じたのも決して理由のないことではない（P. C. Bagchi : On Foreign Element in the Tantra, IHQ, vol. VII, No. 1, 1931, March. pp. 1—16, Mahā-cīna-tantra というタントラの紹介）。

この気運は、五世紀に入ってもさらに精力的にすすめられる一方、単なる供養法や儀礼から進んで、仏を観想する観法や、特定の本尊を撰択して信仰する本尊観などがどしどし中国にもたらされている。

四世紀に仏陀跋陀羅（Buddhabhadra）が訳した『観仏三昧海経』（大正、十五）には四仏、十仏の観想法が説かれ、曇無讖（Dharmakṣetra）の訳した『金光明経』には四仏が登場して来ている。五世紀に入れば、観音・弥勒・普賢・虚空蔵・薬王・薬上などの諸菩薩、阿弥陀あるいは薬師などの諸仏に対する観想法も相ついで中国に紹介されている。作壇法・供養法の代表経典としての『大吉義神呪経』（大正、二十一、No.1335）や、祈雨・止雨等の農村儀礼の代表経典としての『大方等無想経』（大正、十二、No. 387）は、五世紀に伝来した雑密経典の白眉である。

後期、すなわち六世紀以後の雑密経典には、それと認められる特色が存在するようになる。それは、一口でいえば、雑密経典の増広と深化である。

増広についていては、たとえば六世紀の後半に、闍那耶舎（Jñānayakṣa）によって翻訳された『大方等大雲経』の「請雨品」（大正、十九、No. 992）をあげることができよう。この経典は、先に挙げた『大方等無想経』に見られる請雨・止雨の呪法を整備し増広したもので、ここでは、竜や孔雀を駆使して行なう非アーリヤ起源の農耕儀礼が、完全に仏教の儀礼として農民の間に定着したのをみることができる（松長、前掲書、四〇頁）。『牟梨曼陀羅呪経』や『陀羅尼雑集』も、同じく供養法増広の一産物として無視できない作品である。ことに後者は、中国で集成されたものかも知れないが、その一々の儀軌はやはりインドで成立したものと考えなければならず、そこでは、請雨法・観音法・画像乳木焼火法・隠形法が前者をより一層細かくして説かれている。また、あらたに摩利支天法が規定され、また、求聞持法の萌芽が認められるなど、グプタ王朝末期の、整備された密教儀軌の特色を明瞭に示している。

四七五年に西ローマ帝国が滅亡し、西方貿易が杜絶すると、インドの貨幣経済は破綻し、商業資本は没落する。加えて西北インドが匈奴系のエフタル人におそわれたのを始めとして、六世紀以後のインドは、商業的経済活動の微弱な、農村的、儀礼的、秘教的な傾向の宗教文化の栄える形勢が強められてゆく。

印契・護摩法を説く経典、『牟梨曼陀羅呪経』を承け、六世紀後半に耶舎崛多によって漢訳された『十一面観世音神呪経』は、壇法、観法、印契法に細かい規定が設けられた。この経典は、『金光明経』に説かれた「弁才天女法」を増広し、「十一面観音法」をはじめて説いたもので、こののち一世紀の間に、さまざまな変化観音があらわれその儀軌が定められてゆく。このころの急激な観音信仰の高まりは、ヒンドゥー教のシヴァ神信仰の高まりと無関係とはいえない、とみる学者もある（松長、前掲書、四五頁）。

さらに、初唐のころ中国に紹介され、はじめて速得成仏を説いた『千眼千臂観世音陀羅尼神呪経』や、本尊観・字輪観・種字観などの純粋に宗教的な冥想（観法）を説く『観自在菩薩怛囀多唎随心陀羅尼経』のような経典もあらわれ（栂尾、前掲書、八四頁）、密教経典は、従来の散在的な現世利益の経典から、次第に独立した教学上の発言権を有するようになって来た。これが、雑密経典後期のものに見られる第二の特色、すなわち、内容上の深化という事実である。

七世紀に入ると、この二つの傾向は一層進行し、『陀羅尼集経』が阿地瞿多《あじくた》（Atikūṭa）によって翻訳され、はじめて三昧耶形が説かれ、仏頂部・如来部・菩薩部などの諸尊供養の壇法（諸尊法）が詳説されるようになった。この経典は、『大日経』と共に、調伏法の一つとして、血や毒薬や人骨をもってする悪人除去の法を説き、さらにそれは『一字仏頂輪王経』にも継承され、『金剛頂経』系の降伏法の素材として発展させられてゆく。

『蘇悉地経』、『蘇婆呼童子経《そばこどうじ》』、『蕤呬耶経《すきや》』等はいずれも七世紀の前半には成立していた経典とみられるが、息災・増益・調伏の三種の護摩法が整理されており、『大日経』に継承される素材が出揃っている。

これによって判るように、これらの雑密後期の経典群は、時期的にも素材的にも、すでに正純密教経典である『大日経』、『金剛頂経』と密接な関連性を有し、その双方へ移行し、あるいはその何れとも関連の明らかでない（『文殊師利根本儀軌経』など――松長、前掲書、四八―九頁）経典もあり、まさに、雑密から純密へ移行する過渡期の様相を呈していることを知ることができるのである。

大日経の成立

七世紀以後の、独立した性格を有するに至った密教を、中国・日本の密教家が「純密」と称し、前述の「雑密」と区別することはすでにたびたび触れて来たとおりである。

この純密、すなわち正純なる密教は、『大日経』と『金剛頂経』という二つの重要な経典を二つの柱として成立する密教である。インド、およびチベットの密教家の区分する歴史的分類によれば、前述の雑密経典は所作（kriyā, bya be）のタントラであり、『大日経』は行（caryā, spyod pa）タントラに、『金剛頂経』は、その前期のものは瑜伽（yoga, rnal hbyor）タントラに、後期のものは無上瑜伽（anuttara-yoga, rnal hbyor bla na med pa）タントラに配せられる。チベットに伝わる分類法によれば、これはさらに細かく般若（母）

のタントラ、方便（父）のタントラ、すなわち、知を扱う経典と、実践を主にする経典とに分類され、綿密な経典分類が組み立てられる。

この四分法は密教経軌の分類法としては典型的なものであるが、これはプトンがチベット大蔵経の分類にあたって採用したときに始る。この分類法の起源をなすのは、八世紀のころインドにおいてブッダグヒヤが試みた二分法乃至三分法による（松長有慶「チベット大蔵経の密教経軌分類法の典拠について」『日本西蔵学会々報』十）。四種のタントラの性格については、次の諸研究が参考になる。Louis de la Vallée Poussin : The four classes of Buddhist Tantras, J. R. A. S. 1901, pp. 900—1, M. Winternitz : A History of Indian Literature, vol. 2, Calcutta 1933, P. 389 ; G. Tucc : Tibetan Painted Scrolls, vol.I Roma 1949, pp. 220—5 : 多田等観『チベット』六五—七一頁、酒井真典『喇嘛教の典籍』二一—四五頁。ことに最後のものは、『金剛頂経』の分類等に関し、多くの示唆的な見解を含み、密教経典に関するきわめて重要な研究指針書である。そのほか、羽田野伯猷「西蔵仏教形成の一課題」『日仏年報』十六、六六—七頁、栂尾祥雲「喇嘛教と日本仏教」、『密教文化』十三、十四—二一頁、松長、前掲書、五四頁、および六一頁註。

この二つの代表的純密経典のうち、『大日経』の展開する仏の世界を「胎蔵界」といい、『金剛頂経』のそれを「金剛界」といい、両方を合わせて「金胎《こんたい》両部《りょうぶ》」、二経を合わせて「両部の大経」といい、中国・日本の真言宗では根本経典となっている。チベットの密教家は、前にのべたように、『大日経』のあとに『金剛頂経』を二段階に分けて考え、その後の段階のものを「無上瑜伽タントラ」として最高究極のものと考えるので、それ以前の段階に成立した『大日経』や初期の『金剛頂経』を必ずしも最高のものとは考えていないという相違はある。

『大日経』の展開する世界が「胎蔵界」といわれるのは、この経典の示す世界を図式化したマンダラが「蓮華胎蔵生マンダラ」とよばれるためである。では「蓮華胎蔵生マンダラ」とは何かといえば、仏の智慧、真実の智慧が、蓮華の花芯が母胎に蔵されるように、仏のうちに蔵されていることを示したものである。いいかえれば、姿を換えてわれわれに観察されるようになる以前の、胎内にあるときの智慧、智慧そのものが『大日経』の展開する智慧ということができる。

これに対して『金剛頂経』の展開する世界は、前の『大日経』の智慧が現象の世界、実践の世界にあらわれてきたものをいう。実際的な智慧、あるいは智慧の現象世界における在り方をいう。これを「金剛界」と表出したのは、実際的な智慧の強い実践力を楽《ねが》ったためと考えることができよう。この二つの方面は、仏教の長い形而上学的・認識論的努力の総和ともいうべきもので、『大日経』が仏教の真理の本来的な在り方、「実相」、あるいは勝義諦をあらわすのに対し、『金剛頂経』は、真理の観察と実践、すなわち「観想」をあらわすといわれる。これは、前の二諦説（真理の二つの在り方）でいえば、世俗諦（真理の現実社会におけるあらわれ方）をあらわしている。

『大日経』は、詳しい名（具名《ぐみょう》）を『大毘盧遮那《だいびるしゃな》成仏神変加持経《じょうぶつじんぺんかじきょう》』といい、開元十二（七二四）年に、善無畏（Śubhakarasiṃha）が翻訳し、一行が記録した漢訳が現存している。これは全体が七巻で三十六章に分かれているが、内容としては、最初の六巻三十一章で完結し、最後の第七巻の五章は補足または附録とみることができる。内容も主文に対する供養法と儀礼が主となっている。チベット語訳は九世紀のはじめの翻訳で、漢訳の六巻に当る部分だけが三十六品（大谷No. 126, 東北No. 494）に訳されており、七巻と対応する部分は「論部」に別に編入されている（大谷No. 3488, 東北No. 2664）。

この経典のサンスクリット原典は発見されていない。他の経典や論書の引用によってその零細な部分をみるのみである（松長有慶「大日経の梵文断編について」『印仏研』二八、一三七―一四四頁）。

『大日経』がインドのどこで成立したかについての確答はえられていない。いろいろな説がある。アフガニスタンのカーピシャ（迦畢試国）（小野玄妙『大乗仏教芸術史の研究』昭和二年、金尾文淵堂、二一一頁）、中インドのナーランダー（大村西崖『密教発達史』大正七年、仏書刊行会図像部、二八四頁）、西南インドのラーター（羅荼国）（栂尾祥雲『秘密仏教史』昭和八年、高野山、二九頁）、北インドのカシミール（勃嚕羅《ボーローラ》城北の石窟）（清水谷恭順『仏誕二千五百年記念、仏教学の諸問題』同会、七二二頁）等である。

また、いつ成立したかについても新・古種々の説がある。元来、『大日経』には、十万頌三百巻という広大な完本（広本）が存在した、今の漢訳、チベット訳はその略本であるという説もあるが、これはそのまま事実というよりも、信仰上の伝統説か、あるいはせいぜい、先駆的経典、あるいは親縁関係の諸経典の存在を暗示するものであろう。

もっとも古くみる説では、五百年ごろという説（清水谷、前掲論文）もあるが、やや古きにすぎ、七世紀の中ごろとみる説がもっとも難がない（栂尾、前掲書、三二一―六頁。松長『密教の歴史』五七頁）。

漢文の註釈としては、訳者である善無畏の講述したものを弟子の一行が書き記した『大日経疏』二十巻（大正、三十九、No. 1796）があり、それを智儼と温古らが校訂した『大日経義釈』十四巻（卍字続蔵1. 36：3―5）があり、それぞれ真言宗、天台宗においての『大日経』研究の指針となっている。

チベットにおいては、八世紀のインドの学者ブッダグヒヤ（Buddhaguhya 覚密）の著した『法曼荼羅の略詮』がある。

これも、中国の注釈と同じく、未校訂本と十五世紀にションヌペー（Gshon nu dpal）によって手の加えられた校訂本とがある（松長、前掲書、五九頁）。

大日経の内容

『大日経』七巻三十六章のうち、哲学的にあるいは文学的に、内容の理解しうるのは最初の「住心品」、すなわち「心の在り方を扱う章」だけで、他の章は、仏の世界に入って行くための、さまざまな秘密の約束、方法（事相）*の配列に終始しており、平面的理解を拒んでいる。

この「住心品」では、経の主人公である大毘盧遮那仏（Mahāvairocanabuddha すなわち、大いなる光りの仏）が、「如来加持広大金剛法界宮」という宮殿におられ、執金剛《しこんごう》秘《ひ》密主《みつしゅ》という持金剛者*の質問に応えて仏陀の智慧、すなわち「一切智（者の）智」を説明するという形をとっている。

ここでは、「菩提心を因となし、大悲を根となし、方便を究竟となす」（大正、十八、一b）という有名な「三句」の教えが説かれている。原因となるのは、さとり（菩提）をもとめる心（菩提心）であり、その原因として播かれた菩提心という種子が、自利利他円満の大悲の菩薩行を根として発達し、ついに果にいたる。その果とは、この現実を界（方便）そのものである、というのが『大日経』の呈示した大胆な智慧の本義であった。密教の理想は、実在と現象とが個人の経験のうちで統一され、矛盾のなくなることにほかならない。この実在が「真実の智慧」(般若)と呼ばれ、現象が「方便」と呼ばれるのである。仏果がこの身に具現されれば、現象世界において展開されるいかなる現象にも、普遍的真理の存在し妥当することは見出され矛盾の生ずることはない。この境地を「方便を究竟となす」というのである。

このように眺めてくれば、『大日経』の三句こそ、密教における知識論と実践哲学を一つにし、双方にとってのアルファでありオメガであるということができよう。

この「三句」の祖型をなす思想は、『大集経』、『大乗荘厳経論』(Mahāyāna-sūtrālaṇkāra)、『修習次第』(Bhāvanākrama)などの諸経論があり、それらによれば「究竟」の原語は「最頂点」「絶頂」「究極」を意味する paryavasāna ということばであることがわかる(渡辺『お経の話』、二一一頁。長沢実導「大日経住心品の三句の仏教学的解釈」『智山学報』八、一一二頁。勝又俊教「菩提心展開論の系譜」『印仏研』一七、三一頁)。現象世界を方便という従来の慣習的表現から一歩を進めて、最高・究極と表出したところに、この経典の大

> 事相　教相に対していうことばで、密教において灌頂・修法等の実際の修法をいう。事相と教相の密切な連繋は不二とされる。

> 持金剛　vajradhara　金剛杵(vajra)を持てる者の意で、密教において法座に連なり仏の説法を聴聞し、またそれを修行する者たちをいう。ふつうの大乗仏教における菩薩の役割を果す。

きな進歩と創意があるといってよかろう。方便のもつ「手段」という意味合いが払拭されて、「目的」「最終目的」の意味にまで高められたのである。

さらに、「菩提心」を説明して「実の如く自心を知る」とし、如実なものの見方を強調した。現実をありのままにみるのが密教の基本的態度であるから、これは当然の説明ともいえるが、ここでは「心」の段階を追っての説明（住心）、そのさまざまなあり方（種々心）の説明に創意が見られる。これは日本の空海の主著である『十住心論』や『秘蔵宝鑰《ひぞうほうやく》』の重要な背景となって行く。

そして、さいごにこの心は、その本体は実在するものではなく（空）、清らかなもの（本来清浄）とする。その説明には、中観系、瑜伽系、さらに如来蔵系の術語が豊富に、自由に使われているけれども、この心の見方は般若系、中観系であるといわなければならない。

しかし、『大日経』が諸尊を分類し、行者をそれぞれそこに配当する三部の組識――仏部・蓮華部・金剛部――の説は、いくつかの経典を介在して――例えば『不空羂索経』など――『金剛頂経』の宝部、羯磨部を加えた五部説へと展開（栂尾、前掲書、四〇一頁）して行ったことを見れば、『大日経』――胎蔵界、『金剛頂経』――金剛界という関係も、決して相互に排除し合う対立的関係ではなく、後者が前者を発展的に継承する面のある相互連関的関係であったことを知ることができるのである。

金剛頂経の成立

七世紀の半ばごろ成立したと見られる『大日経』は、七世紀の後半には、早くも中インド→北インドに伝播し、これが無行によって中国にもたらされるのであるが、八世紀にはいってからは、北インド、カシミールのボーローラ（勃魯羅）にまで流布するに至っている。中国、チベットへの伝播や、注釈の作成にあたって、中インドや北インドが舞台となることが多いのは、この経典の、このような伝播の経過に対応しているとみてよいのであろう。

中インドは、こののちナーランダーが密教の中心道場となり、顕・密兼学の巨匠が仏教最後の花を咲かせることとなる。のちに述べる『般若理趣経』などもここで成立したと推定（渡辺照宏）されている。

これに対して、北インド、ことにその西北よりにクーナ族系のラージプート族が出現し、密教はその地盤を失う。以後もこの形勢のままでイスラム教徒の進出をむかえ、北インド、カシミールは、インドの中でもっとも早く仏教色を失う地方となる。こうして、中インドのナーランダーと並んで、南インドが密教の重要な活動の舞台となってくる。『大日経』と並んで、体系的密教の一つの柱となった『金剛頂経』は、ここ南インドのアマラーヴァティーで成立したと考えられている。

『金剛頂経』は、単数の経典ではない。新古いくつかの同系統の経典の総称である。そのもとが一つであったという（広本があったという）説には、いま直ちに賛同できないにせよ、『金剛頂経』を自称し、事実その内容をもつ経典のあることは事実なのである。

このうち、初期の成立で、かつ内容的にも、のちの『金剛頂経』の方向を決定した、初会の『金剛頂経』が、アマラーヴァティーの成立と考えられるのである。

この初会の『金剛頂経』は、前後三回中国に紹介された。

最初に、これを翻訳したのは金剛智である。彼はインド名をヴァジラボーディ（Vajrabodhi）といい、中インドの王子、あるいは南インドのマラヤ国のバラモンの生れといわれ、海路セイロン、スマトラを経て広京に入ったのは、七一九年のことであった。そのとき四十八歳であったというから、その出生は六七一年のことで、七十一歳で洛陽に亡くなる（七四一）まで、約二十年の長きにわたって訳経とその弘通につとめている。

彼は南インドで行なわれた瑜伽系密教の大家であった。これを中国にもたらして彼が翻訳したのは、初会の『金剛頂経』の略出系とみられる『金剛頂瑜伽中略出念誦経』四巻であった。

こののち、この金剛智の弟子として『金剛頂経』を翻訳し、中国の密教界を大成したのは、不空であった。

不空（七〇五―七四）はインド名をアモーガヴァジュラ（Amoghavajra）といい、直訳すれば不空金剛であるが、この「具名《ぐみょう》」（フルネーム）よりも略名の不空の方がよく知られている。

彼は、父は北インドのバラモン・母は康居（サマルカンド）の人といわれ、母系の叔父に連れられ、十歳のときすでに中国に渡ったといわれる。師の金剛智にめぐりあってのちは、梵語の文法を学び、訳経の座にも連なったが、その没（七四一）後はインドにもどり、十八会の『金剛頂経』はじめ梵本一千二百巻をえてからのち、その自由で精力的な翻訳活動を始めたのである。

彼は二十八年に及ぶ翻訳活動で、八十部百巻の経典を翻訳したが、そのうちで最重要のものが初会の『金剛頂経』である『金剛頂一切如来真実摂大乗現証三昧大教王経』三巻（大正、十八、No. 865）であった。これによって、中国の密教界は略出経でない『金剛頂経』の訳本をもち、ここに面目を一新したのであった。

こののちも、小規模な訳本や注釈・儀軌は出現し、また翻訳され、徐々に完全な『真実摂経』として形成されて行ったものと見られる（鈴木宗忠『秘密仏教』昭和三四年、明治書院、一一七―一二七頁）が、その完成された『真実摂経』（初会の『金剛頂経』の翻訳）は、遠く下って宋代の施護（?―九九〇―?）にまで待たなければならなかった。

施護の翻訳は、『一切如来真実摂大乗現証三昧大教王経』三十巻（大正、十八、No. 882）である。

彼はこのほか、第十五会の『一切如来金剛三業最上秘密大教王経』七巻（大正、十八、No. 885）も翻訳した。

宋代にはまた、第六会の『金剛頂経』といわれる『最上根本大楽金剛不空三昧大教王経』七巻（大正、八、No. 244）が法賢によって翻訳せられている。これらの『金剛頂経』は、いずれも不空が梵本を将来しながら翻訳し終えなかったものであり、「ゆがタントラ」あるいは「無上ゆがタントラ」に配当される後期の『金剛頂経』であった。

『金剛頂経』は、金胎両部の大経として、『大日経』と並ぶ位置におかれながら、それと較べて研究には著しい立ちおくれがみられる。このことの理由はいろいろあろうが、一つには、この経典が、多くの類似経典をもち、複雑な発展を示しているためもあると考えられる。

いままでに述べた初会の梵本（三種ある。松長、前掲書、七〇頁の註（5））も完全な形のものはまだ出版されておらず、「金剛界品」の一部が出版されているにすぎない（G. Tucci : La lotta fra Vajrapāṇi e Mahādeva, Indo-Tibetica I. pp. 135―45. これに基づくローマ字本が高野山大学の堀内寛仁教授によって行なわれ、つづいて全体の校訂本の出版が予想されている。「初会金剛頂経梵本ローマ字本」『高野山大学論叢』三、一九―一一八頁）。

その題名すら一致せず問題があり（清田寂雲「金剛頂経の梵名について」『印仏研』四、二七七―九頁）、通称としては『真実摂経』（Tattvasaṅgraha）と呼ぶほかないことなどもその表われである。

第十五の『金剛頂経』は『秘密集会』（Guhyasa-māja）と呼ばれるタントラを原典とすると見られるが、その関係については注意を要する点が多々ある（松長有慶「秘密集会タントラ成立に関する二、三の問題」『中野古稀論集』一九七―二〇二頁）。

このほか、それぞれのチベット訳のあるほか、第二会、第三会、第四会、第十三会に比定されるチベット訳の存在が酒井真典教授によって証明されている（総括的には『喇嘛教の典籍』）が、反論も見られ、十八会の『金剛頂経』なるものの全貌が明らかにされる日は決して近いうちにあるとは考えられる状態にはない。

これらの事情と、この間に介在するほとんど無数ともいうべき儀軌・註釈の存在を考えれば、『金剛頂経』研究の方途の立つのは、かなり気長に待つほかはなさそうに思われてくる。

金剛頂経の内容

『真実摂経』をはじめとする初期の『金剛頂経』群は内容には一貫した特色がある。それは、『大日経』で確立された「さとりの心」（菩提心《ぼだいしん》）を認識論的に具体的に実践的に把捉しようとする試みである。『大日経』が中観の密教的帰結であるとすれば、『金剛頂経』は瑜伽行唯識の密教的帰結ということができる。したがってここでは、心の観察、冥想（観法）の段階が、ことこまかに展開される。密教の阿毘達磨ともいうべき議論がくりひろげられる。

『真実摂経』を例にとれば、ここでは、一切義成就菩薩の質問に対して、大びるしゃな如来が、自分の如来性をさとり、それを体現して仏身を成就する修道法としての「五相成身観」という修行法を説く。

「五相成身観」とは、五つの相状を段階的に発展して実践する仏身成就の観法ということで、次の五つから成り立っている。

①通達菩提心（通達本心）　自らの心の清浄であることを知り、それがさとりの心（菩提心）であり月輪であることを知る。

②修菩提心　さとりの心は月輪であることを観じ思念し修行する境地。

③成金剛心　このさとりの心を加持して堅固なること金剛のごとくならしめんとて心の月輪を五鈷の金剛杵と同体なりと観ずる境地。

④証金剛心　右の観法を完成して自分自身が仏とその三密を等しくすることを観ずる。

⑤仏身円満　行者と仏とまったく同一性を覚る。

この五相成身観が完成してえられる境地が金剛界マンダラであり、『真実摂経』のはじめはほとんどこの「金剛界マンダラ」の説明である。五智五仏の構成が、すでに萌芽的にではあるが『真実摂経』の中に発生し、以後『金剛頂経』系統の密教の特色となって行く。

後期の金剛頂経

『金剛頂経』系統の密教経典はその後も長く発展をつづけた。それらの大部分は、中国・日本へは伝来せず、国外ではチベットへ主として伝わったほか、サンスクリットの写本のまま、インド内外で発見されたものも少なくない。現在、ヨーロッパや、インド、ネパール、日本各地の図書館に保存されている仏教の梵本写本では割合の最も大きな部分を占めている（cf. Matsunami : A Catalogue of the Sanskrit Mss in the Tokyo University Library. Taisho University Sanskrit Seminar : Buddhist Mss of the Bir Library)。

インド、チベット仏教の教判では、これらの仏教経典は「無上ゆが部」に属する。これはその名の示すように、『真実摂経』等の『金剛頂経』の属するゆが部系密教の最終形態である。

この無上ゆが系密教のうち、真実の現象世界への展開を、実践的・認識論的に重視する流派を「方便・父タントラ」といい、真実自身へ行者の融合する方途を探究するヨーガ的な流れを「般若・母タントラ」といい、この二つの統一をめざす流れを「双入不二タントラ」といった。

「方便・父タントラ」の代表としては、『金剛頂経』の第十五会とされる『仏説一切如来金剛三業最上秘密大教王経』（大正、十八 No. 885）がある。

本書の原典は『秘密集会』（Guhya-samājatantra or Tathāgataguhyaka 如来秘密）といい、前編（pūrvārdha）十八章、後編（parārdha）約三十五章で成り立っている。その原典は三世紀ごろに成立したとみる説もある（B. Bhattacharyya）けれども、全体の完成は八世紀後半まで下るとみられる（松長有慶）。本書の前半はバッタチャリヤによって出版せられており（G. O. S. LIII, Guhyasamāja-tantra, 1931）、漢訳・チベット訳との対比が可能である（チベット訳は影印北京版 vol. III, pp. 174―203）。後半は未刊であるが、その存在はすでにバッタチャリヤによって注目せられ、東京大学図書館、およびネパールのビル図書館に多数の写本の存在することが報告せられている。しかし『秘密集会』という時は、前分の十八章を指すのが普通であり、後分はその内容が今日明らかにされていないので、ここでは前分の内容についてのみ解説を行なうこととしよう。

本書はまず冒頭において、教主たる大びるしゃな如来がヨーシドバガ（yośidbhaga 清浄境界）に住し、同じくその境界に住する阿閦如来が大三昧耶マンダラを加持するとき、大びるしゃな如来から諸仏のマンダラが出現される次第を説く。

ついで、この大びるしゃな如来は、実践的に一切の如来の身・口・意の主と表現される。諸仏の菩提心は、中観・瑜伽行唯識の大乗仏教が表現したように、無相の心であらねばならず、しかもそれは菩薩の実践原理として内実性に富んでおらねばならない。かかる意味において、菩提心は身体を通じ、言語を通じて見られ、大びるしゃな如来がそれを統御するとせられるのである。

この境地に到達するためには、曲技的なハタ・ヨーガ（haṭha-yoga）をも含めてさまざまなヨーガの実践（瑜伽行）が必要とされる。すなわち、大三昧耶マンダラにおける大びるしゃなは、観想の対象としてみるとき宇宙そのもの（sacarācara）である。この宇宙を収めて、ヨーガによって心中の芥子（sarṣapa）の中にそれを再現する行が観想（bhāvanā）であり、その最上の段階に達したものが微細ヨーガ（sūkṣma-yoga）とも最上ヨーガ（bhāvanottama）とも称されるものである。

本書の内容は成立史的に見て三つとみる説がある。すなわち、第一の前分（第一章より第十二章まで）において各集会タントラの基本が成立し、第二の後分においてそれが集成組織せられ（第十三章より第十七章まで）、最後に、それらを解説要約する形の第十八章が加えられて、現形になったのであろう、という。そして最後の第十八章は、初会の『金剛頂経』

たる『真実摂経』(Tattvasaṅgraha) に対して『最終儀軌』(Uttaratantra) の立場に立つとされて前十七章と区別せられている。インド・チベットでは、日本・中国とちがって盛行を見たことは、現存する多数の注釈書からも察することができる(長沢実導「グフヤ・サマージャの基調」『智山学報』第五輯、羽田野伯猷「西蔵仏教形成の一課題」『日仏年報』十六、松長有慶「秘密集会タントラの成立過程」『印仏研』四―二)。

般若・母タントラ系の聖典のうち、中国・日本に知られたものは、さらに少ないが、宋代に法護によって訳された『大悲空智金剛大教王儀軌経』五巻(大正、十八、No. 892) はその珍しい例であり、且つ、その代表的なものである。原名を『ヘーヴァジュラ・タントラ』(Hevajra-tantra 呼金剛軌) といい、ロンドン大学のスネールグローヴ教授が梵文とその英訳、およびチベット訳を出版し、詳細な解説を行なっている (D. L. Snellgrove : The Hevajra Tantra, part I, Introduction & Translation 1959, part II, Sanskrit & Tibetan texts, Oxford University Press, 1959)。

国訳は、すでに昭和六年(一九三一)、神林隆浄教授によって行なわれている(『国訳一切経』密教部二、pp. 337―91)。当時においては周到な梵・蔵比較のなされている良心的な翻訳で、チベット訳はナルタン版カンギュル秘密部 (Kye rdo rje rgyud kyi rgyal po) のそれと、梵本は前半だけであるが、大正大学所蔵の写本との対比が行なわれている。

その内容の大綱は・神林教授の解題によって知ることができるが、漢・蔵本の間の相違などで興味ある点が指摘せられている。

形の上からいうと漢訳は、散文と偈によって訳されているのに対し、チベット訳は極めて少しの語句を除くほか、すべて七言を一句とする偈で訳されている。梵文原典は必ずしも偈を主としていないから、チベット訳に見られる特色といわなければならない。

しかし、その伝える意味に大きな隔りはない。ただ、漢訳では、性力的な表現の露骨な表現は緩和されている。たとえば、この経において、世尊は、金剛明妃の陰門形法生の中なる宮殿（Vajrayogirbhava ＝〔Tib.〕Rdo rje btsun moḥi bhaga）において拏吉尼《だきに》（Ḍākinī）の法を説くとされるが、漢訳では、金剛頂十八会中、第九会、一切仏集会拏吉尼戒網瑜伽真言宮殿において、五明妃、八明妃、上下二明妃による四種のマンダラを説明するものとなっている。

この経典は、この宮殿に住した世尊が、その冥想（samādhi）から起って、空智金剛大菩提心（Hevajra）をおこし、諸仏諸菩薩を出生し、その修行法を詳説し、さいごには、空行女（Khacarī, Tib. Mkhaḥ spyod ma）の観想をもって最上・最易の解脱法としている。もちろん、これは中国・日本に来た密教の関り知らない、般若・母タントラの思想を含み、それを主にした経典ではあるが、その特色に目を奪われる余り、この経典のもつ、正統密教・正統大乗仏教を継承する思想史的系譜を見失ってはならない。

この点については、神林教授も注意を払っておられ（前掲書、p. 340）、本経の巻第五（教授品第十八）の左の文を引き、次のような注意を与えておられる。

〝ここに瑜伽行女・瑜伽行者の法を説くといっても、密教の根本教理に立脚して、善巧方便を以て通俗的に説けるのであって、密教が大乗仏教を依処として、大乗仏教の雰囲気の中に育まれ、その密教思想より地方化され、俗化されて発達したのであるから、本経の基底には、純密教の思想が、多分に、しかもその思想が淫靡的に彩色されたにせよ、根本思想は没却されてはいないのである。

すなわち、

復た次に無我菩薩は、重ねて仏に白《もう》して言《もう》さく、「是の悪人輩、諸弊悪を云何に教授すべきや」。仏言さく、「応に先づ布薩・浄住・律儀し、経法・瑜伽観行、大毘婆沙及び中論等を教授すべし。一切真言の理趣を如実に知り已って然る後に吉祥金剛空を説くべし」〃

これによってみれば、密教を学ぶものも、すべての経法、瑜伽行を修め、大毘婆沙論のような部派の綱要書や、中観論のような大乗の理論書を学ばなければならず、そののち真言の究極を知り、その後はじめて、荼枳尼天女の法のような地方色をとりいれた秘法を実践すべきだとしているのである。

こののち、十一世紀以後、インドで仏教の亡びるまでの間、般若・母と、方便・父の両タントラの綜合をはかる時輪（カーラ・チャクラ）のタントラができ、この経典の信仰を具現する生成神的性格のつよい本初仏（Paramādi-buddha or Ādi-buddha）は、チベットにも導入されて、究極的な仏としての強い信仰をかちえたが、中国・日本には直接知られる機会をもたなかった。

こののち、インドの仏教はイスラーム教徒のアラビヤ人によって破壊され、「空《くう》」の信仰が隠された信仰として細々と生きのこるにすぎなくなっていった。

理趣経の内容

われわれ日本人の大部分が触れ親しんで来た仏教は、いうまでもなく大乗仏教といわれるものを主としてきた。この大乗という教えは、すでにたびたび触れて来たように、小なる教え（小乗）、小なる自我に執われることを打破するところから出発する。無執着・空こそ真実そのもの（般若＝真実智）であり、真の自由であるというのが大乗の旗印しとなった般若の立脚点なのであった。

この教え、このものの見方を確立したのが『般若経』だったのであるが、以来、『般若経』は大乗仏教を支え、大乗仏教と共に歩んで、その長い歴史を進んで行くこととなった。

少しくここで『般若経』の歴史をふり返ってみれば、その最初期のものはいうまでもなく、小乗の「ものの本体の実在性」（有《う》）をみとめるひとびとを破析するところから出発し、それを主務としていた。『小品』・『大品』等の諸『般若』はいずれもこの時期の作品である。

それが第二の時期にはいると、ものの本体の実在性が破析されるところから、ものは本来浄らかである、いかなる環境にあっても自由はえられる「応無《おうむ》所住《しょじゅう》、而生《にしょう》其心《ごしん》」という『金剛般若経』のような立場が生み出されるようになる。

第三の、最後の『般若経』思想においては、実在的・理想的な立場からして、現実も浄らかとみられるという立場を転換して、現実のうちにこそ、極論すれば、不浄として露呈される現実の種々相のうちにこそ、理想の清浄なる本質をみる、というに至る。これは結果としての現実肯定であるが、実際は、理想と現実との不二合一であった。『般若理趣経』は実にこの立場に立っている。『理趣経』は、正しくは『般若理趣経』といわれるように、『般若経』の中から育ったのである。現に、この『般若理趣経』の最も萌芽的な形として認められている『般若理趣分』一巻（大正、七）は、玄奘によって翻訳され（六六〇―三）、その『大般若経』の第十会、第五七八巻として収められている。この『般若理趣分』が『実相般若経』に発展し、だんだん密教的要素を加えて『理趣経』になっていったことについては、学者の意見は一致しているのであるから、『理趣経』が『般若経』からの子孫であることは明らかである。

ただ、これが「嫡流」か「庶流」かについてはもう少し検討してみる必要がある。

『般若理趣経』が『大般若経』の中にあって特異な位置を占め、『大般若経』の他の部分と共通性を見出しにくいことは早くから学者の指摘を受けていた（梶芳光運）が、その中にはすでに、『理趣経』の中心課題である清浄句六十九が説かれている。これは『理趣経』に至って十七の清浄句に整理されるものである。さらに『理趣経』全編の大意をまとめたといわれる「百字の偈」の原型も散文の形ではあるが、『理趣分』の中に出て来ている。

したがって『理趣分』が『般若経』で、やや異端の子であることを認めれば、『理趣経』もやはり異端の『般若経』ということになるが、『理趣分』もまた嫡流中の一つの流れであると認めれば、『理趣経』もまた『般若経』中の嫡流ということになるであろう。

さて、以上によっても察せられるように、『理趣経』は決して一つの経典を指すのではなく、『般若経』の中の、現実肯定の姿勢のつよい一群の経典が徐々に密教化して行ったものの総称である。この群に属する経典として、われわれは少なくも七―十種類の梵文・チベット文・漢訳の『理趣経』を挙げなければならないが、ここでは、アモーガヴァジュラ（不空）が七六三年から七七一年の間に訳した一巻十七段の『大楽金剛不空真実三昧耶経』をとりあげてその内容を見て行くこととしよう。

(1)はじめに「序説分」において、この経の主人公であり、経の語り手が大びるしゃな（Mahā-vairocana）とよばれる如来であり、すべての人のすべての願いを満足させる人であることが示され、その仏がこの世界のはてにある他化自在天《たけじざいてん》の王宮の中で、初めに善く、中に善く、後にも善い説法の始められることが示される。

(1)「大楽の法門」。すべてのものは本来清浄《きよらか》なものであるという見方から、この世のすべてのものが清浄であることが十七の例（十七清浄句）をもって示される。その清浄境は、男女の合体境にも例えられるような、絶対的肯定（大楽）の道であり、冥合の境地である。この教えがよき弟子金剛手に対して説かれる。

(2)「証悟の法門」。さとり（現等覚＝証悟）とは何かが示される。さとりとは、すべてのものの平等なることを知ることに他ならないとされる。

(3)「降伏の法門」。清らかな本性をもちながら、人は無知のためにその清らかさに立ち帰ることができない。したがってわれわれにとって悪を降伏することは、とりも直さず、悪には本来その性《さが》のないこと、実体のないことを知りぬくことにほかならない。このことを見ぬくとき、ものの背後にある清らかさは赫然として姿をあらわしてくる。

(4)「観照の法門」。悪に本性のないことを見ぬくためには、欲望も罪も、すべてのものも、また真実の智慧も、すべて相対的区別の上にあって清浄であることを知らなければならない。これが真実の観照である。

(5)「富の法門」。すべての人に智慧を灌《そそ》ぎ、不如意を無くする教えを説く。そのためには、人に、智慧と義利（よいもの）と教えと生活の資の四つを施さなければならない、とする。

(6)「実動の法門」。ものの清らかであること、仏の力の完全なことは、われわれの行動のすべての上に及んでくる。このことは次の四つのことから知ることができる。①われわれが小さな我に執われないとき、仏と同じ活動ができるようになること。②同じく仏と同じ語《ことば》の働きをもつことができること。③同じく身体の上に、仏と同じ働きを実現できること。④同じく仏と同じく不動の境地に至れること。

(7)「字輪の法門」。こうなれば、ことばと判断（字）は輪のように自由に活動（転）することができる。

(8)「入大輪の法門」。大きな輪のように完全円満な境地に入ることがまさに自由自在となる。

(9)「供養の法門」。すべてのひとを養い、すべての仏を供養する法門。それには、さとりを求める心を発《おこ》し（発《ほっ》菩《ぼ》提《だい》心《しん》）、世のすべてのものを救済しようとし、経典を尊び、智慧をみがかなければならない。

(10)「忿怒の法門」。すべてのものの平等を知るとき、その平等を妨げる差別につよい怒りを発する。

(11)「普集《ふじゅう》の法門」。以上によって『理趣経』を一貫する平等・清浄の教えは各方面から説き終り、この第十一段で、そのすべてが普ねく集められ、平等・清浄こそ真実なる智慧（般若）への究極の道（理趣＝真理への趣《おもむ》き）であることが確認される。

(12)―(17)　以下、すべてのひと（有情）、女神たち、三兄弟の男神たち、三姉妹の女神たち、によるこの経典の護持と普及が説明され(12)―(15)、それらのすべてのものに究極の真実が体現され(16)、最後にはその自覚さえ必要なくなった、現実そのもののうちに理想のかがやきわたる深秘の法悦境に生きられる(17)ことが説かれ、全篇を百字に表現した「百字の偈」をもって完結する。

ぼさつは勝れし慧《ちえ》をもち、
なべて生死の尽くるまで、
恒《つね》に衆生の利をはかり、
たえてねはんに趣《おもむ》かず。

菩《ぼ》薩《さ》勝《しょう》慧《けい》者《しゃ》
乃《たい》至《し》尽《しん》生《せい》死《し》
恒《こう》作《さく》衆《しゅ》生《せい》利《り》
而《じ》不《ふ》趣《しゅ》涅《でっ》槃《ぱん》

世にあるものもその性《さが》も、
智慧の度《およ》ばぬものはなし。
もののすがたもそのもとも、
一切《すべて》のものは皆清浄《きよ》し。

般《はん》若《じゃ》及《きゅう》方《ほう》便《べん》
智《ち》度《と》悉《しつ》加《か》持《ち》
諸《しょ》法《ほう》及《きゅう》諸《しょ》有《ゆう》
一《いっ》切《さい》皆《かい》清《せい》浄《せい》

欲が世間をととのえて、
よく浄らかになすゆえに、
有頂《すぐれし》（天《もの》）もまた悪も、
みなことごとくうちなびく。

欲《よく》等《とう》調《ちょう》世《せ》間《かん》
令《れい》得《とく》性《せい》除《ちょ》故《こ》
有《ゆう》頂《てい》及《きゅう》悪《あく》趣《しゅ》
調《ちょう》伏《ふく》尽《じん》諸《しょ》有《ゆう》

蓮《はちす》は泥に咲きいでて、
花は垢《けがれ》に染《けが》されず。
すべての欲もまたおなじ。
そのままにして人を利す。

如《じょ》蓮《れん》体《てい》本《ほん》染《ぜん》
不《ふ》為《い》垢《こう》所《そう》染《ぜん》
諸《しょ》欲《よく》性《せい》亦《えき》然《ぜん》
不《ふ》染《ぜん》利《り》群《きん》生《せい》

大なる欲は清浄《きよき》なり。
大なる楽に富み饒《さか》う。
三界《このよ》の自由身につきて、
堅くゆるがぬ利を得たり。

大《たい》欲《よく》得《とく》清《せい》浄《せい》
大《たい》安《あん》楽《らく》富《ふ》饒《じょう》
三《さん》界《かい》得《とく》自《し》在《さい》
能《のう》作《さ》堅《けん》固《こ》利《り》

（和文は拙訳）

『理趣経』は真言宗では日常読誦し、葬送・法事から二箇法要のような大法要にも読誦される。その最も簡略を要するときには、この「百字の偈」だけでも充分とされるのである。

(17)「流通分」。多くの持金剛《じこんごう》といわれる経典の聴聞者たちが、この経典を讃嘆し、全巻を閉じる。ただし、この部分は後世付け足したものかも知れない。

この簡単な紹介によってでも察していただけるように、『理趣経』は、まさに「真実智」(般若)への「いざない」(理趣)である。その真実世界においては、欲も怒りも男女の愛さえも、みな本然の清らかな姿をあらわすことを明らかにしているのであって、決して男女愛の実行が真実へ直結するなどといっているのではない。この点をはきちがえたならば、長い『般若経』の歴史の末に『般若理趣経』が産み出された意味は全く失われてしまうといわなければならない。

理趣経の諸本

【1】梵文のテキスト

インドの思想史の上で長い間活躍した『理趣経』の梵文原典は、たった一種類ではあるが今日残っていて、われわれが目にしうるのは、誤解をうけやすいこの経典にとっては、何にも増して幸なことである。ただ、このテキストも、その多岐にわたる内容とおなじく、相当数奇な運命にもてあそばれたらしい。この経の前半分と後半分とが別なひとによって蒐集され、その双方をつき合わせるまでは一つの経典と知られなかったのである。蒐集者は、カシュガルにおけるロシヤの総領事ペトロフスキーと、イギリスの東洋学者ヘールンレで、二つを調査してそれが一つの経典の前後であることを発見したのは、ドイツの東洋学者ロイマンであった。この経が千年の埋没から世に出た経緯も国際的であったが、テキスト自体もかなり国際的である。

それは、この経の功徳をのべる七ヵ所ばかりの文章が、純粋な梵語ではない、中央アジアのアーリヤ系の方言（コータン語）で書かれていることからもうかがえる。これは、この経典のひろまるにつれて、その流行した地方地方のことばによって、このような功徳を説く部分が補充されて読誦されたものであろう。

まず、梵文のテキストの出版されているものを紹介すると、最初の証定者ロイマンの、

① E. Leumann : Zur nordarischen Sprache und Literatur, Strassburg 1921, § 81 — 91.

それに対する研究・解説が、

Ditto : die nordarischen Abschnitte der Adhyardhaśatikā Prajñāpāramitā

と題して、『大正大学学報』第六・七輯の『荻原博士還暦記念号』（一九三〇年、四七―八七頁）に出ている。ここにいう『アドウヤルダ・シャティカー・プラジニャー・パーラミター』すなわち、『百五十（偈）の般若波羅蜜多』というのが『理趣経』の原名であることはすでに述べたとおりである。

② 栂尾祥雲・泉芳璟『梵蔵漢対照般若理趣経』（智山勧学会、一九一七）。

純粋な梵文は黒で、中央アジア方言（コータン語）は赤で印刷してあり便利である。この印刷の色わけはなくなったが、同じものが、

③ 栂尾祥雲『理趣経の研究』（高野山大学、一九三〇）一―九頁にのっており、十七章別別に分けて、類本と対照しながら和訳もされている。

④ 長谷部隆諦『梵漢対照般若理趣経和訳』（高野山大学、一九二〇）

中央アジア方言（コータン語）はすべて除き、梵文と漢文と、梵文の和訳だけが示されている。この和訳については、荻原雲来が三度にわたって批

訳し（『荻原雲来文集』一九三八、に収められている。「般若理趣経和訳批評」、「長谷部氏の論駁に答ふ」、「理趣経和訳の問題」）、長谷部氏も訳を改め（白井覚範編、六大新報社、昭和二年）、のちこれをその遺稿集にも収めている（『長谷部水哉遺稿集』昭和五年）。

これらはすべて梵文原典に関する出版であるが、『理趣経』のコータン語の部分については、

⑤渡辺照宏「理趣経于闐《うてん》文和訳」（『聖語研究』第三、昭和十年七月）

が先に発表せられ、つづいて同じ著者により、

⑥「理趣経于闐文並びに語彙」（『智山学報』新第七、八号、昭和十年十月）

が発表せられ、右の和訳の原文と単語集がいちいち格の変化までつけて発表された。于闐はコータンの漢字音写である。

【2】チベット文のテキスト

①『百五十偈般若波羅蜜多理趣』

梵文の『百五十偈般若』や、不空漢訳のわれわれの『理趣経』と同じ系統のものである。漢訳の『理趣経』系のテキストがすべて「般若部」のセクションにはいっているのに、このチベット文のテキストは「秘密部」（X）にはいっている。

大谷大学所蔵の北京版チベット大蔵経を撮影出版した『影印《えいいん》北京《ぺきん》版《ばん》大蔵経《だいぞうきょう》』の第五巻の中におさめられている。また、栂尾祥雲の『理趣経の研究』に原文と和訳がのせられているから、直接チベット文を読まない研究家でも、他のテキストとの大まかな異同をみることはできる。

②『吉祥最上根本と名づくる大乗の儀軌王』

漢訳の七巻理趣経の前半に当る『理趣広経』で、第一章から第十三章までがこの題名の下に訳し出

されている。訳者はインド人のシュラッダーカラ・ヴァルマン（信作鎧《しんさがい》）とチベット人のリンチェン・ザンポ（宝賢）。これも「秘密部」（X）に入っており、影印本の第五巻で出版されている。栂尾祥雲の前掲書に和訳がある。

③『吉祥最上根本と名づくる真言細軌』

右のつづき。訳者も前とかわり（マントラ・カルシャとルハ・ツァンポ）、題名も変っている。漢訳の第十四章から第二十六章までに当るが内容はいちじるしく増えている。

この内容については、同系の漢訳の七巻理趣経（『理趣広経』）で触れることにする。

④『吉祥金剛心蔵荘厳大本続王《きっしょうこんごうしんぞうしょうごんだいはんぞくおう》』

スガタ・シュリー（善逝吉祥《ぜんぜいきっしょう》）とチョエ・ジエ（法王）の訳。その未了の部分をパンデン・ロージョエ・テンパが補訳完成したという。さらに、この経の中ほどにあることわり書きによれば、漢訳との対比もなされており、プラシャーンタ・ミトラ（寂友）の註釈とも対照することをしたという。その対校者は有名な『プトンの仏教史』の著者のプトンである。

このチベット訳に該当する漢訳は、施護《せご》の翻訳した『仏説金剛場荘厳般若波羅蜜多教中一分《ぶっせつこんごうじょうしょうごんはんにゃはらみたきょうちゅういちぶん》』であるが、漢訳はチベット訳の八分の一の分量にしかあたらない。しかもなお、チベット訳も翻訳は完了していない。

この経も『理趣経』の類本としては重要なものの一つであり、栂尾祥雲の『理趣経の研究』の中では、対校されて翻訳された経の一つになっている。これらについては、福田亮成氏の研究がある。秘密部（XI）、影印版第五巻に収められている。

【3】漢訳

①『般若理趣経』の原型が玄奘の翻訳した『大般若経』の第十会、第五七八巻の『般若理趣分』であることに学者の意見の一致していることはすでに述べた。

内容の上から、『理趣分』は『理趣経』につらなるいろいろの特徴をもっている。『理趣経』の十七清浄句に当る六十九の清浄句が、もっと未整理な形でではあるが述べられているし、経の終りには呪句も三つ挙げられている。

『理趣経』の終りの韻文（偈《げ》）は、昔から、『理趣経』全体のエッセンスを要約したものとして知られていたことは、先に述べたが、これと同じ思想が『理趣文』の中に散文の形でではあるが述べられている。これらの点からして、紀元六四五年に唐の都長安に帰朝した玄奘がもち帰ったこの経典の原典は、すでに密教的な般若経典として存在し、『理趣経』はこの『般若理趣分』を素材として密教経典として完成したものであろう。『理趣分』は玄奘によって六六〇年から六六三年の間に翻訳された。

②『実相般若経《じっそうはんにゃぎょう》』

正しくは『実相般若波羅蜜経』といい、『理趣分』が翻訳されてから、三十年ほどたった六九三年に、ボーディルーチ（菩提流支《ぼだいるし》）が翻訳した。ここでは『理趣経』への距離はさらにちぢまり、『理趣分』にはなかった各章の切れ目ごとの呪句（密語）がおかれるようなことがみえている。『理趣分』で六十九あった清浄句は十五になっているのも、同じく『理趣経』への方向に整理がなされたものとみるべきであろう。

これらの点からしても『実相般若経』を『理趣分』の異訳にすぎないとする古来の説はこのごろの学者によって疑問がもたれるようになっている。

③『偏照般若経《へんじょうはんにゃきょう》』

『実相般若経』の同本異訳といわれる。正しくは『偏照般若波羅蜜経』といい宋代（九八〇）に、インドのウディヤーナのひとダーナパーラ（施護《せご》）が勅を奉じて訳している。しかし、これも内容からみて『実相般若経』と同じテキストによる異訳の一つとはいえないようである。全体は十四章にわかれ、二十の清浄句があげられており、経の末尾に二十五種般若の真言があげられている。

④『金剛頂瑜伽理趣般若経《こんごうちょうゆがりしゅはんにゃきょう》』

『実相般若経』の異訳とも、『理趣経』の異訳ともいわれている。訳者はヴァジラボーディ（金剛智）とされているが、実際は元の至元二十二年（一二八五）にできた目録の『至元録』に初めてその名の出るところから、その前後の成立と考えられる。

二十五種般若の真言のあることは『偏照般若経』と同じであるが、清浄句は十三あげられている。これらの点から、この経が『理趣経』や『実相般若経』の異訳とみることはまず困難で、むしろ逆に、『実相般若経』や『理趣分』を座右におき、つねにこれらを参照しながら、『理趣経』系の新しいテキストによって訳し出されたものだろうと想像しているひともある（栂尾祥雲・那須政隆）。『理趣経』が『般若理趣経』であるのに対し、これは『理趣般若経』であるからまちがえないようにしなければならない。

これらのたくさんの『理趣経』は、いわば親類関係のテキスト（類本）として、先祖である『理趣分』のあとにそれぞれつづくものであるが、そのどれが先、どれが後、どの系統からどれという問題はかなりやかましい問題であるから、その取り扱いは慎重でなければならない。

　これらの『理趣経』の類本の最後に、『最上根本《さいじょうこんぽん》大楽《たいらく》不空《ふくう》三昧《さんまい》大《だい》教《きょう》王経《おうぎょう》』をあげておかなくてはならない（大正、八、No. 244）。

　これは全体で七巻もあり、今まであげた経典にくらべて圧倒的に分量が多い。そこで略称して、『七巻理趣経』ともいい、またわれわれの『理趣経』を略本とみるのに対し、『広本』とも『理趣広経』ともいっている。『根本大楽経』ということもある。

　これはすでに述べたように、『金剛頂経』の十八会中の第六会に当り、『金剛頂経』の思想が「真実なる智慧への道」（般若の理趣）の立場で統一されて述べられているのである。

　この経典は『理趣広経』の名にふさわしく、思想的には、細かい点まで『理趣経』と一致するが、各章ごとに細かい修法《しゅほう》（宗教的実践方法）とマンダラが説かれている点は大きな特色となっていて、昔からいう『理趣経』のマンダラというのも、実はこの『理趣広経』にもとづいて描かれたものが多い。さらに『理趣経』の主人公（教主）の大びるしゃな如来が、ここではしゃかむに如来と同体と見られていることも、思想史的にみて注意を要するところであろう。

　では、この『理趣広経』と『理趣経』とはどのような関係にあるのであろうか。昔からいわれるところでは、この『広経』から『略経』が省略した形で作り出された（略出《りゃくしゅつ》）という。しかし、はたしてそうであろうか。この『理趣広経』は、唐の時代にアモーガヴァジュラ（不空）がインドからもって来た梵文原典から訳し出したものであるという。彼はこれを訳し終えないうちに世を去り、はるかのち、宋の時代にはいってからダルマバドラ（法賢）が翻訳し、七巻二十五章としたものであるという。したがって十世紀末または十一世紀はじめの翻訳とみなければならない。このようにおそい翻訳が根本のテキストで、八世紀に訳されている『理趣経』が、それをもととして抄出された「略出経」であるとは、きわめてうけとりにくいことである。

さらに、この漢訳された『理趣広経』にあたるチベット訳の経典が残されていることはすでに述べた。

この経典が前半分と後半分とに分れ、題名も翻訳者もちがうことはその時みたとおりであるが、このことの理由も、すでに学者により指摘されているように、後半分（十四章から二十六章まで）が内容をつけ加えられて前半分に付けられたものとみるのが正しかろう（長沢実導）。

そうみれば、この『理趣広経』は、漢訳でのこっているものも、チベット訳でのこっているものも、『理趣経』、すなわち、百五十の韻文（偈）でできている日常使用の『般若理趣経』を増広したのであって、通説において、『広本』から『略本』ができたとみるのは事実の逆ということになる。

しかし、そう思われて来たのも理由はあるのであって、栂尾祥雲が紹介して以来有名になったジュニャーナミトラの註釈に、「八世紀はじめのインドの王、インドラブーティの王子シャクラブーティは、自分の王女ゴーワ・デーヴィーのために、根本経典からこれを抄出し、百五十偈の理趣を作った」とあるのによっている（北京版、テンギュル、秘密疏部 32, gu, 44 — 2 — 1, 第63函、本続解上 295b、影印 vol. 77. ナルタン版、東洋文庫 Nor-T — II. No. 65, gu, 279a）。

しかし、ここにいう根本経典とは、『理趣広経』のことではなく、今までにあげた多くの『理趣経』

諸テキストの原本とみるべきであり、今日のこる『理趣広経』は、逆にこの『理趣経』から「増広されたもの」(P. 295b, N. 279a)。とみるべきだろう(松長、前掲書、七七頁参照)。

あとがき

わが国における仏教の伝統とは関係なく、ヨーロッパ人は、前々世紀の末ごろから、インドの思想に徐々に触れるようになっていった。一七八五年にはチャールズ・ウィルキンスがバガバッド・ギーターの英訳を発表しているし、一七八九年からウィリヤム・ジョーンズがイーシャー・ウパニシャッドの英訳を発表しはじめている。一八〇一年から二年にかけては、フランスの人アンクティーユ・デュ・ペロンがペルシャ語に訳されたウパニシャッド、すなわちムガール王朝の太子でインドの文物に深い関心をもったスルタン・モハメッド・ダラ・シャコウがサンスクリット語からペルシャ語に翻訳してウプネカットと名付けたものを、ラテン語に翻訳して発表している。一読ののちショペンハウワーが「これは私の生涯の慰安であった。また死後のそれであろう。これは世界中で最も酬いられ、且つ最も高貴なる読物である」(Pererga, II) と讃美したのは、実にこのラテン語訳の『ウプネカット』だったのである。

文化的伝統として、生活感情として東洋的なものと縁をもたず、宗教としてキリスト教以外のものを経験しないヨーロッパ人にとって、東洋に接し、仏教を知るには文献以外に依るべきものはなかったのである。

これ以後のヨーロッパは、イギリスのインド経営やフランスのインドシナ経営、オランダのインドネシヤ経営等と足並みを併せて、膨大な量の東洋の写本・木版本の類いが流入して行くこととなり、各都市の大学には東洋学の講座が設けられ、図書館には東洋関係のセクションが設けられることとなって行く。そのうえ、今世紀にはいってから、ドイツやスウェーデン等の国々が国家的規模で行なったアジア各地の学術探検旅行は、旧資料の再検討を迫る新資料の発見を数多くもたらし、このため、ヨーロッパの東洋研究は、資料的にますます精緻なものとなって行ったのであった。

ヨーロッパのこのような、文献批判的・実証的な学風と別に、わが国にも各宗の本山を中心とする仏教研究の着実な伝統があった。智山における性相学とか、長谷における唯識の学とか、それは必ずしも、その宗の学問（宗乗）に限られるものではなく、むしろその宗以外の広い仏教学的基礎（余乗）に立つものであった。これらの本山の学風は、今日われわれが想像するよりも、遙かに実証的であり、また体系的であった。ことに、慈雲尊者飲光（一七一八―一八〇四）の天才的な業績にみられるように、それは時として、経典の原典追求にまで及ぶものがあり、仏教の科学的研究の萌芽がすでに江戸時代にあったことをわれわれに知らしめるものがあるのである。

しかし、それはやはり、あくまでも萌芽であった。学問の水準はやはり、社会一般の文化的水準・

民度と無関係に高い所にまで上るものではない。江戸時代までの仏教研究の主流はやはり、各宗の所依の経典の顕彰というドグマ的論証が主であったことを認めなくてはならないし、飲光の学問が一般の水準ではなかったことも忘れてはならない。

明治以後、怒涛のように流れ込んだヨーロッパの実証主義的学風は、仏教の研究方法にも革命をもたらした。サンスクリット語文献を中心とする大乗仏教研究、パーリ語文献を中心とする原始仏教研究は、以後のわが国における仏教研究の不動の方針として、原典と翻訳された諸経典の比較研究は、各都市の「帝国大学」の印度哲学・仏教学講座の主位を占め、それが公私立の大学にも及んで行ったのであった。

この間にあって、中国やわが国における伝統的な仏教研究法は、まったく捨てさられたわけではないが、やはり右の研究に対し、補助的意義しか認められなかったのは已むを得ぬ仕儀といえようか。しかし、このような、性急な、ヨーロッパ実証主義の学風がわが国の仏教界に急激な思惟方法の変化を迫り、仏教のもつ、深く広い情緒と意志の世界を閑却させてしまう恐れのあることもまた、長く気付かれぬままに置かれたのである。

この傾向を助長したのは、わが国の宗教的伝統と無縁だった、釈尊の「根本仏教」または「原始仏教」の再発見という新しい学問で、簡明で理性的な釈尊の仏教、阿含の仏教の前に、一時、有能な学徒はほとんど原始仏教研究に走り、大乗仏教研究は捨てて顧みられないありさまとなったことさえあった。

しかし、徹頭徹尾「理性的な」宗教などというものは、本来宗教という名に価しようか。この反省の下に、釈尊の宗教の再評価と、従って大乗仏教の再評価が行なわれるようになったのは、第二次大戦前後からの、世界の仏教学界の新しい傾向で、このことは、フランスで逐次発行せられている、全世界の仏教研究業績の報告『ビブリオグラフィ・ブディク』を一覧しても直ちに理解できることである。

すでに幾つかのすぐれた手引きの書のあることを知りながら、私が、ここに『仏典の読み方』として、この本を書いたのは、今まで見て来たような、ヨーロッパの学風と東洋の学風の再評価という時代的要求に触発されるところが大きい。要求が多いかも知れない、原始仏教経典についての説明について、特に部門を設けなかったのは、それを私の専攻としないためもあるが、また右の学問の歴史的事情にも由るのである。

解説を加えた経典は、その意味で、ヨーロッパでもわが国でも重要視され、研究の重ねられたものが多いことはいうまでもないが、また他面、今後研究のまたれるもの——宝積経、大集経、楞伽経など——も加えておいた。あくまでも一例であり、入門にすぎない、これらの叙述を通し、それを乗り超えて、読者のすべてが、手ずから経典を学的に取り扱う技術を身につけて頂きたいと念願している。

私が奉職する東洋大学において、仏教学を専攻する学生諸君のために「仏典学」を講ずるようになってからもう十年ほどになる。この講義はもちろん、私の就講以前からあったもので、他大学は知らず、学生のためにはなはだ親切な講座であると思い、毎年少しずつ工夫して講義をつづけて来た。

そのころの学生の一人であり、現在大法輪閣の編集部の渡辺照敬さんが、一般向けの仏典学のつもりでそれをまとめるように慫慂されたので、受講者数名のノートと手控えを整理し一冊の書物とした。

数多い仏典の参考書のうち、本文にもしばしば引用した山田竜城『梵語仏典の諸文献』(平楽寺書店)は、より詳しい文献解題として、渡辺照宏『お経のはなし』(岩波新書)は、より簡明な経典の入門としてここに紹介しておきたい。本書はいわばその中間を行く規模と性質のものであり、しかも大乗と密教経典に限られている。原始仏教・小乗の経・論については後にゆずった。仏典になじみのうすい読者は、本文のあちこちに入れておいたコラムで、仏教・仏典に少しずつ馴染んでいただいてから本文に進まれてもいいのではないかと思う。

昭和四十五年三月十五日

金岡秀友

再版に当って

比較的読みづらいと思われる本書が思ったより早く版を重ねることができたので、自分で気づき、学友から受けた訂正を加えて新版とした。魯魚の誤り以上のものが少なかったことは幸せと思う。

昭和四十六年六月十日　　著　者

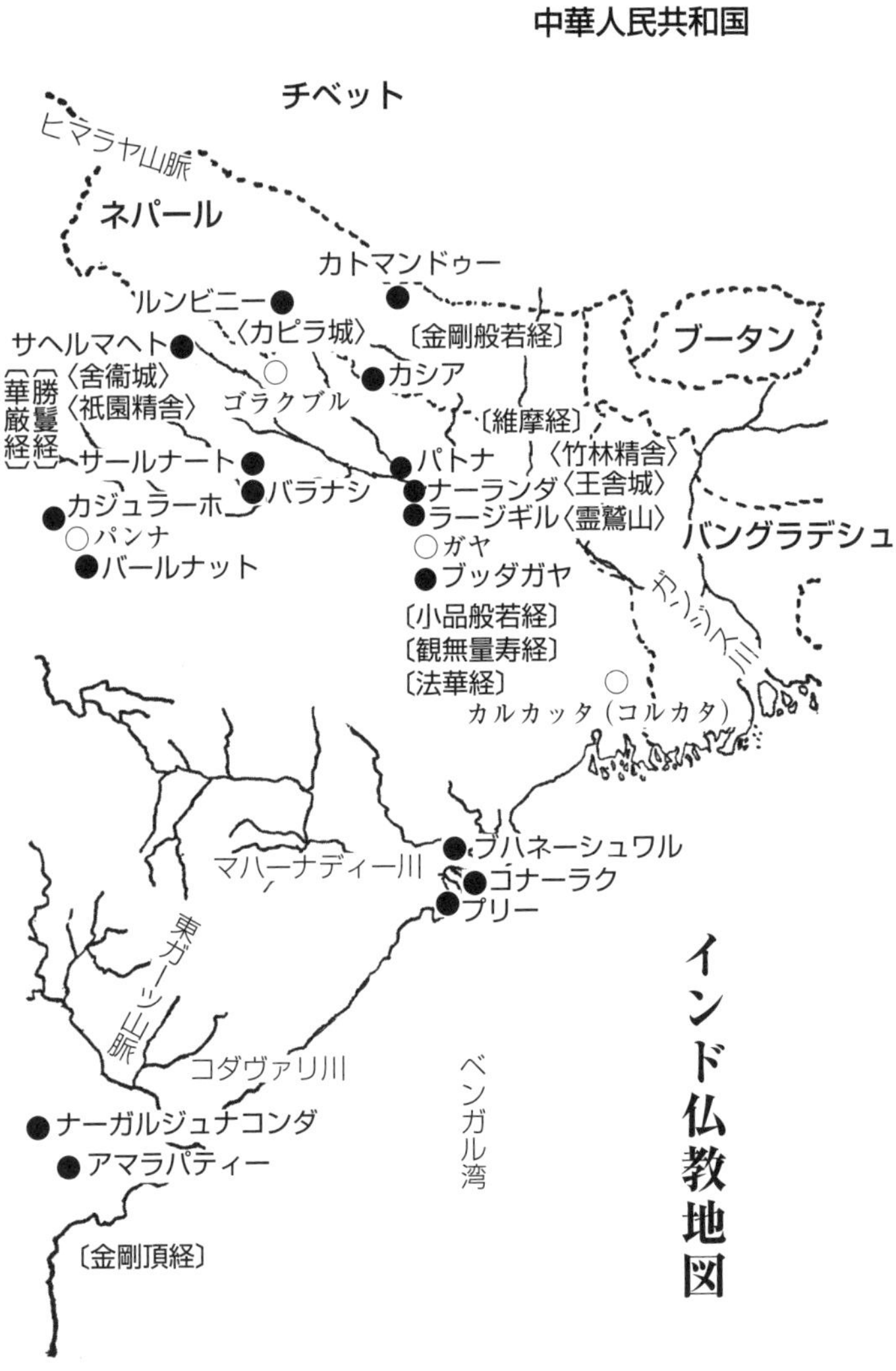
中華人民共和国
チベット
ヒマラヤ山脈
ネパール
カトマンドゥー
ルンビニー
〈カピラ城〉
〔金剛般若経〕
ブータン
サヘルマヘト
〈舎衛城〉
〈祇園精舎〉
〔華厳経〕
〔勝鬘経〕
ゴラクプル
カシア
〔維摩経〕
〈竹林精舎〉
サールナート
パトナ
ナーランダ
〈王舎城〉
バラナシ
カジュラーホ
ラージギル
〈霊鷲山〉
バングラデシュ
パンナ
ガヤ
バールナット
ブッダガヤ
〔小品般若経〕
〔観無量寿経〕
〔法華経〕
ガンジス川
カルカッタ（コルカタ）
ブハネーシュワル
マハーナディー川
コナーラク
プリー
東ガーツ山脈
コダヴァリ川
ベンガル湾
ナーガルジュナコンダ
アマラバティー
〔金剛頂経〕

インド仏教地図

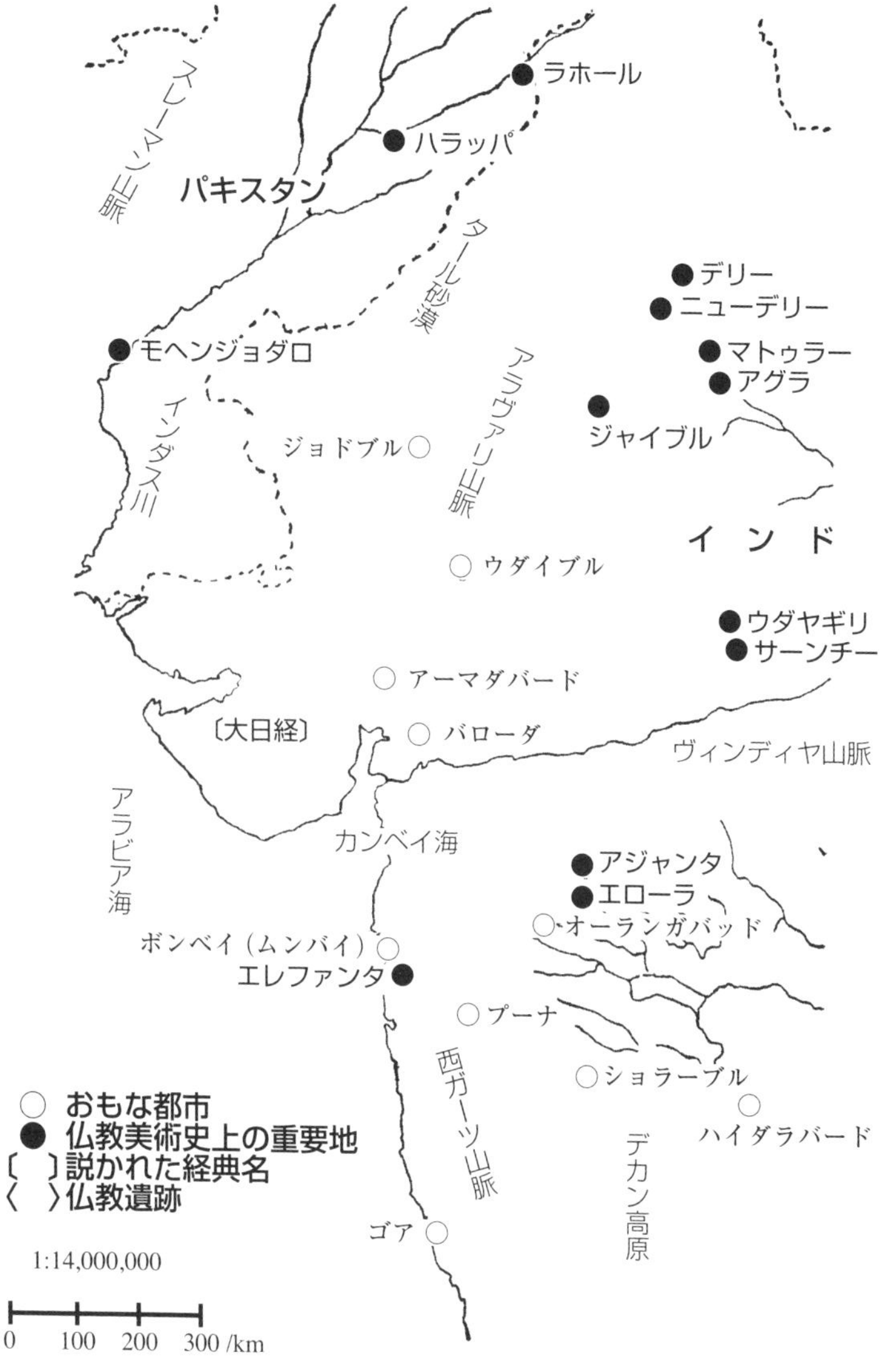
ラホール
ハラッパ
スレーマン山脈
パキスタン
タール砂漠
デリー
ニューデリー
マトゥラー
アグラ
ジャイプル
モヘンジョダロ
インダス川
アラヴァリ山脈
ジョドプル
イ　ン　ド
ウダイプル
ウダヤギリ
サーンチー
アーマダバード
〔大日経〕
バローダ
ヴィンディヤ山脈
アラビア海
カンベイ海
アジャンタ
エローラ
オーランガバッド
ボンベイ（ムンバイ）
エレファンタ
プーナ
西ガーツ山脈
ショラープル
ハイダラバード
デカン高原
ゴア
おもな都市
仏教美術史上の重要地
〔　〕説かれた経典名
〈　〉仏教遺跡
1:14,000,000
0
100
200
300 /km

金岡秀友（かなおか・しゅうゆう）

1927年埼玉県に生まれる。1952年東京大学印度哲学科卒業。

現在　東洋大学名誉教授。東京外国語大学講師。文学博士。

主な著書・訳書にシチェルバトスコイ「大乗仏教概論」同「小乗仏教概論」「さとりの秘密―理趣経」「幸福への条件」「密教の哲学」「伝燈の系譜」「個と自由の探求―仏教の国家観」など。

〈新装版《しんそうばん》〉仏典《ぶってん》の読《よ》み方《かた》

昭和45年　8月　5日　初　版第1刷発行
平成21年　8月10日　新装版第1刷発行

著　者　金　岡　秀　友
発行人　石　原　大　道
印刷所　三協美術印刷株式会社
製　本　株式会社　越後堂製本
発行所　有限会社　大法輪閣
東京都渋谷区東2－5－36　大泉ビル2F
TEL　(03) 5466-1401(代表)
振替　00130-8-19番

ISBN978-4-8046-1287-4　C0015　Printed in Japan

索　引

凡　例
書名及び論文題目は＜書＞　人名には＜人＞
地名には〈地〉をつけ、コラム記事のあるものについては、そのページをゴシックにした。

あ，A，Ā

アイヌ聖典＜書＞　17
アヴェスタ経＜書＞　17
青木文教＜人＞　111
アクショービヤ（阿閦仏）100, 159
芥川竜之介＜人＞　40
阿差末菩薩経＜書＞　144
アサンガ（Asaṅga 無著）　112,213
足利惇氏＜人＞　157
阿地瞿多（Atikūṭa）＜人＞　216
阿私仙＜人＞　132
アジャータシャトル＜人＞　132, 162
アシュヴァゴーシャ（Aśvaghoṣa）（馬鳴）＜人＞18, 190
アショーカ王（Aśoka）＜人＞ 34
アタルヴァ・アンギラス（Atharva-aṅgiras）＜書＞204
アタルヴァ・ヴェーダ＜書＞204
アドプタダルマ　89
アーナンダ（Ānanda 阿難）＜人＞93, 103
阿難の章（Ānanda）＜書＞　103
阿波陀那（アヴァダーナ apadāna 譬喩）　89
阿毘達磨　227
阿毘達磨的　67
阿毘達磨論師　69
アビラティ（妙喜）　159
阿浮達磨（adbhutadharma 希有）89
天野宏英＜人＞　149
阿弥陀経＜書＞　16, 24, 33, 58, 87, 160
アモーガヴァジュラ（Amoghava-jra）（不空、不空金剛）＜人＞33, 135, 144, 225, 245
阿頼耶識（ālaya-vijñāna）　**106**, 198
ありのままにあること（yāvatta-thatā or yathā vattathatā　如所有性）　104
アーリヤ化　205

アールト、ベンティ（Aalto, Penti）＜人＞ 56
アレクサンドロス大王＜人＞ 34
安慧＜人＞→スティラマティ
安世高＜人＞ 144
アーンドラ王国 99
安忍 103
＜以下書名＞
Abhisamāyālaṇkāra 90
Abhisamayālaṇkārālokā 97
Abhisamayālnaṃkārālokā Prajñā-pāramitāvyākhyā 97
Ancient Palm-leaves Containing the Pragnā-pāramitā-hridaya-sūtra and the Ushnīsha-vjaya-dhāranī 114
Ārya-Pañcapāramitānirdeśa nāma Mahāyāna-sūtra 77
Ārya-Prajñā-pāramitā-saṃgraha-kārikā 95
Ārya-prajñā-pāramitā-saṃgraha-kārikā vivarana by Triratna-dāsa 96
Ārya-Laṇkāvatāra-nāma-mahāyāna sūtravṛtti-tathāgata-hṛdayā-laṃ-kāranāma 193
Ārya-Laṇkāvatāravṛtti 193
Aryan Series vol. 1, part III 38
Ārya-Suvikrāntavikrāmi-paripṛcchā-Prajñāpāramitā-nirdeśa-Sārdha-dvisāhasrikā-Bhagavaty-Ārya-Prajñā-pāramitā 102
Āryasuvikrāntivikrāmipari-pṛcchā-prajñā-pāramitā-nirdeśa-sārdha-dvisāhasrikā-bhagavatyāprajñā-pāramitā 106
Aṣṭadaśasāhasrikā 90
Aṣṭasāhasrikā 81
Astasāhasrikā-（prajñāpāramitā）ālokavyākhyāsahitā 97

い, I, Y

意 198
イェシェデ（Ye śes sde）＜人＞ 103, 185
家永三郎＜人＞ 167
生きんとする心理＜書＞ 16
池田澄達＜人＞ 40, 123
石上善応＜人＞ 87
石浜純太郎＜人＞ 187
石山寺所蔵阿弥陀経梵本について＜書＞ 157
泉芳璟＜人＞ 108, 240
イスラム（kla klo）教 45
一行＜人＞ 221
一字仏頂輪王経＜書＞ 217
一万八千頌般若＜書＞ 93
一万頌般若＜書＞ 93
一切経音義＜書＞ 79
一切仏語の心（Sarvabuddhapra-vacanahṛdaya）＜書＞ 197
一切智 98
一切如来金剛三業最上秘密大教王経＜書＞ 229
一切無相 107
一生補処 109
一心 190
一闡提（icchāntika） 106
一闡提成仏 105
いつわりなきこと（avitathatā 不虚妄性） 104

イティヴリタカ　89
伊帝目多（itivṛttaka 本事）　89
稲田佐兵衛＜人＞　20
異部加上　25
異部宗輪論＜書＞　44, 46
色川誠一＜人＞　20
岩本裕＜人＞　128, 160
印（mudrā）　104
インダス河＜地＞　34
インド＜地＞　55
印度古聖歌＜書＞　17
インド古代史（中村元）＜書＞
213
インド西北国境＜地＞　48
印度仏教文学史（中野・大仏訳）
＜書＞　81
インド文献史＜書＞　67
icchā（願望）　106
Introduction à I'historire du Bouddhisme Indien ＜書＞ 25
Ye śes dpal bzaṇ po ＜人＞ 193

う，　U,　V

ヴァイデーヒー（Vaidehī 韋提希）
＜人＞　163
ヴァイプリヤ　89
ヴァジラドヴァジャ・パリナーマ
（Vajradhvaja-pariṇāma　金剛幢
廻向＝「金剛幢廻向品」と一致）
＜書＞　178
ヴァジラボーディ（Vajrabodhi 金
剛智）＜人＞　224, 244
ヴァスバンドゥ（Vasubandhu　世
親）＜人＞　177
ヴィクラマシラー（Vikramaśilā）
寺　45
ウィグル人と仏教　59
ヴィヤーカラナ　89
ウィルキンズ＜人＞　24
ヴィンテルニッツ（Winternitz, M.）
＜人＞　67, 81, 84 — 88, 101
ヴェーダーンタ（Vedānta）＜書＞
17
ウェンヒ（Wen-hpi）＜人＞ 196
有財釈（bahtuvrīhi）　192
優陀那（ウダーナ , udāna　自説）
89
優波提舎（ウパデーシャ , upadeśa
論議）　89
ウパニシャッド（upaniṣad）　17
盂蘭盆経＜書＞　37, 40
盂蘭盆経類の訳経史的考察＜書＞
40
ウラル＜地＞　55
ウラン・カンジュル・スム＜地＞
112
Vajracchedikā Prajñāpāramitā,　110
Vrātya　化　205
Uigurica ＜書＞　186

え

懐感＜人＞　54
慧貴（大慈恩寺）＜人＞　79
依義不依文　31
慧景（西明寺）＜人＞　79
会座　74
埃及死者之書＜書＞　17
依主釈（tatpuruṣa）　192
会処　74
恵祥＜人＞　54
閲蔵知津＜書＞　20, 139, 140

衛藤即応＜人＞　177
慧朗（大慈恩寺）＜人＞　79
縁起　69
圜悟＜人＞　22
円集要義＜書＞　95
炎地（arciṣmati-bhūmi）172
円融の三諦　86

お，　O

黄　91
王舎城（ラージャグリハ）　100
大谷光瑞＜人＞　159
大谷探検隊　50, 159
王日休＜人＞　158
王道士＜人＞　51
黄檗版（大蔵経）＜書＞　21
応無所住　234
大屋徳城＜人＞　167
お経の話＜書＞　44, 159, 222
荻原雲来＜人＞　125, 190
荻原雲来文集＜書＞240
オックスフォード（Oxford）大学
　18, 19, 38
小野玄妙＜人＞　16, 167
オルドス＜人＞　55
遠行地（dūraṁgama-bhūmi）
　172
温古＜人＞　221
飲光部　35
On Alexander's track to the Indus
　＜書＞　50
On old routes of Western Iran
　＜書＞　50

か，　G，　K

皆空　12
開元一切遍知三蔵＜人＞　150
開元釈経録＜書＞　119, 131
回鶻＜人＞　59
改訂梵文法華経（Saddharmapuṇ-
　ḍarīka-sūtram）＜書＞　125
カウエル（Cowell, Edward Byles）
　＜人＞　18, 19
かくあること（tathatā 如）　104
覚賢＜人＞→ブッダバドラ
覚密＜人＞→ブッダグヒヤ
過去七仏の信仰　208
迦葉経＜書＞　152
カーシヤパ・パリヴァルタ
　（Kāśyapa-parivarta 迦葉品）
＜書＞　151, 152
カシュガール＜地＞　55
梶芳光運＜人＞　76, 98, 235
カシュミール＜地＞　33, 45, 47
嘉尚（西明寺）＜人＞　79
柏木弘雄＜人＞　194
ガーター（伽陀 gāthā 偈）　89
形の似た法（像法）　105
月支菩薩＜人＞　131
月婆首那（陳）　108
金森正俊＜人＞　20
月燈三昧経（Samādhirājasūtra）
＜書＞　29
仮名法語集＜書＞　13
鎌田茂雄＜人＞　178
カマラーンバラパーダ　Kamalā-
　mbarapāda ＜人＞　95
カーラヤシャス（畺良耶舎）

＜人＞　158
カルカッタ（Calcutta）梵語学院　19
カローシュティー文字　38
河口慧海＜人＞　108, 123, 124, 194
川瀬光順＜人＞　175
川田熊太郎＜人＞　178
変らざること（ananyatathatā 不変異性）　104
ガンガー　100
歓喜地（pramudita-bhūmi）　171
カンギュル（bkaḥ-ḥgyur）　148
監護大使　80
観察義禅　200
観自在菩薩（Avalokiteśvara）＜人＞　12, 113
観自在菩薩怛嚩多唎随心陀羅尼経＜書＞　211, 216
観照の法門　236
完成せざるもの（aparinișpanna 無成弁）104
観世音経＜書＞　134
観想　219
ガンダヴァティー（Gandhvatī 衆香、犍陁羅越）＜人＞　91
ガンダハスティン（香象）＜人＞　100
神林隆浄＜人＞　231
観普賢経＜書＞　162
観無量寿経＜書＞　37, 58, 132
観無量寿仏経に於ける諸問題＜書＞　158
漢訳（含漢文）仏典　59
Kāśyapa-parivarta, a Mahā-yāna-sūtra of the Ratnakūta class　＜書＞ 152
gamgha　174
Gandāvyūha Sūtra　176
Gāthās of the Daśabhūmika-sūtra ＜書＞　175

き，C

喜　100
祇園　75
祇園精舎（Jetavana, Jetavanānātha-piṇḍada-ārāma）　76, 169
窺基＜人＞　44, 54, 78, 118
戯曲　51
偽経（Pseudo-epigraph）＜書＞　30
基光（玉華寺）＜人＞　79
亀茲国（クチャ）＜地＞　33, 50
義浄＜人＞　78, 119, 184
キジール（赫色勒）＜地＞　50
疑似部＜書＞　49
吉祥金剛心蔵荘厳大本続王＜書＞　242
吉祥最上根本と名づくる真言細軌＜書＞　241
吉祥最上根本と名づくる大乗の儀軌王＜書＞　242
紀野一義＜人＞　13, 146
凝然＜人＞　164, 165
祇夜（geya 応頌）　89
隔歴の三諦　86
旧約外典＜書＞　17
旧約全書＜書＞　17
行（caryā, spyod pa）　13, 217
敬愛（vaśīkaraṇa, vaśya）　204
経集＜書＞　119

経典崇拝者（bibliolator）　88
経典成立の先後と其の年代＜書＞　35
経典の内容の新古　29
経典編纂の地域及び編者＜書＞ 35
行の章（caryā）　104
行の徳　170
玉華寺　45
清田寂雲＜人＞　127
ギルギット　110
金　72
欽（大慈恩寺）＜人＞　79
金花　100
金字蒙文金光明経の断簡に就いて＜書＞　187
金沙　162
(A)　Catalogue of the Sanskrit Mss in the Tokyo University Library ＜書＞　229

く，C, G, K

空　86
空行女（Khacarī, Tib. Mkhaḥ spyod ma）　232
空智金剛大菩提心（Hevajra）232
空の世界＜書＞　95
空論（Śūnyavāda）　67
究竟　222
弘教書院　20
倶舎釈論＜書＞　183
倶舎頌疏＜書＞　196
クシャーナ（貴霜）王朝　35
倶舎論＜書＞　44
九大法宝　96
グナバドラ（Guṇabhadra, 求那跋陀羅）＜人＞ 135, 193
愚夫所行禅　199
グプタ（Gupta）王朝　57, 65
グフヤ・サマージャの基調＜書＞　231
九分教　89
クマーラジーヴァ（Kumārajīva, 鳩摩羅什）＜人＞　30, 33, 36, 82, 83, 90, 112, 115, 120, 129, 131, 134, 135, 158, 177
具名　225
供養の法門　237
クル＜地＞　45
クンガー・ニンポ（Kun dgaḥ sñiṇ po）＜人＞　46
Chronicle of kings in Kashmir ＜書＞　49
Glossary of the Sanskrit, Tibetan, Mongoliand and Chinese Versions of the Daśabhūmikasūtra, ＜書＞ 175
Guhyasamāja-tantra ＜書＞ 230
Khuddaka Nikāya ＜書＞　39

け

仮　86
華　93
計度　71
罣礙（とらわれ）　113
罽賓（カシミール）＜地＞　80
加行方便成満　171
華厳経＜書＞　164
華厳教学成立史＜書＞　165
華厳経題目の研究＜書＞　177
華厳経の梵名に就きて＜書＞ 177

華厳宗　164
華厳の世界<書>　168
袈裟の裁ち方　24
偈頌　174
下生経<書>　162
解深密経<書>　44
化地部　35
化度寺　52
華の荘厳（Gaṇḍa-vyūha）　173
ゲーヤ　89
ケルン（Kern, Johan Hendrik Caspar）　123, 125, 138
戯論　69
顕教（一般大乗仏教）　113
源興院　20
検校写経使　80
元亨釈書<書>　31
賢冑部　35
原始般若経の研究<書>　76
原始仏教に於ける般若の研究<書>　71
玄奘<人> 33, 44, 50, 74, 78, 109, 115, 118, 134, 149, 158
玄奘三蔵<書>　44
現前地（abhimukhin-bhūmi）172
彦琮　183
玄則（大慈恩寺）　79
玄応<人>　79
ケンブリッジ（Cambridge）　19
堅牢地神や散脂大将の呪法　180

こ，C，K

高麗蔵版（大蔵経）<書>　20
五位　67
古逸部<書>　49
香　93
高貴寺　24
光讃般若波羅蜜経<書> 83, 131
鉤召（ākarśaṇa, ākarṣaṇī, aṇkuśin）204
香水海　165
香水河　165
光世音経<書>　134
康僧鎧<人>　158
広博厳浄不退転輪経<書>　134
降伏の法門　237
弘法大師空海<人>　202, 223
広梵般若心経の研究<書>　115
降魔の説話　205
光明思想　161
五蘊　12, 71
虎関師錬<人>　31
五行　190
虚空蔵菩薩　39
虚空孕菩薩経<書>　39, 40
或同或異　81
極楽　160
極楽荘厳経（Sukhāvatīvyūha）<書> 156
極楽と地獄<書>　160
護国三部経<書>　162
古事記神代巻<書>　17
五時の教判　139, 140
小島文保<人> 126
五相成身観　228
コータン<地>　50
五波羅蜜経　77
五波羅蜜多説示大乗経<書>　77
五法・三性・諸識・無我の理　198
五明妃　232

五来重＜人＞　202
コーランの十種十五巻＜書＞　17
コルディエ＜人＞　50
金剛界マンダラ　228
金剛薩埵説頻那夜迦天成就儀軌経＜書＞ 22
金剛三昧経＜書＞　118, 135
金剛頂一切如来真実摂大乗現証三昧大教王経＜書＞　225
金剛頂経＜書＞ 162, 174, 211, 218, 219, 224, 225, 227, 229, 230
金剛頂経（初会）＜書＞　224
金剛頂経の梵名について＜書＞　227
金剛頂瑜伽中略出念誦経＜書＞　225
金剛頂瑜伽理趣般若経＜書＞ 244
金剛能断般若波羅蜜経＜書＞ 112
金剛般若＜書＞　73, 103
金剛般若経＜書＞ 13, 33, 84, 112, 234
金剛般若経（現代語訳）＜書＞　111
金剛般若経和訳＜書＞　111
金剛般若波羅蜜経＜書＞　112
金剛般若波羅蜜経論＜書＞　112
金剛部　223
金光明経＜書＞ 61, 119, 141, 162, 179, 182
金光明経の帝王観とそのシナ・日本的受容＜書＞　181
金光明経の蒙古語訳＜書＞　187
金光明最勝王護国寺　184
金光明四天王護国寺　181
金剛明妃の陰門形法生の中なる宮殿（Vajrayogirbhava=〔Tib.〕Rdo rje btsun moḥi bhaga）　232
言少事約　83
コンゼ（Conze, E）＜人＞　111
近藤隆晃＜人＞　175
根本智　70
根本中論＜書＞　68
根本仏教＜書＞　203
Cosmotheistic-“Nichiren” ＜書＞　208
Khotanese summary of the hundredmyriad Māhaprajñā-pāramitā ＜書＞　89

さ，S，T，Z

西域記＜書＞　18
西域三十六国　49
西域出土仏教梵本とその聖典史論上の位置（上）153
西域出土梵文法華経　126
西城探検紀行全集 9 ＜書＞　159
崔元誉＜人＞　80
サイゴン＜地＞　50
最終儀軌（Uttaratantra）230
最勝講　181
最上根本大楽不空三昧大教王経＜書＞ 245
最頂点　222
西方要決＜書＞　54
佐伯真光＜人＞　203
酒井真典（紫朗）＜人＞　15, 227
境野黄洋＜人＞　167
榊亮三郎＜人＞　157
坐禅三昧経＜書＞　33

サダープラルディタ　Sadāpraru-dita（薩陀波崙 ＝ 常啼菩薩）＜人＞　91, 92, 97, 98
薩陀波崙品＜書＞　90, 91
薩曇芬陀利経＜書＞　134
真田有美＜人＞　127
錆　72
差別智　70
さまざまな仏典　**15**
サマルカンド＜地＞　55
三階教　53
三階教徒　52
三階教之研究＜書＞　54
三界説　**167**
三階仏法　53
三階仏法密記＜書＞　53
三帰　155
算経　51
三経義疏＜書＞　17
三句　222
三賢位　171
三十四品　168
三十二味の香薬法　180
三性　198
三乗　171
サンスクリット文　13
三千大通　205
三諦　86
三大　190
讃嘆の章（anuśaṃsā）104
山東直砥＜人＞　20
サンドロコットス（Sandrokottos）＜人＞　34
三部経　161, **162**
三福　163
三部秘経＜書＞　162
三宝　190
三宝尊菩薩＜人＞　96
三昧発得の智　70
三明・六通　**206**
三論宗　33
＜以下書＞
Saddharma-pundarīka or the Lotus of the true Law　137
Saṃyutta Nikāya　39
Sandburied ruins of Khotan　49
Sarvadarśana-samgraha（一切見集）19
Thousand Buddhas　49
Zur nordarischen Sprache und Literatur　240

し，J，S

慈　100
慈雲尊者飲光＜人＞　23, **24**
慈雲尊者全集＜書＞　24
慈雲方服図儀＜書＞　24
思益経＜書＞　139
ジェータヴァナ林（祇園重閣）173
慈恩大師＜人＞→窺基
慈恩伝＜書＞　18
持戒　190
字学　79
止観　190
色　12
識　13
色界　167
自鏡録＜書＞　54
竺高座＜人＞　131

シクシャー・サムッチャヤ（Śikṣāsamuccaya）→大乗集菩薩学論
シクシャーナンダ（Śiksānanda 実叉難陀＝学喜）＜人＞ 176, 190, 193
竺仏念（前秦）＜人＞　94
竺法護＜人＞　83, 129, 144
四傑　33
支謙＜人＞　82, 94, 133, 157
持業釈（karma-dhāraya）192
持金剛（vajradhara）222
獅子賢＜人＞→ハリバドラ
四十華厳＜書＞　80
四十三分別　70
四十四智　70
四処　73, 77
四書五経＜書＞　51
四書集註＜書＞　17
自証聖智　199
時成就　32
四信　190
事相　222
止息（āsphānaka）206
シチェルバトスコーイ＜人＞85
七階仏名経＜書＞　54
七十五法　67
七十七智　70
七処　169
七百頌般若＜書＞　107
七宝池　162
悉有仏性　105
実相般若経＜書＞　234, 243
実相般若波羅蜜経＜書＞　243
実体ありと捉われぬこと（apagatasvabhāva）104
シッダマートリカー文字（悉曇文字）38
実動の法門　237
四哲　33
四天王尊崇　208
支道林＜人＞　82, 97
耆那教聖典＜書＞　17
ジナミトラ（Jinamitra）＜人＞ 103, 150, 185
始日大師＜人＞　140
ジニャーナ　66
ジニャーナグプタ（Jñānagupta, 闍那崛多）＜人＞　129, 130, 134, 146
四福音書＜書＞　12
四分律＜書＞　207
島田蕃根＜人＞　19
四無量心　101
捨　101
シャイエル（Schayer, St.）＜人＞ 28
ジャイルズ＜人＞　51
シヤヴァンヌ＜人＞　51
写経判官　79
赤　91
釈尊　10
釈提桓因（インドラ神＝帝釈天）92
寂滅　69
寂滅道場会　169
シャクラプーティ＜人＞　246
邪見　71
闍多伽（jātaka 本生）89
シャーリプトラ Śariputra（舎利

弗＝舎利子）＜人＞　12, 13, 100, 103
舎利弗阿毘曇論＜書＞　70
車輪　162
シャル（Shalu）＜地＞　96
シャーンティディーヴァ（Śāntideva, 寂天）＜人＞　118
シャーンティニケータン大学　67
受　12
頌　174
十一面観世音神呪経＜書＞　216
十廻向　171
十疑論＜書＞　54
宗教と社会倫理＜書＞　182
衆香城　92
朱士行＜人＞　82
十地経論＜書＞　177
十七清浄句　236
衆成就　32
修習次第（Bhāvanākrama）＜書＞　222
十住毘婆沙論＜書＞　33, 149, 177
十住毘婆沙論に於ける Kāśyapa-parivarta の引用について＜書＞　153
十住心論＜書＞　223
十重の風輪　165
十誦律＜書＞　207
十蔵無尽の行相　171
十二処　71
十二門論＜書＞　33
十万頌＜書＞　97
十万頌般若経＜書＞　83, 84, 85, 88
十六会　72, 77
十六観想　163
授記　149
縮冊大蔵経＜書＞　19, 20
授幻師跋陀羅記会（Bhadramāyākāravyākaraṇa＜書＞　29
濡首般若＜書＞　73, 77, 108
呪蔵　209
修多羅（sūtra 経）89
出三蔵記集＜書＞　97
十種の行法　171
十智　70
出定後語＜書＞　25
出定笑語＜書＞　25
十本般若　72
ジュニャーナヴァジュラ（Jñānavajra）＜人＞　193
ジュニャーナミトラ＜書＞　246
ジュニャーナヤクシャ（Jñānayakṣa 闍那耶舎）＜人＞　215
修菩提心　228
シュバカラシンハ（Śubhakarasiṇha 善無畏）＜人＞　220
シュラヴァスティー（舎衛国）173
シュラッダーカラ・ヴァルマン（信作鎧）＜人＞　241
シュリニヴァス（Srinivas）＜人＞　205
首楞厳経＜書＞　33
首盧伽（śloka 頌）81, 82
濡首＜人＞　109
潤色監閲　80
潤文　79
純密　146
純密経としての金光明経＜書＞

180, 210
処 72
青 91
常 69
正憶念 93
浄戒 103
証義 79
長行 174
正見 198
常見 68
証悟 236
証悟の法門 236
証金剛心 228
成金剛心 228
聖金光明最上勝経王大乗経＜書＞ 184
聖金光明最勝帝王と名づくる大乗経＜書＞ 185
称讃浄土仏摂受経＜書＞ 158
正字 79
定字 79
成実宗 33
成実論＜書＞ 33
成就妙法蓮華経王瑜伽観智儀軌＜書＞135
小乗 233
証定（identification）34
上生経＜書＞ 162
小乗呪と密教経典＜書＞ 207
清浄般若（suddhipaññā）71
精進 103, 190
小説類 51
性相交徹 191
摂大乗論＜書＞ 44, 183
摂大乗論釈（世親）＜書＞ 44
摂大乗論釈（無性）＜書＞ 44
常啼菩薩＜人＞→サダープラルディタ
勝天王般若＜書＞ 73, 77, 102, 108, 110
勝天王菩薩＜人＞ 109
勝徳赤衣＜人＞ 95
聖徳太子＜人＞ 17, 49
性徳平等 171
浄土三部経＜書＞ 58
浄土思想 156
成道者八十四伝史＜書＞ 46
浄土宗 33
聖八千頌般若波羅蜜多一百八名真実円義陀羅尼経＜書＞ 94
成仏経＜書＞ 162
聖仏母般若波羅蜜多九頌精義論＜書＞ 95
正法 52
正法華経＜書＞ 129, 133
小品般若経＜書＞ 73, 82, 94, 98
証梵本 80
正法律 24
勝鬘義記＜書＞ 49
勝鬘経＜書＞ 139
勝鬘経義疏＜書＞ 49
正無畏＜人＞ 130
生滅門 190
成唯識論＜書＞ 44, 118
成唯識論述記＜書＞ 118
静慮 103
正量部 35
上林園 78
摂論 44
諸経部（mdo sna tshogs = mdo sde）

＜書＞　102
書後＜書＞　197
所作（kriyā, bya ba）217
諸子百家＜書＞　51
書手　80
処成就　32
所信の境地　170
所詮宗趣　200
所蔵　106
諸智分別　70
ジョナンパ派（Jo naṇ pa）46
序の章（nidāna）＜書＞　103
初発心　108
諸門分別　68
ションヌペー（Gshon nu dpal）＜人＞　221
白井覚範＜人＞　241
白石（藤本）真道＜人＞　115
白堀賢雄＜人＞　159
自利利他円満　221
時輪（カーラ・チャクラ）233
字輪の法門　237
支婁迦讖＜人＞　94, 151, 157
シーレンドラボーディ（Śilendra-bodhi）＜人＞　103, 185
四論宗　33
深遠であり（gambhīra 甚深）104
信行＜人＞　52, 53
信行口集真如実観起序＜書＞　54
真空俗有　86
シンクサリ＜人＞　186
神皎（弘福寺）＜人＞　79
真言陀羅尼蔵の解説＜書＞　211
真実智の完成　99
真実なる智慧の完成（プラジニャー・パーラミター＝般若波羅蜜多）98
真実の完成（パーラミター＝波羅蜜多）98
真実を述べる宝の蔵（dharmaratnakośa 法宝蔵）105
新釈尊伝＜書＞　205
真宗＜人＞　48
仁宗＜人＞　48
人集録都目＜書＞　54
信成就　32
心性清浄　72
真諦　86
神泰（西明寺）＜人＞　79
真諦＜人＞→パラマールタ
真智開顕　69
真如　190
真如門　190
深般若波羅蜜　12
神秘的音声（咒）113
神昉（大慈恩寺）＜人＞　79
新梵文十地経について＜書＞175
新訳　79
新約外典＜書＞　17
新約全書＜書＞　17
親鸞＜人＞　31
真理の宝環＜書＞　60
＜以下書＞
Journa1 Asiatique　188
Śiksāsamuccaya, ed. by C. Bendall 118
Sikśāsamuccaya　89
Saptaśātikāprajñāparamitā（七百頌般若波羅蜜多）108
Saptaśatikāprajñāpāramitā, ed. by

G. Tucci　108
Saptaśatikā-Prajñāpāramitā, Text and the Hsüan-chwang Chinese Version with Notes　108

す，S

推古天皇<人>　38
随宜（pariyāya）69
随処為主　71
推度　71
スウェーデン<地>　55
スヴェン・ヘディン<人>　55
スガタ・シュリー<人>　242
菅沼晃<人>　193
蘇呬耶経<書>　217
鈴木大拙全集第五巻につきて<書> 193
スタイン（Stein, Mark Aure1）<人>　48 — 54
スティラマティ（Sthiramati, 安慧）152, 153
スートラ　89
スナール<人>　122
スブーティ（Subhūti, 須菩提）<人>　84, 91, 100, 109
須菩提の章（Subhūti）<書> 104
スレーンドラボーディ（Surendra-bodhi）<人>　135, 150
<以下書>
Sukhāvativyūha（Ashikaga. A.）<書>　157
Sukhāvativyūha に於ける若干の問題—中村元・早島鏡正 紀野一義訳註『浄土三部経』を読んで<書>　157
Sukhāvativyūha, Description of Sukhāvatī, the Land of Bliss 156
Sur la Récitation primitive des Textes Bouddhiques　88
Sūtrasamuccaya　119
Suvarnaprabhāsa, tekst' Uignrskoi, V.V. Radrov i S. Ye. Malov, 186
Suvarnaprabhāsottama sūtra, Itsing' chinesische version und ihre tibetische übersetzung 184
Suvarnaprabhāsottama sūtra, die tibetischen übersetsungen, mit einem Wörterbuch　185
Suvikrāntavikrāmi-paripṛcchā Prajñāpāramitā-sūtra　106

せ，C，S

青海<地>　55
聖書（Bibie, Scripture）<書>　11, 30
逝多林会　169
望通（大慈恩寺）<人>　79
西部ヒンディー語　39
西北科学考査団（The Sino-Swedish Expedition）55
靖邁（大慈恩寺）<人>　79
ゼエデルボーム, ゲオルグ（Söderbom, Geor）<人>　55
世界聖典外纂<書>　17
世界聖典全集<書>　16, 17
施餓鬼会　15
施護（宋）<人>　94, 115, 151, 154, 242
世自在王如来　161
世親<人>→ヴァスヴァンドゥ

世俗諦　219
説一切有部　35, 67
絶頂　222
セリーンディア（Serindia, 5 vols.）＜書＞　49
千眼千臂観世音陀羅尼神呪経＜書＞　211, 216
善慧地（sādhumati-bhūmi）172
善見律毘婆沙＜書＞　46
善財童子　91
禅宗　33
善逝宗教史＜書＞　46
善導＜人＞　163
漸入　173
善波周＜人＞　146
善無畏＜人＞→シュバカラシンハ
善勇猛般若＜書＞　76
＜以下書＞
Central Asian Frangments of the Astadaśasāhasrikā Prajñāpāramitā and of an unidentified text　93
Sacred Books of the East（S. B.E.）→東方聖書

そ

相　198
想　12
相違釈（dvaṃdva）192
僧叡＜人＞　33, 83
増益（pauṣṭika）204
蔵外経典　42
蔵漢和三体合璧仏説無量寿経・仏説阿弥陀経＜書＞　157
宋高僧伝＜書＞　78, 80
綜合日本仏教史＜書＞　167
蔵識　106, 198
相州＜地＞　52
蔵州（Gtsan）46
僧就＜人＞　142, 145
僧肇＜人＞　33
相大　190
葬宅　51
像法　52
雑密　146, 210
僧朗＜人＞　117
俗空真有　86
息災（śānta）204
俗諦　86
ソグド語　113
俗文学　51
嘱累品＜書＞　93
蘇悉地経＜書＞　162, 204, 217
蘇婆呼童子経＜書＞　217
それ自体清らかなものであり（prakṛtipariśuddha 自性清浄）104

た，D，T

大哀経＜書＞　144
大域竜菩薩＜人＞→ディグナーガ
大雲経＜書＞　183
大吉義神呪経＜書＞　215
大元師明王（Āṭavaka）209
対告衆　74
対根機行法＜書＞　54
大薩遮尼乾子所説経＜書＞　118, 135
大慈恩寺　78
大集経＜書＞　139
大集大虚空蔵菩薩所問経＜書＞

144
大乗基＜人＞→窺基
大乗起信論＜書＞　37, 183, 189, 190
大正新脩大蔵経＜書＞　19, 21, 42, 49, 75, 78, 140
大乗集菩薩学論＜書＞　119, 178
大乗荘厳経論＜書＞→ Mahāyāna-sūtrâlankāra
大乗大集大集経須弥蔵経＜書＞　144
大乗大方等日蔵経＜書＞　144
大乗通申論　190
大乗道の実現＜書＞　175
大乗のぼさつの教え＜書＞→ Śikasāmuccaya
大乗仏教芸術史の研究＜書＞ 220
大乗仏典の研究＜書＞　60
大乗法苑義林章＜書＞　118
大乗法界無尽蔵法釈＜書＞　54
大小品対比要抄＜書＞　97
大神呪　98
太宗　78
胎蔵界の四方四仏　180
大蔵対校録＜書＞　20
体大　190
大智度論＜書＞　32, 79, 87, 119, 149, 211
大唐西域記＜書＞　44, 50
大唐西域求法高僧伝＜書＞　184
大日経＜書＞　162, 204, 219, 221, 224
大日経義釈＜書＞　221
大日経住心品の三句の仏教学的解釈＜書＞　222
大日経疏＜書＞　221
大日経の梵文断編について＜書＞　220
大日本仏教全書＜書＞　21
提婆達多品＜書＞　100
大般若経第八会那伽室利分＜書＞　109
大般涅槃経＜書＞　105
大般若＜書＞　73, 78, 80
大般若経＜書＞　44, 80, 83, 94, 103, 113, 150
大般若経第七会曼殊室利分＜書＞　107
大般若の萃要　113
大般若波羅蜜多経＜書＞　112
大般若 bhūmi 章（二万五千頌 214 — 5）＜書＞　90
大悲空智金剛大教王儀軌経＜書＞　231
大悲の菩薩行　221
大毘盧遮那成仏神変加持経＜書＞　220
大方広地蔵十輪経＜書＞　52
大宝積経＜書＞→宝積経
大宝積経　迦葉品梵漢蔵六種合刊＜書＞　152
大宝積経論＜書＞　152, 153
大方等大雲経＜書＞　215
大方等大集経＜書＞→大集経
大方等大集経賢護分＜書＞　146
大方等大集月蔵経＜書＞　144
大方等無想経＜書＞　215
大法鼓経＜書＞　135
大品経序＜書＞　84
大品般若経＜書＞　92, 93, 98

大品般若の梵本に就いて＜書＞ 83
大品般若波羅蜜経＜書＞ 83
大明 91
大明度経＜書＞ 94
大明度無極経＜書＞ 82
大無量寿経典（大経）＜書＞ 58
大楽 236
大楽金剛不空真実三昧耶経＜書＞ 235
大楽の法門 236
高楠順次郎＜人＞ 19, 190
タクラマカン＜地＞ 55
他化自在天宮 75, 76
他化自在天宮会 169
他化自在天宮説 74
正しい法（正法）105
橘恵勝＜人＞ 16
橘瑞超＜人＞ 159
ダット（Dutt）＜人＞ 126
竜山章真＜人＞ 175
ダーナシーラ（Dānaśīla）＜人＞ 150
ダムシトラセーナ（Daṃṣṭrasena）＜人＞ 89
ターラナータ（Tāranātha）＜人＞ 46
陀羅尼 155
ターラナータ印度仏教史＜書＞ 46
ターラナータの仏教史＜書＞ 45, 46
陀羅尼集経＜書＞ 216
陀羅尼雑集＜書＞ 215
ターリム盆地＜地＞ 48
ダルマーカラ（法蔵）＜人＞ 161, 200
ダルマクシェートラ（Dharma-kṣetra）＜人＞→曇無讖
ダルマグプタ（Dharmagupta, 達磨笈多）＜人＞ 112, 129
ダルマシュリー（Dharmaśrī）＜人＞ 89
ダルマバドラ（法賢〔宋〕）＜人＞ 94, 158
ダルママテイ（Dharmamati, 達磨摩提 = 法意）＜人＞ 131
ダルモードガタ（Dharmodgata, 曇無竭 = 法止） 91, 92
断 69
断簡（fragment）47
断見 68
断食 206
断章取義＜書＞ 31
断善根 106
＜以下書＞
Daśabhūmika-sūtra et Bodhisattva-bhūmi Chaptre Vihāra et Bhūmi, publies, avec une Introduction et des Notes（Prose Portion）174
Daśabhūmiśvaro nāma Mahāyāna sūtram 175
die nordarischen Abschnitte der Adhyardhaśatikā Prajñāpāramitā 240
die tibetischen übersetzungen mit einem Wörterbuch 185
Tāranāthae de Doctrinae Buddhicae in India Propagation 46
Tāranātha's Geschichte des Buddhis-

mus in Indien　46

ち，H，T

智慧　12
智慧の完成　113
智慧の完全についての経典　67
智慧輪＜人＞　115
智顗＜人＞　43, 120
智旭＜人＞　20, 140
竹林　75
竹林精舎（Veṇuvana）76
竹林精舎白鷺池側説　74, 76
智厳＜人＞　134
智儼＜人＞　221
地蔵十輪経＜書＞　141
地蔵本願経＜書＞　141
チベット＜書＞　218
チベット（Tibet）46, 55
チベット語訳仏典　59
チベット大蔵経の密教経軌分類法の典拠について＜書＞　218
西蔵仏教形成の一課題＜書＞　218, 231
チャンドラグプタ（Chandragupta）＜人＞　34
中　68, 86
中亜梵字（Brāhmi）　49
中央アジア＜地＞　48
中国西部＜地＞　48
中辺分別論＜書＞　152
中論＜書＞　33
中論釈＜書＞　152
調伏（ābhicārika）　204
チョエ・ジエ＜人＞　243
チョエドウプ＜人＞→法成
長者女　109
地理　51
鎮護国家　181
陳徳詮＜人＞　79
陳那＜人＞→ディグナーガ
陳留（河南省）＜地＞　44
＜以下書＞
ḥphags-pa laṇ-kar gśegs-pa theg-pa chen-pohi mdo（聖入楞伽大乗経）　195
ḥphags-pa laṇ-kar gśegs-pa rim-po cheḥi mdo-las saṇsrgyas thams-cad-kyi gsungi sṇin-po shes-bya-baḥi leḥu（聖入楞伽宝経中一切仏語心品）　195
ḥphags-pa Pha-rol-tu phyin-pa Lṇa bstan-pa shes-byaba thedpa chen-poḥi mdo　77
Tibetan Painted Scrolls　218
Tibetan translators of the Tripitaka, in the Sde-dge edition　35

つ

通達菩提心（通達本心）　228
通宝（T'ung Pao）＜書＞　51
土田勝弥＜人＞　125

て，D

ディグナーガ（Dignāga, 陳那）＜人＞　95, 96
綴文　79
デーヴァダッタ（提婆達多）＜人＞　132
デーヴァ・ナーガリー文字　38
デーヴィー・ゴーワ＜人＞　246
寺本婉雅＜人＞　111

デルゲ版＜書＞　42
伝語　80
天竺菩薩＜人＞　131
天息災　78
天台宗　33
天台大師→智顗
添品妙法蓮華経＜書＞　133
Discovery of Living Buddhism in Bengal ＜書＞　65
Divyāvadāna（天業譬喩）＜書＞　19

と

トインビー＜人＞　9
道安＜人＞　82, 97
道鏡＜人＞　54
道教聖典＜書＞　17
道行経集異注＜書＞　97
道行系般若経＜書＞　82
道行般若経＜書＞　82, 94, 97
道元＜人＞　31
姚興（文桓帝）＜人＞　33
道綽＜人＞　163
道生＜人＞　33
燈燭　93
道測（大慈恩寺）＜人＞　79
東大寺大仏蓮華弁毛彫蓮華蔵世界＜書＞　166
東部中部パハーリー語　39
トゥッチ（Tucci）＜人＞　95, 96, 108
東方学雑誌（Journal Asiatique）＜書＞　51
東方聖書（The Sacred Books of the East, S. B. E.）＜書＞　17, 19, 122, 123
道融＜人＞　33
東洋人の思惟方法＜書＞　31, 166
東洋フン学会報（Studio Orientalia, Edidit Societas Orientalis, Finnica）＜書＞　55
忉利天会　169
栂尾祥雲＜人＞　240, 241, 242, 244, 246
土観呼図克図　Blo bzaṇ chos kyi Ñima　187
特定の場をもたぬもの（agocara 非行処）　104
度語　80
兜率天宮会　169
富永仲基＜人＞　23, 25
富永仲基の人文主義的精神＜書＞　25
富の法門　236
トランス・ヒマーラヤ＜地＞　55
トランス・ヒマラヤ山脈＜地＞　47
トリンクラー（Trinkler, E.）＜人＞　127
燉煌遺書＜書＞　51
燉煌遺書第一輯解題＜書＞　197
燉煌千仏洞　48, 50
燉煌菩薩＜人＞　131
燉煌物語＜書＞　52
曇無竭品＜書＞　92
曇無讖＜人＞　18, 143, 182, 183, 194
曇鸞＜人＞　163

な，N

長井真琴＜人＞　153
長沢実導＜人＞　246
ナーガシュリー（Nāgaśrī, 那賀室利＝竜首）＜人＞　109
ナーガセーナ（Nāgasena, 那先）＜人＞　20
中野達慧＜人＞　19, 21
中村元＜人＞　13, 20, 25, 27, 111, 178
中村元選集＜書＞　25
ナーガールジュナ（Nāgārjuna, 竜樹）＜人＞　68, 177, 210
那須政隆＜人＞　244
那先比丘経＜書＞　20
夏目漱石＜人＞　40
ナーランダー寺　44
ナルナム（sna-rnam）＜人＞　135
南海寄帰内法伝＜書＞　184
難勝地（sudurjaya-bhūmi）　172
南条文雄＜人＞ 18, 101, 122, 124, 156, 157, 190
ナンディ・ナーガリー語　39
南伝大蔵経＜書＞　78
Navadharmaparyāya ＜書＞ 119
Navaślokī ＜書＞　95

に，N

二十五重　170
二十五種般若　244
西義雄＜人＞　71
而生其心　234
西スニット（蘇尼特）＜人＞ 111
二諦　86
二諦説　219
尼陀那（nidāna 因縁）89
二部黨説　83
日本書紀神代巻＜書＞　17
日本聖書協会改訳委員会　12
日本天台の経典解釈　31
日本の仏教＜書＞　24, 132
二万五千頌般若（大品）＜書＞　93, 97
二門　190
人証成果　171
入蔵　21, 22
入大乗論＜書＞　119
入大輪の法門　237
入菩提行論＜書＞→ Bodhicaryāvatāra
入法界品＜書＞　91
如如　198
如の章（tathatā）＜書＞　103
如来禅　199
如来蔵（tathāgatagarbha）33, 105
如来蔵論　54
如来の光明　155
人相　51
忍辱　190
仁王般若経＜書＞　33, 73, 162, 181
忍徴上人伝＜書＞　20
nirdeśa　102

ね

ネパール（Nepal）＜地＞　39, 46, 47, 108
涅槃経（大乗）＜書＞　39
涅槃　44

念仏鏡　54
念仏三昧宝王論　54

の，N

能　72
能覚　199
能観　70
能証智者　72
能所不二　71
能信の行　170
能蔵　106
能断金剛般若波羅蜜経（玄奘訳）<書>　112
能断金剛般若波羅蜜多経（義浄訳）<書>　112
ノーベル<人>　184
野村栄三郎<人>　159
Notes à propos d'un catalogue du Kanjur <書>　197

は，B, P, H

貝葉（貝多羅葉 , pattra）　38
貝葉梵文法華経　123
バガヴァッド・ギーター（Bhagavad Gitā）<書>　17, 24
橋川正<人>　167
橋本光宝<人>　111
蓮沼成淳<人>　143, 146
長谷部水哉遺稿集<書>　241
羽渓了諦<人>　39
ハタ・ヨーガ（haṭha-yoga）230
八会　168
八功徳水　162
八万四千十二部の教え　11
八万四千の法門　11
八万四千の法門<書>　42
八明妃　232
八宗綱要<書>　164
八千頌般若<書> 93 — 101
バッタチャリヤ（Bhattacharyya, B.）<人>　229
八不の偈　69
ハノイ<地>　50
パミール<地>　55
早島鏡正<人>　20
パーラ王朝　57
パーリ語（Pāli）37
パーリ語仏典　60
パラマールタ（Paramārtha 一名 Kulanātha, 真諦）<人>　33, 43, 112, 183
パリの国民図書館（Bibliothéque Nationale）　51
ハリバドラ（Haribhadra, 獅子賢）<人>　95
パルジテル（Pargiter, F. E.）<人>　110
バルト<人>　84
バルフ（Baruch, W.）<人> 126
攀縁如禅　199
旛蓋　93
般舟　146
般舟三昧経<書>　146
パンチャーラ<地>　45
パンデン・ロージョエ・テンパ<人>　242
般若（prajñā, pañña）　66
般若<人>→プラジニャー
般若皆空　107
般若経<書>　passin

般若経の諸問題<書>　102
般若思想史<書>　68
般若心経<書>　12, 13, 24, 36, 73, 115
般若心経・金剛般若経<書>　110
般若心経梵本の研究<書>　115
般若大空の信仰　65
般若燈論釈<書>　102
般若波羅蜜　84, 87, 91
般若・母タントラ　229
般若渡羅蜜多円集要義論<書>　100
般若波羅蜜多経<書>　87, 102
般若理趣経<書>　24, 180, 224, 234, 235, 239, 244
般若理趣分　76
般若理趣分<書>　75, 234
Bhadracarī-pranidhānarāja　176
Die Bhadracarī, eine Probe buddhistisch-religiöser Lyrik, untersucht und herausgegeben, <書>　176
hāraka　174
Pantheistic-Buddhist Nirvāna <書>　208

ひ，B

悲　100
東トルキスタン断片　111
干潟竜祥<人>　101, 106
秘教　201
比丘尼戒<書>　207
悲華経<書>　183
毘沙門天（Vaiśravaṇa）　208
飛錫<人>　54
秘蔵宝鑰<書>　223
費長房<人>　183
筆受　79
毘曇　44
毘婆沙論<書>　44
ビハーリー語　39
毘仏毘（vaipulya 方広）　89
秘密集会（Guhya-samājatantra or Tathāgataguhyaka 如来秘密）<書>　229
秘密集会タントラの成立過程<書>　230
秘密集会タントラ成立に関する二、三の問題<書>　227
秘密仏教<書>　226
秘密仏教史<書>　207, 220
白　91
百字の偈　237
白氎　130
白鷺池　76
百論<書>　33
譬喩の章（aupamya）<書>　104
ビュルヌフ（Burnouf, Eugène）<人>　25, 122, 137
平川彰<人>　126, 178
平田篤胤<人>　25
ビール（Beal、Samuel）<人>　18
ビンビサーラ Bimbisāra（頻婆沙羅）<人>　162
Bibliotheca Indica <書>　89

ふ，P，B，F

不空<人>→アモーガヴァジュラ
不空羅索経<書>　223
覆蔵意識（ālayā-vijñāna 蔵識、阿

頼耶識） 105
福田行誡＜人＞ 19, 20
符堅（宣昭帝）＜人＞ 33
普賢行願賛（慈雲尊者飲光）＜書＞ 24
普賢行願讃＜書＞ 176
普賢行願讃の梵本＜書＞ 176
普光法堂会 169
藤謙敬＜人＞ 146
布施 103, 190
不退転 108
不退転法輪経＜書＞ 118
仏以三車喚経＜書＞ 133
仏果圜悟禅師碧巌録＜書＞ 22
仏教学の諸問題＜書＞ 220
仏教経典概説＜書＞ 73
仏教経典史論＜書＞ 70
仏教経典成立史論＜書＞ 35
仏教経典と梵語 65
仏教芸術＜書＞ 15
仏教入門＜書＞ 205
仏教之美術及歴史＜書＞ 167
仏教梵語叢書（Buddhist Sanskrit Texts）＜書＞ 97
仏教梵語文献（Buddhist Sanskrit Texts）＜書＞ 125
仏国記＜書＞ 18
仏舎利 88
仏性 105
仏書解説大辞典＜書＞ 16, 23
仏身円満 228
仏説阿弥陀経＜書＞ 157, 158
仏説阿弥陀三耶三仏薩楼仏檀過度人道経＜書＞ 157
仏説一切如来金剛三業最上秘密大教王経＜書＞ 229
仏説海意菩薩所問浄印法門経＜書＞ 144
仏説観無量寿仏経＜書＞ 158
仏説救抜焔口餓鬼陀羅尼法＜書＞ 15
仏説金剛場荘厳般若波羅蜜多教中一分＜書＞ 242
仏説濡首菩薩無上清浄分衛経＜書＞ 109
仏説聖仏母般若波羅蜜多経＜書＞ 36
仏説大阿弥陀経＜書＞ 158
仏説大迦葉問大宝積正法経＜書＞ 151
仏説大乗無量寿荘厳経＜書＞ 158
仏説仏母宝徳蔵般若波羅蜜経＜書＞ 94
仏説摩訶衍宝厳経＜書＞ 151
仏説無書童子経＜書＞ 144
仏説無量寿経＜書＞ 157, 158
仏説無量清浄平等覚経＜書＞ 157
仏説遺日摩尼宝経＜書＞ 151
仏祖統記＜書＞ 22, 78
ブッダグヒャ（Buddhaguhya, 覚密）＜人＞ 221
仏陀の直説 21, 26
ブッダバドラ（Buddhabhadra, 仏駄跋陀羅 ＝ 覚賢）＜人＞ 176
仏地経＜書＞ 44
仏地経論＜書＞ 44
仏典解題事典・新＜書＞ 98, 146
仏典の天文暦法について＜書＞ 146

仏典の内相と外相＜書＞ 124, 128
仏部　223
仏母出生三法蔵般若波羅蜜経＜書＞　82
仏母般若波羅蜜多円集要義論＜書＞　95
仏母般若波羅蜜多円集要義釈論＜書＞　96
仏本行集経（The Romantic History of Buddha or Abhinishkramaṇa-sūtra）＜書＞　18
プトン＜人＞　242
不動儀軌＜書＞　15
不動地（acala-bhūmi）　172
プトンの仏教史＜書＞　242
部派仏教　34, 35
普法四仏＜書＞　54
普法宗　52
普明経＜書＞　152
普明菩薩会＜書＞　151
父母恩重経＜書＞　49
プラーグ大学　67
プラジニャー（Prajñā　般若）＜人＞ 80, 115, 176
プラシャーンタ・ミトラ（寂友）＜人＞　242
ブラフマプトラ＜地＞　55
ブラーフミー文字　38
フランス極東学院（École Française d'Extrême-Orient）　50
フランス仏教学の五十年＜書＞　29
不了義　70
文献学（philology）　32
分別（vibhaṅga, kappa）　69, 72
分別して（vibhajjeti）分別する（kalpyate）　70
分別般若　70
分別論＜書＞　70
＜以下書＞
Buddhacarita（仏所行讃）　18, 19
Buddhist Mss of the Bir Library　229
Buddhistische Kunst in Indien　88
Buddhist Tripiṭaka as known in China and Japan　18
Fo-sho-hing-tsan-king　18
Four classes of Buddhist Tantras 218
Prajñāpāramitā literature　90
Prajñāpāramitā-pindārtha　96
Prajñāpradīpa Mūlamadhyamakavrtti（大正 三十, N0. 1566）　102

へ，H

ヘーヴァジュラ・タントラ（Hevajra-tantra 呼金剛軌）＜書＞　231
碧巌録＜書＞　22
北京＜地＞　55
北京版＜書＞　42
別訳般若経　77
ヘディン、スヴェン（Hedin, Sven）＜人＞　47, 55, 56
ヘディン蒐集蒙古文献目録（A Catalogue of the Hedin Collection of Mongolian Literature）＜書＞　55
ヘディン・中央アジア探検紀行全集＜書＞　55
ペトロフスキー（Petrovski, N,F.）＜人＞　137, 152, 239

ペリオ（Pelliot, Paul）<人> 48, 50, 51, 52, 53, 54, 56, 187
ペルシャ<地>　48, 55
ヘルシンキ大学図書館蔵チベット大蔵経目録（Le mdo maṇ conservé à la Bibliothèque Universitaire Helsinki）<書>　55
ペルラツェンポ王（dpal lha btsan po）<人>　196
ヘールンレ<人>　239
遍計せる見（pakappita diṭṭhi）71
弁才天の呪法　180
偏照般若経<書>　244
弁中辺論<書>　44
ベンドール<人>　19
Hevajra Tantra <書>　231

ほ，B，H

法雲地（dharmamegha-bhūmi）172
宝衣　93
法格崇拝　65
宝貴<人>　183
法空無所得　109
法月<人>　115
法賢<人>→ダルマバドラ
法護<人>　131
放光系般若経<書>　82
ホジソン（Hodgson, Brian H.）<人>　19, 122, 189
宝積経<書>　148
法成<人>　115, 150, 184, 196
法成について<書>　197
法上部　35
宝女所問経<書>　144
宝星陀羅尼経<書>　144
法数　142
法蔵<人>→ダルマーカラ
法蔵部　209
宝頂経<書>　149
宝頂経について<書>　149
方等部<書>　148
法等法華経<書>　131
法然（人）　163
方便　221, 222
方便・父タントラ　229
法曼荼羅の略詮<書>　221
邦訳梵文入楞伽経<書>　191
卜占　51
北部・中部インド語　39
法華経<書>　117
法華経成立史<書>　131
法華経の貝葉心経<書>　38
法華経蒙古文<書>　135
法華経薬王菩薩等咒<書>　134
菩薩蔵　209
菩薩の威儀八万　11
星占　51
菩提心　221, 223, 228
菩提心展開論の系譜<書>　223
菩提達磨（Bodhidharma）<人>　10
ホータン<地>　48
法句経（Dhamma-pada）<書>　18
法華光瑞菩薩現寿経<書>　133
法華三大部<書>　120
法華三部経<書>　162
法華三昧経<書>　134
法華十羅刹法<書>　135
法華伝<書>　129

法華部の経典＜書＞　117
法華論＜書＞　119
発智論＜書＞　44, 70
ボーディルチ（Bodhiruci，菩提流支）＜人＞　112, 117, 135, 150, 158, 177, 193
堀内寛仁＜人＞　226
ホルシュタイン男爵＜人＞　152
梵学津梁＜書＞　24
梵漢対照般若理趣経和訳＜書＞ 240
翻経院　78
翻経館　78
梵語化（Sanskritization）　205
梵語の連語法（compound）　191
梵語（サンスクリット）仏典　59
梵語仏典の諸文献＜書＞ 76, 90, 128, 137
本初仏（Paramādi-buddha or Ādi-buddha）233
本草　51
梵蔵漢対照般若理趣経＜書＞ 240
梵蔵満漢四訳対照広般若波羅蜜多心経＜書＞　114
梵蔵和英合璧浄土三部経＜書＞ 157
本田義英＜人＞　125, 128
梵唄　80
梵文　13
梵文和訳十地経＜書＞　175
梵網経＜書＞　33, 167
品類足論＜書＞　70
Bodhicaryāvatāra ＜書＞　119
Hotog-to dege-du nom-to cagan lingho-a ner-e-tu yehe kulgen sodor orosibai ＜書＞ 136

ま

マイトレーヤ（弥勒）159
マウリヤ王朝　57
前田慧雲＜人＞　19, 21
魔王波旬　142
摩訶止観＜書＞　120
マガダ帝国　45
摩訶般若鈔経＜書＞　94
摩訶般若波羅蜜経＜書＞　92
摩訶般若波羅蜜咒経＜書＞　36
摩訶般若波羅蜜鈔経＜書＞　82
摩訶般若波羅蜜大明咒経＜書＞ 36
マクス・ミュラー（Max Müller, Triedrich）＜人＞　17, 18, 67, 114, 122, 123, 156, 157, 186
増田慈良＜人＞　108
マゼラン＜人＞　47
マックス・ワレザー＜人＞　85
末法　52, 156
末法観　52
松本徳明＜人＞　106
松本文三郎＜人＞　21, 39
マティ　66
マハー・バーラタ（Mahābhārata）＜書＞　40
マーロフ＜人＞　186
マラーティー語　39
卍字蔵経＜書＞　21
マントラ・カルシャ＜人＞　242
マンネルハイム男爵（Mannerheim, G.）＜人＞　127
万暦版（大蔵経）＜書＞　20

<以下書>
Mahāsamnipātād mahāyāna-sūtrān tathāgata śrīsamaya nāma mahāyāna sūtram（大集大乗経中如来吉祥三昧耶大乗経）145
Mahāyāna-sūtrâlankāra（大乗荘厳経論）222
Mahāyāna und Pradschnā-Pāramitā der Bauddhen　111
Manuscript Remains of Buddhist Literature found in Eastern Turkestan　185
Materials for a dictionary of the Prajñāpāramitā Literature　90
Minor Buddhist Text　95
Minor Sanskrit texts on the Prajñāpāramitā I, The Prajñā-pāramitā-pindārtha of Diṅnāga　96

み

ミスラ信仰　161
密教（秘密仏教）113
密教経典　61
密教芸術に関する西蔵伝訳資料概観<書>　15
密教の歴史<書>　203, 220
密教発達史<書>　220
宮坂宥勝<人>　14, 202, 203
名　198
明地（prabhākarin-bhūmi）172
妙法蓮華経（鳩摩羅什訳）<書>　30, 33, 131
妙法蓮華経憂波提舎<書>　117
妙法蓮華経玄義<書>　120
妙法蓮華経玄賛<書>　118
妙法蓮華経普門品重頌偈<書>　134
妙法蓮華経文句<書>　120
妙法蓮華経論憂波提舎<書> 117
妙法蓮華註<書>　118
妙法華<書>　131, 133, 134
ミリンダ王の問い（Milindapañhā）<書>　18, 20
弥勒三部経<書>　162

む

無礙解道<書>　70
無色界　167
無叉羅<人>　82
無性有情　106
無上瑜伽タントラ（anuttarayoga, rnal ḥbyor bla na med pa）<書>　211, 218
無尽蔵法略説<書>　54
無尽蔵院　53
無相の心　230
無相無名の大甲冑　155
六つの完成　101
無二分別　199
無仏性　105
無分別（akappiya）　72
無没識　106
牟梨曼陀羅呪経<書>　216
無量義経<書>　162
無量光　159
無量三昧　199
無量三昧門　92
無量寿　159

め

冥想（samādhi）　232
メソポタミヤ　55
メナンドロス（ミリンダ）<人>　20
馬鳴<人>→アシュバゴーシャ
滅罪　156
面壁九年　10

も，M

妄想　198
蒙蔵梵漢合璧金剛般若波羅蜜経<書>　112
蒙遜<人>　183
妄分別（kappa）　71, 72
望月信亨<人>　35
文殊　107
文殊師利根本儀軌経<書>　211, 217
文殊師利根本怛特羅<書>　46
文殊師利所説般若波羅蜜経<書>　107
文殊師利所説摩訶若般波羅蜜経<書>　107
文殊師利問菩提経<書>　107
文殊説般若会<書>　107
文殊般若<書>　73
聞成就　32
Modern Buddhism and its Followers in Orissa <書>　66

や

訳語　79
薬師儀軌<書>　15
訳主　78
訳匠　78
耶舎崛多（Yaśogupta）<人>　183
山口瑞円<人>　20
山口益<人>　95
山田竜城<人>　128
夜摩天宮会　169

ゆ

遺教経<書>　33
唯識思想　199
唯識論<書>　44
遺文（信行）<書>　53
維摩経<書>　33, 139
瑜伽（yoga, rnal ḥbyor）　217
瑜伽行　230
瑜価師地論<書>　44
瑜伽師地論釈<書>　44
瑜伽タントラ<書>　211
瑜伽論<書>　210
遊戯三昧　199
用大　190
夢判断　51

よ，Y

雍正帝（清）<人>　22
煬帝<人>　78
鎔融無礙　191
ヨーガ・アーチャーラ（瑜伽行）　206
欲界　167
吉川小一郎<人>　159
ヨーシドバガ（yośidbhaga 清浄境界）　230

預流果　11
(Le) Yoga, Immoralité et Liberté
＜書＞　206

ら，　R,　L

ライト＜人＞　19, 121
ラージャスタニー語　39
羅什＜人＞→クマーラジーヴァ
ラーデル＜人＞　174
ラトナラクシタ＜人＞　45
ラトナ・クータ＜書＞　152, 154
喇嘛教と日本仏教＜書＞　218
喇嘛教の典籍＜書＞　218, 227
ラトナウルカー・ダーラニー
(Ratnolkā-dhāraṇī 宝炬陀羅尼＝「賢首品」と一致）＜書＞　178
＜以下書＞
Laṇkāvatāra Sūtra (Śarat Chandra Dās & Satis Chandra Vidyābhūṣan) 190
Lankāvatara Sūtra (Bunyu Nanjio) 190
Rakṣā Bhagavatī　89
Ratnaguṇasamcayagāthā　90
Rig-Veda-sanhitā, the sacred hymns of the Brahmans, together with the commentary of Sāyānācharya　123

り，　R

リグ・ヴェーダ (Ṛg-veda)　17
離垢地 (vimala-bhūmi)　172
理趣　239
理趣経于闐文並びに語彙＜書＞　241
理趣経于闐文和訳＜書＞　241
理趣経の研究＜書＞　240
理趣広経＜書＞　245
理趣般若　73
理趣般若経＜書＞　244
律師戒行経＜書＞　46
略出　245
竜王 (Nāga)　209
竜首＜人＞→ナーガーシュリー
竜樹＜人＞→ナーガールジュナ
竜樹所引の大乗経典の二三について＜書＞　153
竜女得仏　100
楞伽阿跋陀羅宝経＜書＞　193
楞伽経＜書＞　61, 139, 189
楞伽経（鈴木大拙全集第五巻）＜書＞　191
了義　70
霊鷲山（グリドゥラ・クータ）75, 76, 100
霊鷲山説　74
梁塵秘抄＜書＞　162
リンチェン・ザンポ（宝賢）＜人＞　242
Ruins of Desert Cathay ＜書＞ 49

る

盧遮那仏 (Vairocana)　165
ルハ・ツァンポ＜人＞　242

れ

霊基＜人＞→窺基
霊峰蕅益大師＜人＞　140
レヴィ (Lévi, S) ＜人＞ 50, 126
レガメイ (Règamay, K) ＜人＞ 29

歴代三宝記＜書＞　54
レパチャン＜人＞　185
蓮華　91
蓮華蔵荘厳世界海　165
蓮華蔵世界　165, 168
蓮華部　223

ろ，L，R

ロイマン（Leumann, E.）＜人＞ 240
六合釈　192
六事成就　32
六十三分別　70
六波羅蜜　101
勒那摩提＜人＞　117
六万八千の采女　91
＜以下書＞
lotta fra Vajrapāni e Mahādeva　226
Lotus de la bonne loi　122
Lotus de la Bonne Loi, traduit du sanscrit, accompagné d’une commenentaire et de vingt et une mémoires relatifs au Bouddhisme 137
Romantic History of Buddha or Abhinishkramana-sūtra　18

わ

和伽羅（vyākaraṇa 授記）　89
渡辺海旭＜人＞　19, 40, 177, 179
渡辺照宏＜人＞　24, 31, 99, 126, 128, 203, 205

主要文献目録

主要な梵文仏典目録

Bir: Buddhist Manuscripts of the Bir Library, by Sanskrit Seminar of Taisho University, Memoirs of Taisho University, No. 40, 1955, pp. 55 — 84. (Bir 目録)

Bengal : A Descriptive Catalogue of Sanskrit Manuscripts in the Government Collection under the care of the Asiatic Soceity of Bengal, by Hara Prasad Shāstri, vol. I, Buddhist Manuscripts, Calcutta 1917. (Bengal 目録)

Baroda : An Alphabetical List of Manuscripts in the Orient Institute Baroda vol. II, by B. Bhattacharyya (General Editor). GOS. CXIV. (Baroda 目録)

B.M. : Catalogue of the Sanskrit Manuscripts in the British Museum, by Cecil Bendall, London 1902. (大英博物館目録)

C. : Catalogue of the Buddhist Sanskrit Manuscripts in the University Library, Cambridge, with introductory notices and illustrations of the palaeography and chronology of Nepal and Bengal, by Cecil Bendall, Cambridge 1883. (剣橋目録)

D1 : A Catalogue of palm-leaf & selected paper Mss belonging to the Durbar Library, Nepal, by Hara Prasād Śāstrī, to which has been added a historical introduction by Cecil Bendall, Calcutta 1905. (Durbar 目録 I)

D2 : A Catalogue of palm-leaf & selected paper Mss., belonging to the Darbar Library, Nepal, by Hara Prasād Śāstrī, vol. II, Calcutta 1905, (Durbar 目録 II)

P. : Catalogue Sommaire des Manuscrits Sanscrits et Pālis de la Bibliothèque Nationale, par A. Cabaton, 1er fascicule. — manuscrits Sanscrits, Paris 1907. (Paris 目録)

RAS.: Hodgson; Catalogue of Buddhist Sanskrit manuscripts in the

possession of the Royal Asiatic Soceity (Hodgson Collection), by E. B. Cowell and J. Eggeling. JRAS., 1876, pp. 1 — 52. (Hodgson 目録)

TI : Catalogue of the Buddhist Sanskrit Manuscripts in the Library of Tokai University, by Yutaka Iwamoto, Proceedings of the Faculty of Letters, vol. III, Tokai University, Tokyo 1960. (岩本目録)

TM : A Catalogue of the Sanskrit Manuscripts in the Tokyo University Library, by Seiren Matsunami, Suzuki Research Institute, Tokyo 1965. (松濤目録)

BUDDHIST SANSKRIT TEXTS

1. Nava dharmāḥ

   1. Lalitavistara (prakāśitam) 1958, P. L. Vaidya
   2. Samādhirājasūtram (yantrastham) 1961, P. L. Vaidya
   3. Laṇkāvatāra sūtram
   4. Aṣṭasāhasrikā (prajñāpāramitā) ālokavyākhyāsahitā (prakāśitā) 1960, P. L. Vaidya
   5. Gaṇḍavyūhasūtram
   6. Saddharmapuṇḍarīka sūtram (prakāśitam) 1960, P. L. Vaidya
   7. Daśabhūmika sūtram
   8. Suvarṇaprabhāsa sūtram
   9. Tathāgataguhyakam ed. by Dr S. Bagchi 1965.

2. Mādhyamikamate

   10. Madhyamakaśāstram Nāgārjunīyam, Ācāryacandrakīrtiviracityā Prasannapadākhya vyākhyā Saṃvaritam
   11. Śikṣāsamuccaya Śāntideva-Viracitaḥ 1961, P. L. Vaidya
   12. Bodhicaryāvatāra Śāntideva-Viracitaḥ ed. by Dr P. L. Vaidya 1960, (with the Comentary Pañjikā)

3. Yogācāramate

   13. Sūtrālaṃkārah Ācāryāsaṇga-viracitaḥ

4. Vinayaḥ

   14 — 15. Mahāvastu lokottaravādināṃ vinayaḥ

16. Mūlasarvātivādināṃ vinayaḥ (Gilgit Mss)

5. Mahāyānasūtrasaṃgrahaḥ

17. Prathamaḥ khaṇḍaḥ-Prajñapāramitā saṃkṣepaḥ Sukhāvativyūhaḥ, Rāṣṭrapā1apariprcchā, Arthaviniścaya sūtra. 1961, P. L. Vaidya

18. Dvitīvaḥ khaṇḍaḥ-Śahistambasūtram, Pratītyasamutpādasūtram Bhaiṣajyaguruvaidurya prabha-sūtram Anyeṣāṃ ca sūtrāṇāṇ saṃgrahaḥ

6. Avadānasaṃgrahaḥ

19. Avadānaśatakam 1958, P. L. Vaidya

20. Divyāvadānam 1959, P. L. Vaidya

21. Jātakamālā (Bodhisattvādānamālā), Subhāṣitaratnakaraṇḍakakathā ca, Āryaśūravivacitā 1959, P. L. Vaidya

22 — 23. Avadānakanpalatā Kṣemendra viracitā 1959 (Vol.1, Vol.2), P. L. Vaidya

7. Prakīrṇagranthāḥ

24. Mahāyānastotrasaṃgrahaḥ

25. Aśvaghoṣagranthāḥ-Buddhacaṛitam, Saundaranandam

BIBLIOTHECA BUDDHICA

Sobranie buddijskich tekstov

Vol.1 : Çikshāsamccaya. A Compendium of Buddhistic Teaching compiled by Santideva chiefly from earlier Mahāyāna-Sūtras. Edited by C.Bendall 1897 — 1902. 4 Bl., 1 Taf., VI, XLVII S., 1 Bl., 419, VI Seiten. Kart.

Vol.2 : Rāṣṭrapālpariprechā. Sūtra du Mahāyāna. Publié par L. Finot. 1901 XVI, 69 Seiten. Kart.

Vol.3^1 : Avadānaçataka. A Century of Edifying Tales belonging to the Hīnayāna Edited by I. S. Speyer. 1906. Varga 1 — 7. 1 Bl., XVI, 388 Seiten. Mit 1 Tafel. Kart.

Vol.3^2 : Avadānaçataka. A Century of Edifying Tales belonging to the Hīnayāna. Edited by I. S. Speyer. 1909. Varga 8 — 10. 2 Bl., CXII, 238 Seiten. Kart.

Vol.4 : Mūlamadhyamakakārikās (Madhyamikasūtras) de Nāgārjuna avec la Prasannapadā, Commentaire de Candrakīrti. Publiè par Louis de la Vallée Poussin. 1903 — 13. 7 Bl., 658 Seiten. Kart.

Vol.5 : Sbornik Izobrazenij 300 Burchanow. Po albomu Aziatskog Museja s primecaniami izdal S. F. Oldenburg. (Sammlung der Abbildungen mit 300 B.) . Cast 1. Risunki i ukazatel. (Zeichnungen und Register) . 1903. 3 Bl., 100 Taf., 8 Seiten. Kart.

Vol.6 : Obzor Sobranija Predmetov lamajskago kulta Kn. E. E. Uchtomskag Sostavil A. Grjunvedel. (...Samml. v. Gegenst. des Lamakultus des Fürsten Uchtomskij v. A. Grünwedel) . 1905. Cast 1: Tekst. 3 Bl., II, 138 S. /Cast 2: Risuniki. 3 Bl., 33 Taf. Kart.

Vol.7 : Nyāyabindu Buddijskij učebnik logiki. (Buddhistisches Lehrbuch der Logik) . Sočinenie Darmakirti (Dharmakīrti) i tolkovanie na nego Nyāyabinduṭikā, sočinenie Darmottary. Sanskritskij tekst izdal s vvedeniem i priměčanijami (mit Kommentar) F. J. Sčerbatskoj. 1918. II S., 46 Bl. (1. Lieferung, alles Erschienene) . Kart.

Vol.8 : Nyāyabindu. Buddijskij učebnik logiki. (Buddhistisches Lehrbuch der Logik) . Sočinenie Darmakīrti (Dharmakirti) i tolkovanie na nego Nyāyabinduṭīkā sočinenie Darmottary. Tibetskij perevod izdal s oocdieniem i priměčanijami F. I. Sčerbatskoj. (Schtscherbatskoj) . 1904. IV. 222 Seiten. Kart.

Vol.9 : Madhyamakāvatāra par Candrakīrti. Traduction tibétaine publiée par Louis de la Vallée Poussin. 1907 — 12. 2 Bl., III, 427 S. Kart.

Vol.10 : Saddharmapundarika-Sutram. Ed. by Hendrik Kern and Bunyu Nanjio. 1908 — 12. 2 B1., 508 S., 1 Tafe1. Kart.

Vo1.11 : Nyāyabinduṭīkātippanī. Tolkovanie na socinenie Darmottary Nyāyabinduṭīkā. Sanskritskij tekst s priměčanijami izdal F. I. Sčerbatskoj. 1909. IV, 43 S., 3 Bl. Kart.

Vo1.12 : Tišastvustik. Ein in türkischer Sprache bearbeitetes buddhistisches Sūtra. I. Transkription und Übersetzung von W. Radloff. II. Bemerkungen zu den Brāhmiglossen des Tisastvustik-Manuscripts (Mus. As. Kr. VII) von A. von Staél-Holstein. 1910.

1 Bl., VIII, 143 S., 2 Tafeln. Kart.

Vol.13 : Mahāvyutpatti. Izdal I. P. Minaev. 2. izdanie, sukazetelem. Prigotovilkpečati N. D. Mironov, 1911. 2 BL., XII, 272 Seiten, Kart.

Vol.14 : Kuan-Ši-Im Pusar. Eine türkische Übersetzung des XXV. Kapitels der chinesischen Ausgabe des Saddharmapundarīka. Hrsg. und übersetzt von W. Radloff. Mit 4 Beilagen und zwei Tafeln. 1911. 1 Bl., VIII, 119 Seiten. Kart.

Vol.15 : Kt'ien-Ch'ui-Fan-Tsan (Gandistotragāthā) sochranivsijsja v kitajskoj transkripcii sanskritskij gium Acvaghos'i, Ts'ih-fuh-tsanpai-k'ie-t'o (Sapatajinastava) i Fuh-shwoh-wan-shu-shi-li-vih-poh-pah-ming-fan-tsan (āryamañjuçrīnāmastaçataka). Izdal i pripomosci tibetskago perevoda objasnil A. von Staël-Holstein. 1913. 3 Bl., XXIX, 189 Seiten. Kart.

Vol.16 : Buddhapālita Mūlamadhyamakavṛtti. Tibetische Übersetzuag. Hrsg. von Max Walleser. 1913 — 14. 192 Seiten. Kart.

Vol.17 : Suvarṇaprabhāsottamasūtrendrarāja (Sutra zolotogo bleska). Tekst njgurskoj redakcii. V. V. Radlov i S. E. Malov. 1913 — 17. XII, 723 Seiten. Kart.

Vol.18 : Tāranātha's Edelsteinmine, das Buch von den Vermittlern der Sieben Inspiationen. Aus dem Tibetischen übersetzt von Albert Grünwedel. 1914. 2 Bl., 212 Seiten, 1 Bl. Kart.

Vol.19 : Dharmakīrti. Tibetskij perevod sočinenij Saṃtānāntarasiddhi Dharmakīrti Saṃtānāntarasiddhiṭīkā Vinītadeva. Vmĕstĕ s tibetskim tolkovaniem, sostavlelmym Agvanom Dandar-Icharamboj. Izdal F. I. Sčerbatskoj. 1916. 3 BI., XII, 129 Seiten. Kart.

Vol.20 : Vasubandhu: Tibetskij perevod Abhidharmakoçakārikaḥ i Abhidharmakoçabhāsyam. Izdal F. I. Sčerbats-koj. 1917 — 30. V, 192 Seiten. Kart.

Vol.21 : Yaśomitra: Sphuṭārtha Abhidharmakoçavyākhyā, the work of Yaçomitra. Faited by S. Levi, Th. Stcherbatsky (Sčerbatskij) und U. Wogihara. 1918 — 31. VII, 102 S., 49 Bl., Kart,

Vol.22 : Baradin, Badzar: Statuja Majtrei v zolotom phrame v Lavrane.

1924. 1 Bl., 1198 Seiten. Kart.

Vol.23 : Abhisamayālaṇkāra (nāma) Prajñāpāramitā-Upade'sāstra, the Work of Bodhisattva Maitreya, edited, explained and translated by Th. Stcherbatsky (Sčerbatskoj) and E. Obermiller. Facs. 1 Introduction, Sanskrit Text and Tibetan Translation. 1929. 72 S., 1 Bl. Kart.

Vol.24 : Obermller, E.: Indices verborum Sanskrit-Tibetan and Tibetan-Sanskrit to the Nyāyabindu of Dharmakīrti and of the Nyāyabinduṭīkā of Dharmottara. 1. Sanskrit-Tibetan index. 1927. Kart.

Vol.25 : Obermller, E.: Indices verborum Sanskrit-Tibetan and Tibetan-Sanskrit to the Nyāyabindu of Dharmakīrti and of the Nyāyabindutīkā of Dharmottara. 2. Tibetan-Sanskrit index. 1928. Kart.

Vol.26[1] : Stcherbatsky (Sčerbatskoj) , TH. : Buddhist Logic. Vol. 1. 1932. XII, 560 Seiten. Kart.

Vol.26[2] : Stcherbatsky (Sčerbatskoj) , TH. : Buddhist Logic. Vol. 2. Containing a translation of the short treatise of logic of Dharmakīrti, and of its commentary by Dharmottara, with notes, appendices and indices. 1930. VIS., 1 Bl., 468 S., 1 Bl. Kart.

Vol.27 : Suvarṇa-Prabhāsottama-Sūtrendrarāja (Das Goldglanz-Sūtra) . Aus dem Uigurischen ins Deutsche übersetzt von W. Radloff. 1. — 3. Lief. 1930. 2 Bl, 256 Seiten. Kart.

Vol.28 : Śāntideva: Bodhicaryāvatāra. Mongolskij perevod Čhos-kyi ḥod-zera. 1. Tekst izdal V. Ja. Vladimircov. 1929. 2 BI., VI, 184 S., 1 Bl. Kart.

Vol.29 : Prajnā-Pāramitā-Ratna-Guṇa-Samcaya-Gāthā. Sanskrit and Tibetan text edited by E. Obermiller. V, 125 Seiten. Kart.

Vol.30 : Madhyāntavibhaṅga: Discourse of discrimination between middle and extremes, ascribed to Bodhisattva Maitreya and commented by Vasubandhu and Sthiramati. Transl. by Th. Stcherbatsky (Fedor Ippolitovic Sčerbatskoj) . 1936. VIII, 106, 58 Seiten. Kart.

Vol.31 : Dhammapada (Dchammapada) . Perevod s Pāli vvedenie i kommentarii V. N. Toporova. Pamjatniki Literatury Narodov Vostoka. Perevody III. 1960. 159 Seiten. Kart.

Vol.32 : Vostrikov, A. I.: Tibetskaja istoričeskaja literatura. 1962. 427 S., 1 Portr., 1 Tabelle. Kart.

LIST OF THE HARVARD ORIENTAL SERIES

Vol.1 : Jātaka-Mālā. Stories of Buddha's former incarnations, by Ārya Çūra. Edited in Sanskrit [Nāgarī letters] by Professor HENDRIK KERN, University of Leiden, Netherlands. 1891. Second issue, 1914. Pages, 270.

Vol.2 : Sāṇkhya-Pravachana-Bhāshya, or Commentary on the Exposition of the Sāṇkhya philosophy. By Vijñāna-Bhikshu. Edited in Sanskrit [Roman letters] by Professor RICHARD GARBE, University of Tübingen, Germany. 1895. Pages, 210.

Vol.3 : Buddhism in Translations. Passages selected from the Buddhist sacred books, and translated from the original Pāli into English, by HENRY CLARKE WARREN, of Cambridge, Massachusetts. 1896. Eighth issue, 1922. Pages, 522.

Vol.4 : Karpūra-Mañjarī. A drama by the Indian Poet Rājaçekhara (900 A.D.). Critically edited in the original Prākrit [Nāgarī letters], with a glossarial index, and an essay on the life and writings of the poet, by STEN KONOW, Professor of Indic Philology at the University of Christiania, Norway, and Epigraphist to the Government of India. — And translated into English with introduction and notes, by C. R. LANMAN. 1901. Pages. 318.

Vol.5 and 6 : Bṛhad-Devatā (attributed to Çāunaka), a summary of the deities and myths of the Rig-Veda. Critically edited in the original Sanskrit [Nāgari letters], with an introduction and seven appendices [volume 5], and translated into English with critical and illustrative notes [volume 6], by Professor ARTHUR ANTHONY MACDONELL, University of Oxford. 1904. Pages, 234 + 350 = 584.

Vol.7 and 8 : Atharva-Veda. Translated, with a critical and exegetical commentary, by WILLIAM DWIGHT WHITNEY, Professor of Sanskrit

in Yale University, Editor-in-Chief of *The Century Dictionary*, an Encyclopedic Lexicon of the English Language. — Revised and brought nearer to completion and edited by C. R. LANMAN. 1905. Pages, 1212.

Vol.9 : The Little Clay Cart (Mṛc-chakaṭika) . A Hindu drama attributed to King Shūdraka. Translated from the original Sanskrit and Prākrits into English prose and verse by ARTHUR WILLIAM RYDER, Instructor in Sanskrit in Harvard University. 1905. Pages, 207.

Vol.10 : Vedic Concordance: being an alphabetic index to every line of every stanza of the published Vedic literature and to the liturgical formulas thereof, that is, an index [in Roman letters] to the Vedic mantras, together with an account of their variations in the different Vedic books. By Professor MAURICE BLOOMFIELD, of the Johns Hopkins University, Baltimore. 1906. Pages, 1102.

Vol.11 : The Pañcha-tantra: a collection of ancient Hindu tales, in the recension (called Panchākhyānaka, and dated 1199 A. D.) of the Jaina monk, Pūrna-bhadra, critically edited in the original Sanskrit [in Nāgarī letters; and, for the sake of beginners, with worddivision] by Dr. JOHANNES HERTEL, Professor am Königlichen Realgymnasium, Doebeln, Saxony. 1908. Pages, 344.

Vol.12 : The Pañchatantra-text of Pūrnabhadra: critical introduction and list of variants. By Professor HERTEL. 1912. Pages, 248.

Vol.13 : The Pañchatantra-text of Pūrnabhadra, and its relation to texts of allied recensions, as shown in Parallel Specimens. By Professor HERTEL. 1912. Pages, 10: and 19 sheets, mounted on guards and issued in atlasform.

Vol.14 : The Pañchatantra: a collection of ancient Hindu tales, in its oldest recension, the Kashmirian, entitled Tantrākhyāyika. The original Sanskrit text [in Nāgarī letters], editio minor, reprinted from the citical editio major which was made for the Königliche Gesellschaft der Wissenschaften zu Göttingen, by Professor HERTEL. 1915. Pages, 160.

Vol.15 : Bhāravi's poem Kirātārjunīya, or Arjuna's combat with the Kirāta.

Translated from the original Sanskrit into German, and explained, by CARL CAPPELLER, Professor at the University of Jena. 1912. Pages, 232.

Vol.16 : Çakuntalā, a Hindu drama by Kālidāsa : the Bengālī recension, critically edited in the original Sanskrit and Prākrits by RICHARD PISCHEL, late Professor of Sanskrit at the University of Berlin. 1922. Pages, 280.

Vol.17 : The Yoga-system of Patañjali, or the ancient Hindu doctrine of concentration of mind. Embracing the Mnemonic Rules, called Yoga-sūtras, of Patañjali ; and the Comment, called Yoga-bhāshya, attributed to Veda-Vyāsa; and the Explanation, called Tattva-vāiçāradī, of Vāchaspati-Miçra. Translated from the original Sanskrit by JAMES HAUGHTON WOODS, Professor of Philosophy in Harvard University. 1914. Second issue, 1927. Pages, 422.

Vol.18 and 19 : The Veda of the Black Yajus School, entitled Tāittirīya Samhitā. Translated from the original Sanskrit prose and verse, with a running commentary. By ARTHUR BERRIEDALE KEITH, D. C. L. (Oxford) , of the Inner Temple, Barrister-atlaw, and of His Majesty's Colonial Offiice, sometime Acting Professor of Sanskrit at the University of Oxford, Author of 'Responsible Government in the Dominions.' Volume 18, kāṇḍas I — III ; volume 19, kāṇḍas IV — VII. 1914. Pages, 464 + 374 = 838.

Vol.20 and 24 : Rig-Veda Repetitions. The repeated verses and distichs and stanzas of the Rig-Veda in systematic presentation and with critical discussion. By MAURICE BLOOMFIELD, Professor of Sanskrit and Comparative Philology in the Johns Hopkins University, Baltimore. 1916. Pages, 508 + 206 = 714.

Vol.20 contains Part 1: The repeated passages of the Rig-Veda, systematically presented in the order of the Rig-Veda, with critical comments and notes, Volume 24 contains Part 2 : Comments and classifications from metrical and lexical and grammatical points of view, and from the point of view of view of the themes and divinities

of the repeated passages. Also Part 3 : Lists and indexes.

Vol.21 : Rāma's Later History, or Uttara-Rāma-Charita, an ancient Hindu drama by Bhavabhūti. Part. 1. Introduction and translation. By SHRIIPAD KRISHNA BELVALKAR, Professor of Sanskrit, Deccan College, Poona. 1915. Pages 190.

The introduction treats of Bhavabhūti's life and date and works, and includes a summary of the Rāma-story as given by the Rāmāyaṇa. Lanman adds an essay entitlel 'A method for citing Sanskrit dramas'.

Vol. 22 : Rāma's Later History. Part 2. The text, with index, glossaries, etc.

Vol. 23 : Rāma's Later History. Part 3. Explanatory and critical epilogue.

Vol. 24 : Rig-Veda Repetitions. Parts 2 and 3. By Professor BLOOMFIE -LD. Described above, with volume 20.

Vol.25 : Rig-Veda Brāhmaṇs : The Aitareya and Kauṣītaki Brāhmaṇas of the Rig-Veda. Translated from the original Sanskrit. By ARTHUR BERRIEDALE KEITH, D. C. L,. D. Litt., of the Inner Temple, Barrister-at-law, Regius Professor of Sanskirit and Comparative Phi-lology at the University of Edinburgh. 1920. Pages, 567.

Vol.26 and 27 : Vikrama's Adventures or The Thirty-two Tales of the Throne. A collection of stories about King Vikrama, as told by the Thirty-two Statuettes that supported his throne. Edited in four different recensions of the Sanskrit original (Vikrama-charita or Sinhāsana-dvātrinçakā) and translated into English with an introduction, by FRANKLIN EDGERTON, Professor of Sanskrit at the University of Pennsylvania. 1926. Pages, 372 + 384 = 756.

Vol.28 and 29 and 30 : Buddhist Legends. Translated from the original Pāli text of the Dhammapada Commentary, by EUGENE WATSON BURLINGAME, Fellow of the American Academy of Arts and Sciences, sometime Harrison Fellow for Research at the University of Pennsylvania, and Johnston Scholar in Sanskrit at the Johns Hopkins University, and Lecturer on Pāli in Yale University. 1921. Pages, 366 + 370 + 378 = 1114.

Vol.31 and 32 : The Religion and Philosophy of the Veda and Upanishads.

By ARTHUR BERRIEDALE KEITH, D. C. L., D. Litt., of the Inner Temple, Barrister-at-Law, and of the Scottish Bar; Regius Professor of Sanskrit and Comparative Philology at the University of Edinburgh ; formerly of the Colonial Office. 1925. Pages 332 + 380 = 712.

Keith's treatise is disposed under five main parts: 1. the sources ; 2. the gods and demons of the Veda ; 3. the Vedic ritual ; 4. the spirits of the dead ; 5. the philosophy of the Veda.

Vol. 33 and 34 and 35: The Veda of Praise, or Rig-Veda. Translated fiom the original Sanskrit into German, with a complete running Commentary. By KARL FRIEDRICH GELDNER, Professor of Sanskrit at the University of Marburg in Hesse, Editor of the Avesta or Sacred Books of the Parsees. — Part One, Books 1 to 4, revised edition, Pages, about 500 ; Part Two, Books 5 to 8, Pages, 444 ; Part Three, Books 9 and 10, Pages, 412. Pages, in all three Parts, about 1356.

Vol.36 : Index to Geidner's Rig-Veda translated. The plans of author and editor included a Historical and Critical Epilogue, to be issued, with an Index to Parts One and Two and Three, and as Part Four, volume 36 of this Series. To avoid further delay in the distribution of the translation, the Index will be treated as a Supplement to the translation, and completed as soon as is feasible.

Vol.37 : Buddha's Teachings. Being the Sutta-Nipāta or Discourse-Collection. Edited in the original Pāli text, with an English version facing it. By LORD CHALMERS, G. C. B., Hon. D. Litt., Oxford. Sometime Governor of Ceylon. Sometime Master of Peterhouse, Cambridge University. 1932. Pages 326.

Vol.38 and 39: The Bhagavad Gītā. Edited, translated and interpreted by FRANKLIN EDGERTON, Salisbury Professor of Sanskrit and Comparative Philology, Yale University. Pages 190 + 180 = 370.

Volume 38 contains on facing pages the text in Roman letters and Edgerton's prose translation. Volume 39 contains Edgerton's introduction (pp. 3 — 92) and a reprint of Sir Edwin Arnold's verse translation.

Vol.40 : Materials for the Study of Navya-nyāya Logic. By DANIEL HENRY HOLMES INGALLS, Assistant Professor of Indic Studies and General Education, Harvard University. 1951. Pages 182.

The materials consist of : 1. biographical notes ; 2. an examination of some theories and techniques of Navya-nyāya logic; 3. Gaṇgeśa's Vyāpti-pañcaka; 4. Mathurānātha's Vyāpti-pañcaka-rahasya; 5. extract from Raghunātha's Dīdhiti of the section commenting on Gaṇgeśa's Vyāpti-pañcaka.

Vol.41 : Buddhaghosa's Visuddhi-magga or Way of Salvation. Edited, in the original Pāli, by HENRY CLARKE WARREN, and revised by DHARMANANDA KOSAMBI. 1950. Pages 638.

Vol.42 and 43 : Buddhaghosa's Visuddhi-magga. Translation, begun by HENRY CLARKE WARREN, and completed by JAMES HAUGETON WOODS and P. V. BAPAT. Revised and dited by WALTER E. CLARK.

Vol.44 : Buddhaghosa's Visuddhi-magga. Index volume, by P. V. BAPAT. Revised and edited by WALTER E. CLARK.

List of the 50 volumes of the SACRED BOOKS OF THE EAST

Vol.1 : Upanishads. Part I. Chāndogya. Talavakāra, Aitareya, Kauṣītaki-Brāhmana., Vajasaneyi-saṃhītā-upanishad. 1879. by Max Müller.

Vol.2 : Sacred Laws of Āryas. Āpastamba, Gautama, Vāsiṣṭha, Baudhāyana, Georg Bühler, 1879.

Vol.3 : Texts of Confucianism. Part I, The Shu King, The Religious Portions of the Shih King, The Hsiao King, James Legge, 1879.

Vol.4 : Zend Avesta. Part I. Vendīdād, tr, by James Darmesteter, 1880.

Vol.5 : Phalavi Texts. Part I. by E. W. West, 1880.

Vol.6 : Qur'ân. part I. chav I — XVI, 1800.

Vol.7 : Institutes of Vishṇu. by J. Jolly, 1800. The 4 castes p. 12, Duties of a King p. 13 — 23.

Vol.8 : Bhagavadgītā. (&c) with the Sanatsujātīya & The Anugītā, tr. K. T. Telang, 1898.

Vol.9 : Qu'ân. Part II, chap. 12 — 64 tr, by E. H. Palmer. 1900.

Vol.10 : (i) Dhammapada. p. p. 1 — 99 Max Müller, 1898. (ii) Sutta-Nipāta. p. p. 1 — 211 V. Fausböll, 1898.

Vol.11 : Buddhist Suttas. Part I. 1900. T. W. Rhys Davids. [1. The Mahā-parinibbāna suttanta 2. The Dhammacakkappavattana suttanta 3. The Tevijja suttanta 4. The Ākankheyya suttanta 5. Cetokhila suttanta 6. Mahā-sudassana suttanta 7. Sabāsava suttanta]

Vol.12 : Śatapata-Brāhmaṇa. Part I. Books I & II. by Julius Eggeling. 1882.

Vol.13 : Vinaya-texts. Part I. Pātimokkha, The Mahāvagga I — IV. 1881 by T. W. Rhys Davids, H. Oldenberg. 1881.

Vol.14 : Sacred Laws of Āryas. Part II, Vasiṣṭha & Baudhāyana 1882.

Vol.15 : Upanishads. Part II. Kaṭha, Muṇḍaka, Taittirīya, Bṛhadāraṇyaka, Śvetaśvatara, Praśna, Maitrāyaṇa, Brāhmaṇa. 1884.

Vol.16 : Texts of Confucianism. Part II. Yî-King by J. Legge. 1899.

Vol.17 : Vinaya texts. Part II. Mahāvagga V — X Cullavagga I — III by T. W. Rhys Davids. & H. Oldenberg, 1882.

Vol.18 : Phalavi texts. Part II. E. W. West, 1882.

Vol.19 : Fo-sho-hing-tsan-king. by Samuel Beal, 1883.

Vol.20 : Vinaya Texts. Part III. Cullavagga IV — V T. W. Rhys Davids. H. Oldenberg, 1885.

Vol.21 : Saddharmapuṇḍarīka. tr. by H. Kern.

Vol.22 : Jaina-Sūtras. tr. by H. Jacobi.

Vol.23 : Zend-Avesta. Part II. J. Darmesteter, 1883.

Vol.24 : Pahlavi Texts. Part III. E. W. West, 1885.

Vol.25 : Lawsof Manu.G.Bühier, 1886. (with Extracts from 7 commentaries)

Vol.26 : Śatapatha-Brāhmaṇa. Part II, Books III — IV J. Eggeling, 1885.

Vol.27 & 28 : Texts of Confucianism. (Lî-Kî) Part III, I — X, J. Legge, 1885.

Vol.29 & 30 : Grihya-Sūtras. Part I. Śāṇkhāyana-gṛ-s, Āśvalāyana, Pāraskara, Khādira, H. Oldenberg. 1886.

Gobhila, Hiraṇyakesin, Āpastamba, H. Oldenberg. Part II. Āpastamba, Yajna-paribhāṣā Max Müller.

Vol.31 : Zend-Avesta. Part III. by L. H. Mills 1887.

Vol.32 : Vedic Hymns. Part I. Hymns of Maruts, Rudra. Vāyu & Vāta, by Max Müller, 1891.

Vol.33 : Minor Law-Books. Part I. Nārada, Bṛhaspati, Julius Jolly. 1889.

Vol.34 : Vedānta-Sūtras. wilh Śaṇkara ad by G. Thibaut. Part I. 1890.

Vol.35 & 36 : Milinda Part I. T. W. Rhys Davids. 1890 Part II. T. W. Rhys Davids. 1894.

Vol.37 : Pahlavi Texts. Part IV. E. W. West, 1892.

Vol.38 : Vedānta-Sūtras. with Śankara ad. by. G. Thibaut. Part II. 1896.

Vol.39 & 40 : Texts of Tāoism. Part I. The Tao-Teh king. The Wrighting of Kwang-gze. Books 1 — 17 James Legge. 1891.

Vol.41 : Śatapatha-Brāhmaṇa Part III. Book 5 — 7 J. Eggeling, 1894.

Vol.42 : Atharva-Veda, Maulice Bloomfield 1897（注参照よし）

Vol.43 & 44 : Śatapatha-Brāhmaṇa Part IV. Books 8 — 10.
J. Eggeling, 1897. Part V Books 11 — 14 J. Eggling, 1900.

Vol.45 : Jaina-Sūtras H. Jacobi,

Vol.46 : Vedic Hymns Part II. H. to Agni（Maṇḍala I — V）H. Oledenberg. 1897.

Vol.47 : Pahlavi Texts. Part V, E. W. West. 1897.

Vol.48 : Vedānta-Sūtras. Part III with Śaṇkara ad. G. Thibaut. 1904.

Vol.49 : (i) Buddhacarita, E. B. Cowell p.p. 1 — 207. 1894.
(ii) Mahāyana-Texts Max Müller & J. Takakusu p.p, 1 — 208. 1894.
The Larger Sukhāvatī-vyūha, Max Müller
The Smaller Sukhāvatī-vyūha, Max Müller
The Larger P. P. Hrdaya-Sūtra, Max Müller
The Smallr P. P. Hrdaya-Sūtra, Max Müller, p153 — 4
The Amitāyur dhyāna-Sūtra, J. Takakusu, p. p. 159 — 204 (Nanjo No. 198)

Vol.50 : A. General Index to the Names and Subject-Matter of the SBE. compiled by M. Winternitz. with pre. by A. A. Macdonell. 1910.

スタイン・ペリオ敦煌文献（全体 22, 500 巻余）

Stein 目録　大英博物館蔵、7, 000 巻 S. ナムバー

L. Giles : Descriptive Catalogue of the Chinese Manuscriptis from Tun-huang in the British Museum, (The Trustees of the British Museum. London 1957.)

L. Giles : Dated Chinese Manuscripts in the Stein Collection. BSOS VII VIII IX X XI 1935 — 43.

羅福萇 : 倫敦博物館敦煌書目
（国学季刊 1 — 1）1923.

向　達 : 倫敦所蔵敦煌巻子経眼目録
（図書季刊　新 1 — 4）1939.

敦煌文献研究委員会 : Stein 敦煌文献及び研究文献に引用紹介せられたる西域出土漢文文献分類目録
古文書類 I. II.（池田 , 菊池 , 土肥）1965. 1966.

高楠順次郎他 : 敦煌本古逸経論章疏並古写経目録（大正別巻　昭和法宝総目録）

矢吹慶輝 : 鳴沙余韻解説（岩波）1933.

高楠他 : 大正 VOL. 85 古逸部

Grinstead. E. D. : Title Index to the descriptive Catalogue of Chinese Manuscripts from Tun-huang in the B. M. 1963.

Giles. L. : Six Centuries at Tun-huang. 1944.

Stein, A, : Serindia. 1921.

B. M, : Guide to an Exlibition of Paintings, Manuscripts, and other Archaeological Objects collected by Sir Aurel Stein, in Chinese Turkestan, 1914.
(Stein 本全マイクロフイルム→東洋文庫)

Pelliot 目録（パリ国民図書館蔵 2500 巻）完目ナシ . P. ナムバー

R. Guignard 夫人調査中。

羅福萇 : 巴黎図書館敦煌書目

（国学季刊 1 ― 4, 3 ― 4）1932

陸　翔 : 巴黎図書館敦煌写本書目

（国立北平図書館刊 7 ― 6, 1933. 8 ― 1, 1934）

王重民 : 巴黎敦煌残巻叙録 VOL. 1,（1936）VOL. 2（1941）

（上海商務印書館）

P. Pelliot : Catalogue de la collection de Pelliot, Manuscrlts de Touen-huang

（No, 2001 ― 3511, 4500 ― 21, 5522 ― 44）

那波利貞 : Catalogue de la Collection de Pelliot.（No. 3511 ― 5541 etc.）

1933.

王重民 : Fond des manuscrit Chinois de Touen-houang

〃　: Pelliot Chinois Touen-huang

P. Pellot : Une bibliothèque médiévale retrouvée au Kansou（BEFEO VIII）

1908.

（Pelliot 本 一部マイクロフィルム→東洋文庫）

北京目録　北京図書館蔵 8000 巻　千字文ナムバー

陳　垣 : 敦煌刼余録 6 Vols（中央研究院歴史語言研究所）1931.

高楠他 : 北平京師図書館所蔵敦煌写経総目録（昭和法宝総目録 I）

1929.

松本文三郎 : 敦煌石室古写経の研究（仏典の研究）1914.

李翊灼 : 敦煌石室経巻中未入蔵経論著述目録（仏学叢報 8）1913.

端　甫 : 敦煌石室仏経校勘語（仏学叢報 4）1913.

中央図書館 : 国立中央図書館善本書目（釈家類）1957.

敦煌文物研究所 : 敦煌文物展覧目録 1951

（文物参考資料 2 ― 4）

その他の中国蔵目録は

高楠 : 昭和法宝総目録

王重民他 : 敦煌遺書総目索引 4. 敦煌遺書散録 .

Raghu Vira : Tun-huang Manuscripts（102 Vols.）

New Dely : International Academy of Indian Culture, 出版社未詳

日本諸家蔵目録　日本中国私家蔵その他　4000 ― 5000 巻 .

高楠：大谷大学図書館所蔵敦煌遺書目録（昭和法宝目録）1929.

竜大：竜谷大学所蔵敦煌古経現在目録（西域文化叢書目録編）（西域文化研究 I）1956, 58.

その他の私家蔵については

'昭和法宝総目録' 及び '敦煌遺書総目索引' 4：敦煌遺書散録.

'スタイン文献，西域出土漢文文献目録' I. 附録等参看。

オルデンベルグ文書（アジア民族研究所文献）

（不明，約 10,000 点か？　ただし，敦煌以外の文書をふくむ）

Л. Н. Меньшиков : Опйсание китайских рукописей Дхньхуанского Фонда Института Народов Азий. А. Н Ссср, ВьШ, Г. М., ИВЛ, 1963.

綜合目録

商務：敦煌遺書総目索引（北京商務印）1962

高　楠：昭和法宝総目録 1929

PALI TEXT SOCIETY PUBLICATIONS

Texts

1 Aṇguttara-Nikāya (The) Pāli text romanised. 8vo. boards. Vol. 1. 2nd imp. 1961.

2 Aṇguttara-Nikāya Vol. 2. Catukka Nipāta. Ed. by R. Morris. 2nd. ed. with correction in the text. pp. vi, 295. 2nd. imp. 1956.

3 Aṇguttara-Nikāya Vol. 3. Pancaka-Nipata and Chakka-Nipata. Ed. by E. Hardy. pp. x, 460. 2nd imp. 1959.

4 Aṇguttara-Nikāya Vol. 4. Sattaka-Nipata, Athaka-Nipata & Navaka-Nipāta. Ed. by E. Hardy. pp. vi, 477. 2nd imp. 1959.

5 Aṇguttara-Nikāya Vol. 5. Dasaka-Nipata and Ekadasaka-Nipata. Ed. by E. Hardy. pp. xii, 422. 2nd imp. 1959.

6 Aṇguttara-Nikāya Vol. 6. Indexes. By Mable Hunt. Revi sed and Edited by C. A. F. Rhys Davids. pp. xi, 194. 2nd. imp. 1959. 22s 6d

7 Apadāna Commentary Visuddhajanavilāsinī nama Apadanatthakatha. Edited by C. E. Godakumbura. Pāli Text romanized. 8vo. boards. pp.

xix. 618. 1954.

8 Dhātukathā Edited by E. R. Gooneratne. Roy. 8vo. Revised 1963. lst publ. 1892.

9 Dīgha Nikāya (The) Pāli text romanised. Vol. 1. Edited by T. W. Rhys Davids & J. Estlin Carpenter. 8vo. boards. pp. v, 261. 4th imp. 1967.

10 Dīgha Nikāya Vol. 2. Ed. by T. W Rhys Davids & J. Estlin Carpenter. 8vo. boards. pp. viii, 388. 4th imp, 1967.

11 Dīgha Nikāya Vol. 3. Ed. by J. Estlin Carpenter. 8vo. boards. pp. vii, 327. 3rd. imp. reprint 1960.

12 Hatthavanagallavihāra Vaṃsa. Ed. by C. E Godakumbura Pāli text romanized. 8vo. Boards. pp. xvii, 36. 1956.

13 Iti-Vuttaka. Pāll text romanized. Edited by Ernst Windisch. 8vo. boards, pp, ix, 151. 2nd imp. 1948.

14 Jātaka together with its commentary being the tales of the anterior births of Gotama Buddha. For the first time edited in the original Pāli by V. Fausböll. Pāll Text Romanised. Vol. 1. 8vo. cloth. pp. 511. 1962. 1st Publ. 1877.

15 Jātaka Vol. 2. 8vo. pp. 511. 1962. 1st publ. 1879.

16 Jātaka Vol. 3. Demy. 8vo. pp. 543. 1963. 1st publ. 1883. [C]

17 Jātaka Vol. 4. 8vo. pp. 499. Reprint 1964.

18 Jātaka Vol. 5. 8vo. pp. 511. Reprint 1964.

19 Jātaka Vol. 6. 8vo. pp. 596. Reprint 1964.

20 Jātaka Vol. 7. Index 8vo. pp. xvii. 246. Reprint 1964.

21 Jinakālamālī transcribed from a Siamese Text and edited by A. P. Buddhadatta. Pāli Text Romanised. 8vo. boards. pp. xiv, 152. 1962,

22 Kankhāvitaraṇī Nāma Mātikatthakathā. Buddhaghosa's commentary on the Pātimokkha. Ed. by Dorothy Maskell (née Stede). Kānkhavitarani...cont'd Pāli text, romanized. 8vo. Boar ds. pp. xiii, 216. 1956.

23 Khuddaka-Pātha. Pāli Text Romanized, Together with its commentary Paramatthajotikā. I. Edited by Helmer Smith from a collation by M. Hunt. Demy 8vo. Boards. pp. vii. 270. 2nd Imp. 1959.

24 Mahāvamsa. Pāli text. Edited by W. Geiger. 8vo. Boards. pp. lvi, 368. 2nd Imp. 1958.

25 Majjhima-Nikāya. Edited by V. Trenckner Vol. I. 8vo. pp. 373. Reprint.

26 Majjhima-Nikāya. Vol. 2. Ed. by Lord Chambers. 8vo. boards. pp. 266. 2nd imp.

27 Majjhima-Nikāya. Vol. 3. Uparipannasam. Ed. by Lord Chambers. 8vo. boards. pp. vi, 327. 2nd imp. 1951.

28 Majjhima-Nikāya. Vol. 4. Index of words. 8vo. boards. pp. vii, 183. 2nd imp. 1960.

29 Manorathapūraṇī Vol. 2. Edited by M. Walleser. and H. Kopp. Reprint. With Additions.

30 Manorathapūraṇī Commentary on the Aṇguttara Nikāya. Vol. 3. Catukka-Pancaka-Chakka-Nipāta-Vannanā. Edited by H. Kopp. 8vo. pp. vii. 416. Reprint 1966.

31 Manorathapūraṇī Commentary on the Aṇguttara-Nikāya. Vol. IV. Sattaka, Atthaka, Navaka, Nipāta, Vannanā. Edit. by H. Kopp. （In Pali）. 8vo. pp. vii. 207. Reprint 1963.

32 Manorathapūraṇī Commentary on the Aṇguttara Nikāya. Vol. V Dasaka-Edādasaka, Nipāta-Vannanā. Edited by Hermann Kopp. Pāli text romanized. 8vo. boards. pp. viii, 180. 1956.

33 Milindapaṇho being dialogues between King Milinda and the Buddhist Sage Nāgasena. The Pāli text edited by V. Trenckner. Pāli Text Romanised. 8vo. cloth. pp. vii, 466. 1962 1st publ. 1880.

34 Milinda-ṭīka. Edited by P. S Jaini. Pāli Text Romanised 8vo. boards. pp. xv, 76. 1961.

35 Mohavicchedanī Abhidhammamatikatthavannana by Kassapatthera of Cola. Edited by A P. Buddhadatta and A. K. Warder. Pāli Text Romanised. 8vo. cloth. pp. xxvii. 384. 1961.

36 Netti-Pakaraṇa with extracts from Dhammapāla's commentary. Edited by Prof. E Hardy. Pāli Text Romanised. 8vo. boards. pp. xli. 289. 1961.

37 Peṭakopadesa. Pāli text, romanised. Edited by Arabinda Barna. 8vo. boards, pp. iv, 260. 1949.

38 Saddhammappakāsinī. Commentary on the Patisambhidamagga. Pāli text Romanised. Edited by C. V. Joshi. 8vo. boards.

39 Saddhammappakāsinī. Vol. 2. pp. vii, 387 — 528. 1940.

40 Saddhammappakāsinī. Vol. 3. pp. v, 529 — 738. 1947.

41 Samantakūṭavaṇṇanā of Veheda Thera. Pāli text romanized. Edited by C. E. Godakumbura. 8vo. boards, pp. xxx. 83. 1959.

42 Samantapāsādikā. Vol. 3. Edited by J. Takakusu and M. Nagai.

43 Samantapāsādikā. Buddhaghosa's Commentary on the Vinaya Pitaka. Edited by J. Takakusu and M. Nagai with the assistance of K. Mizuno.

Vol. 4. 8vo. pp. 738 — 949. Reprint 1967.

Vol. 5. 8vo. pp. 951 — 1154. Reprint 1966.

Vol. 6. 8vo. pp. 1155 — 1300. 1927. Boards.

Vol. 7. 8vo. pp. 1301 — 1416. 1927. Boards.

44 Saṃyutta-Nikāya of the Sutta-Piṭaka. Pāli text romanised. Edited by M Leon Feer. Demy. 8vo. boards. 2nd imp. 1960. Vol. 1. Sagātha-Vagga. pp. xvi, 258.

45 Saṃyutta-Nikāya Vol. 2. Nidāna-Vagga. pp. xv, 297.

46 Saṃyutta-Nikāya Vol. 3. Khandha-Vagga. pp, xiv, 191.

47 Saṃyutta-Nikāya Vol. 4. Sālāyatan-Vagga. pp. viii, 421.

48 Saṃyutta-Nikāya Vol. 5. Mahā-Vagga. pp. xii, 505.

49 Saṃyutta-Nikāya Vol. 6. Indexes by Mrs. Rhys Davids. pp. xii, 246.

50 Sumangalavilāsinī. Vol. 1. Edited by T W. Rhys Davids and J. E. Carpenter. Reprint with Corrections and actitions. In the Press.

51 Sutta-Nipāta. Pāli Text romanized. New edition. Edited by Dines Andersen and Helmer Smith. 8vo, boards, pp. xiii, 266.

52 Sutta-Nipāta Commentary Being Paramatthajotikā II. Vol. 1. Uragavagga Culavagga. Edited by Helmer Smith. 8vo. pp. 379. Reprint 1966.

Vol. 2. Mahāvagga Atthakavagga Parayānavagga 8vo. pp. 380 — 608. Reprint 1966.

53 Theragāthā Commentary, Commentary of Dhammapālācariya, Edited by F. L. Woodward. Pāli Text Romanised. Vol. 2. (To end of Fourteenth Nipāta, ver. 672.) 8vo. boards. pp. viii, 280. 1952.

54 Theragāthā Vol. 3. (To end of Seventieth Nipāta, ver. 1279.) With indexes to Vols. 1 — 3 by H. Kopp. 8vo. boards. pp. x, 258. 1959.

55 Thera and Theri-Gāthā. Edited by H. Oldenberg and R. Pischel. Second edition with appendicies by K R. Norman and L. Alsdorf. 8vo. pp. xv. 250. 1966.

56 Udāna : or solemn utterances of the Buddha. Pāli text, romanised. Edited by P. Steinthal. 8vo, boards, pp. viii, 104. 1948.

57 Upāsakajanālankāra. A Critical edition and study by Upāsakajanālankāra ...cont'd. H. Saddhatissa. 8vo. pp. x. 372. 1965.

58 Vinaya-Piṭaka. One of the Principle Buddhist Holy Scriptures in the Pāli Language. Edited by H. Oldenberg. Vol. I. The Mahāvagga. 8vo. pp. lvi. 396. Reprint.

59 Vinaya-Piṭaka. Vol. 2. The Cullavaga. 8vo. pp, vii. 364. Reprint.

60 Vinaya-Piṭaka. Vol. 3. The Suttavibhaṇga First Part. (Pārājika, Samghadisesa, Aniyata, Nirsaggiya) . 8vo. pp. 343. Reprint.

61 Vinaya-Piṭaka. Vol. 4. The Suttavibhaṇga, Second Part. (End of the Mahāvibhaṇga, Bhikkhunivibhaṇga.) 8vo. pp. 370. Reprint.

62 Vinaya Piṭakam Vol. V. In Pāli. The Parivāra. Edited by H. Oldenberg. 8vo. pp. viii. 260, Reprint.

Translation Series

63 (1 & 4) Psalms of the Early Buddhists by Mrs. Rhys. Davids. 1. Psalms of the Sisters. 2. Psalms of the Brethren. 8vo. pp. xlii. 200. lii. 446. 1964. (Reprint) .

Previously published as two seperate works.

64 Compendium of Philosophy Being a translation of Abhidhammatthasangaha, by S. Z. Aung with introductory essay and notes. Revised and edited by Mrs. Rhys Davids. With a diagram of the Buddhist Wheel of Life. 8vo. pp. xxvi, 298. 2nd Imp. 1956.

65 (3) Mahāvamsa or Great Chronicle of Ceylon. Translated by W. Geiger. 8vo. pp. lxiv. 323. 1964 Reprint.

66 (5) Points of Controversy or Subjects of Discourse. Translated from The

Paliby Shwe Zan Aung & Mrs. Rhys Davids. Reprint 1960. Demy 8vo. pp. lvi. 416.

67 (6) Manual of a Mystic, being a translation from the Pāli and Sinhalese work entitled The Yogāvachara's Manual by F. L. Woodward. Edited, with introductory essay by Mrs. Rhys Davids. Tr. Ser. No. 6. 8vo. pp. xix, 159. 1962.

68 (7) Book of. Kindred Sayings Saṃyutta-Nikāya or Grouped Suttas. Vol. 1. Kindred Sayings with verse (Sagātha-Vagga Trans. by Mrs. Rhys Davids assisted by S. S. Thera. 8vo. pp. xvi. 321. 2nd imp. 1950.

69 (8) Expositor Buddhaghosa (Atthasālinī). Commentary on the Abhidhamma Piṭaka. Trans. by P. Maung Tin., edited and revised by Mrs. Rhys. Davids. vol. 1. 8vo. pp. xx. 288. 2nd imp. 1958.

70 (9) Expositor Buddhaghosa Vol. 2. 8vo. pp. iv. 267. 2nd imp. 1958.

71 (10) Kindred Sayings (Saṃyutta-Nikāya). Vol. 2. The Nidāna Book (Nidāna-Vagga) trans. by Mrs. Rhys Davids assisted by F. L. Woodward. 8vo. pp. xvi. 205. 1952.

72 Kindred Sayings Vol. 3. The Khandha Book. Trans. by F. L. Woodward, Edit. by Mrs. Rhys Davids. 8vo. pp. xvi. 221. 2nd imp. 1954.

73 (14) Kindred Sayings Vol. 4. The Sālāyatana Book. Trans. by F. L. Woodward. 8vo. pp. xx. 298. 2nd imp. 1956.

74 (16) Kindred Sayings Vol. 5. Mahā-Vagga. Trans. by F. L. Woodward, with and intro. by Mrs. Rhys Davids. 8vo. pp. xxiv. 412. 2nd imp. 1956.

75 (18/20) Cūlavaṃsa. Being the more recent part of the Mahāvaṃsa. Translated by Wilhelm Geiger, and from the German into English by Mrs. C. Mabel Rickmers. (Tr. Ser. 18 & 20). 2 vols. 8vo, 1953. [D]

76 (22) Gradual Sayings Book of. (Aṇguttara-Nikāya or More Numbered Suttas). Vol. 1. Book of Ones, & Twos. Trans. by F. L. Woodward with an intro, by Mrs. Rhys Davids. 8vo. pp. xix. 285. 3rd. imp. 1961.

77 (24) Gradual Sayings Vol. 2. The Book of Fours. Trans. by F. L. Woodward with an intro. by Mrs. Rhys Davids. 8vo. pp. xx. 269. 3rd. imp. 1963.

78 (25) Gradual Sayings Vol. 3. Book of the Fives and Sixes. Trans. by E. M. Hare, with an intro. by Mrs. Rhys Davids. 8vo. pp. ix. 334. 2nd imp. 1952.

79 (26) Gradual Sayings Vol. 4. Book of Sevens, Fights and Nines. Trans. by E. M. Hare, with an intro. by Mrs. Rhys Davids. 8vo. pp. xxii. 320. Reprint 1965.

80 (27) Gradual Sayings Vol. 5. The Book of the Tens and Elevens. Trans. by F. L. Woodward, with an intro. by Mrs. Rhys Davids. 8vo. pp. xvi. 241. 2nd imp. 1955.

81 (29) Middle Length Sayings, Collection of. (Majjhima-Nikāya) Vol. 1. The First Fifty Discourses (Mulapannasa) Trans. by I. B. Horner. 8vo. pp. xxxviii. 416. 1954.

82 (30) Middle Length Sayings, Vol. 2. The Middle Fifty Discourses. (Majjhimapannasa). Trans. by I. B. Horner. 8vo. pp. xxxvi. 416. 1957.

83 (31) Middle Length Sayings, Vol. 3. The Final Fifty Discourses. (Uparipannasa) Trans. by I. B. Horner. 8vo. pp. xxxiv. 363. 1959.

84 (32) Minor Readings (Khuddakapātha). The First book of the Minor Collection (Khuddakanikāya) Translated from the Pāli by Bikkhu Nānamoli. Tr. Ser. No. 32. 8vo, pp. xix, 342. 1960.

85 (33) Guide (Ñetti-Ppakaraṇam) according to Kaccana Thera. Translated from the Pāli by Bhikkhu Nānamoli. Tr. Ser. No. 33, 8vo. pp. lxxvii. 325. 1962.

86 (34) Discourse on Elements (Dhātu-Kathā). The third book of the Abhidhamma Piṭaka, A Translation with charts and explanations by M. P. Sayadaw assisted by Them Nyun. Tr. Set. No. 34. 8vo. pp. xlv. 155. 1962.

87 (35) The Piṭaka-Disclosure (Peṭakopadesa). Translated by Bhikkhu Nānamoli. 8vo. pp. xliv. 402.

88 (36) The Epocks of the Conqueror (Jinakālamāli) by N. A. Jayawickrama.

89 (37) Conditional Relations (Patthana). By U. Narada. In the Press

Sacred Books of The Buddhists Series

90 (2) Dialogues of the Buddha (Dīgha-Nikāya). Trans by T. W Rhys Davids. Vol. 1. 8vo. pp. xxvii. 334. 2nd imp. 1956.

91 (3) Dialogues of the Buddha Vol. 2. 8vo. pp. xiv. 382. Reprint 1966.

92 (4) Dialogues of the Buddha Vol. 3. Trans. with C. A. F. Rhys Davids. 1965 Reprint

93 (8) Minor Anthologies of the Pāli Canon. Vol. 2. Udāna ; (Verses of Uplift) and Itivuttaka ; (As it was said). Translated by F. L. Woodward. With an introduction by Mrs. Rhys Davids. 8vo. half cloth, pp. xvi. 208. 2nd Ed. 1948.

94 (10) Discipline Book of. (Vinaya-piṭaka). Trans. by I. B. Horner. Vol. 1. Suttavibhaṇga. 8vo. pp. lxiii. 359. 2nd imp. 1949.

95 (11) Discipline Book Vol. 2. Suttavibhaṇga. 8vo. pp. liii. 430. 2nd imp. 1957.

96 (13) Discipline Book Vol. 3. Suttavibhaṇga. 8vo. pp. lxi. 438, 2nd imp. 1957.

97 (14) Discipline Book Vol. 4. Mahāvagga. 8vo. pp. xxvii. 529. 1951.

98 (15) Woven Cadences of the Early Buddhists. Translation from the Pāli text of Sutta-Nipāta by E, M. Hare. 8vo, half, pp. iii, 229. 2nd Ed. 1947. [C]

99 (16) Mahāvastu. Trans. from the Buddhist Sanskrit by J. J. Jones. Vol. 1. 8vo. pp. xx, 324, 1949.

100 (18) Mahāvastu. Vol. 2. 8vo. pp. xii. 454. 1952.

101 (19) Mahāvastu. Vol. 3. 8vo. pp. xxvii. 480. 1956.

102 (20) Discipline Book of. Vol. 5. Cullavagga. 8vo. pp. xxiii. 440. Reprint 1963.

103 (21) Inception of Discipline and Vinaya-Nidāna, being a translation and edition of the Bahiranidāna of Buddhaghosa's Samantapāsādikā, the Vinaya Commentary, by N. A Jayawickrama. 8vo. pp. xxxix, 222. 1962.

104 (22) Milinda's Questions. (Milindapañha). Trans, by I. B. Horner. Vol. 1. 8vo. pp. lvii. 324. 1963.

105 Milinda's Questions Vol. 2. 8vo. pp. x. 327. 1964.

106 (24) Maṇicuḍavadāna and Lokananda. Being a translation and edition and a Transliteration and Synopsis. by R Handurukande. 8vo. pp. Iv. 300. 1967.

107 (25) Discipline Book of ; Vol. 6. (Parivara. Translated by I. B. Horner. 8vo. pp. xxxv. 388. 1966.

Miscellaneous Publications

108 Davids (T. W. Rhys) & Stede (William). The Pāli Text Society's Pāli-English Dictionary. Demy 4to. pp. xv, 738. 5th ed. 1966. Reprint.

109 Malalasekera (G. P.) Dictionary of Pāli Proper Names. 2 Vols. Demy 8vo. pp. xxix. 2533. Reprint 1960. [C]

110 Introduction to Pāli. by A. K. Warder, 8vo. pp. xvi. 458. 1963. [C]

111 Pāli Metre. A Contribution to the history of Indian Literature. by A. K. Warder. 8vo. pp. xiii, 252. 1967.

112 Pāli Tipiṭakam Concordance Being a concordance in Pāli to the Three Baskets of Buddhist Scriptures in the Indian order of letters. Listed by F. L. Woodward and others. Arranged and edited by E. M. Hare. Demy. 4to. Sewn. Vol. 1. (A — O) 7 Parts. 1952 — 5.

113 Pāli Tipiṭakam Concordance Vol. 2. Part 1. (ka-kusa) 1956.

114 Pāli Tipiṭakam Concordance Vol. 2. Part 2. (Kusacavati) . 1957.

115 Pāli Tipiṭakam Concordance Vol. 2. Part 3. (cavatinati)

Vol. 2. Part 4, (natitiriya) 1963.

Vol. 2. Part 5. (tiritaadhipa) 1965.

Pāli Tipitakam...cont'd.

Vol. 2. Part 6. (dijabhig-huttha-desetha) 1966.

116 Pāli Tipiṭakam Vol. 3. Part 1. (pa-pan-cama) 1964 Work in progress.